LIBERATION

馮桂林 著

作者簡介

　　馮桂林，男，1949年出生於上海。1968年中學畢業，上山下鄉去黑龍江生產建設兵團，當上了連長。1979年回城到上海人民服裝廠，當上了廠長。1989年移居香港，開始創業。1994年定居美國。2017年開始文學創作，出版中篇小說集《生意場》。

前言

近百年來最大的變化莫過於「解放」。這是一個悲壯的年代，也是一個狂歡的年代。這是一個荒唐的年代，也是一個確鑿的年代。

我的家族就生活在這個年代，馮、許兩家祖輩生活在黃海之濱的富安鎮。

土改開始了。外公許子見是富安鎮最大的地主，為逃避鎮壓，走上了逃亡之路，從此人間蒸發。許家的土地悉數分給了農民，外婆遭到批鬥，母親一家隱姓埋名逃難到上海。

父親和母親在上海結婚，舅舅從一臺縫紉機開始創業，集馮、許兩家之力創辦了華美服裝廠，在上海又打出了一片天地。公私合營中，服裝廠收歸國有。

爺爺馮稼祥，年輕時家道中落，隻身到上海打工，創辦了榻車行、煤球廠、汽車運輸公司。企業在巔峰時，遭到日本軍轟炸，爺爺死無葬身之地。

爺爺死後，大伯繼承了馮家的企業。馮家企業在公私合營中也收歸國有，大伯被逼瘋。

孃孃是小學校長，寫信給上海市長，說「公私合營」違反中華人民共和國一九五四年通過的憲法，被打成右派，開除公職，夫離子散。

我們第三代都出生在解放以後，過著赤貧的生活。在經歷

了饑荒年代、文化大革命、上山下鄉後長大了。八十年代初，國民經濟到了崩潰的邊緣，大量國企倒閉，弟弟辭去公職創業，成為最先富起來的個體戶，買了上海最早的兩輛私家車，被人舉報稅務問題，遭到稅務檢察通緝，逃亡香港。

我頂替母親退休的名額從黑龍江生產建設兵團回到上海國營服裝廠，這個廠公私合營前就是許家的服裝廠，十年時間，我從工人一直做到廠長。一九八九年一月，我辭去國營廠長的職務，偷渡到澳門，後移居香港，最後定居紐約。我成立公司，整合家族的力量，重建生意輝煌。

我清晰地看到幾代人前赴後繼，欲海沉浮，各自走完了自己的一生。人生就是「人為財死，鳥為食亡」而已。

中國人在這百年中遭受的苦難只是中國苦難歷史的延續，中國社會兩千年來，要麼統一、專制，要麼分裂、戰亂。

苦難是中國人的常態，人們早已身在苦中不知苦，且苦中作樂。

人生就是磨難，難中見真情，並磨礪出人性的光芒，照亮漫漫長夜的人生路。

目　次

作者簡介⋯⋯⋯⋯⋯⋯⋯⋯⋯⋯⋯⋯⋯⋯⋯⋯⋯ III

前言⋯⋯⋯⋯⋯⋯⋯⋯⋯⋯⋯⋯⋯⋯⋯⋯⋯⋯⋯⋯ V

一、富安姻緣⋯⋯⋯⋯⋯⋯⋯⋯⋯⋯⋯⋯⋯⋯ 001

二、土改風雲⋯⋯⋯⋯⋯⋯⋯⋯⋯⋯⋯⋯⋯⋯ 009

三、逃難上海⋯⋯⋯⋯⋯⋯⋯⋯⋯⋯⋯⋯⋯⋯ 019

四、馮家發跡⋯⋯⋯⋯⋯⋯⋯⋯⋯⋯⋯⋯⋯⋯ 029

五、馮許聯姻⋯⋯⋯⋯⋯⋯⋯⋯⋯⋯⋯⋯⋯⋯ 041

六、上海解放⋯⋯⋯⋯⋯⋯⋯⋯⋯⋯⋯⋯⋯⋯ 053

七、我出生了⋯⋯⋯⋯⋯⋯⋯⋯⋯⋯⋯⋯⋯⋯ 063

八、運動治國⋯⋯⋯⋯⋯⋯⋯⋯⋯⋯⋯⋯⋯⋯ 073

九、大禍臨頭⋯⋯⋯⋯⋯⋯⋯⋯⋯⋯⋯⋯⋯⋯ 083

十、公私合營⋯⋯⋯⋯⋯⋯⋯⋯⋯⋯⋯⋯⋯⋯ 091

十一、國營企業⋯⋯⋯⋯⋯⋯⋯⋯⋯⋯⋯⋯⋯ 099

十二、反右鬥爭⋯⋯⋯⋯⋯⋯⋯⋯⋯⋯⋯⋯⋯ 109

十三、饑荒年代⋯⋯⋯⋯⋯⋯⋯⋯⋯⋯⋯⋯⋯ 119

十四、文革爆發⋯⋯⋯⋯⋯⋯⋯⋯⋯⋯⋯⋯⋯ 129

十五、老九枉死⋯⋯⋯⋯⋯⋯⋯⋯⋯⋯⋯⋯⋯ 139

十六、末日浩劫⋯⋯⋯⋯⋯⋯⋯⋯⋯⋯⋯⋯⋯ 147

十七、徒步串聯⋯⋯⋯⋯⋯⋯⋯⋯⋯⋯⋯⋯⋯ 155

十八、上山下鄉⋯⋯⋯⋯⋯⋯⋯⋯⋯ 165

十九、貧下中農⋯⋯⋯⋯⋯⋯⋯⋯⋯ 179

二十、知青薄命⋯⋯⋯⋯⋯⋯⋯⋯⋯ 189

二十一、懷疑革命⋯⋯⋯⋯⋯⋯⋯⋯ 197

二十二、嶄露頭角⋯⋯⋯⋯⋯⋯⋯⋯ 207

二十三、返城學徒⋯⋯⋯⋯⋯⋯⋯⋯ 219

二十四、奶奶之死⋯⋯⋯⋯⋯⋯⋯⋯ 229

二十五、我當廠長⋯⋯⋯⋯⋯⋯⋯⋯ 237

二十六、弟弟先富⋯⋯⋯⋯⋯⋯⋯⋯ 247

二十七、古剎密會⋯⋯⋯⋯⋯⋯⋯⋯ 255

二十八、辭職下海⋯⋯⋯⋯⋯⋯⋯⋯ 263

二十九、東加護照⋯⋯⋯⋯⋯⋯⋯⋯ 271

三　十、拱北賓館⋯⋯⋯⋯⋯⋯⋯⋯ 281

三十一、偷渡澳門⋯⋯⋯⋯⋯⋯⋯⋯ 291

三十二、第一桶金⋯⋯⋯⋯⋯⋯⋯⋯ 301

三十三、美國入籍⋯⋯⋯⋯⋯⋯⋯⋯ 311

三十四、痛失母親⋯⋯⋯⋯⋯⋯⋯⋯ 319

三十五、尋小東河⋯⋯⋯⋯⋯⋯⋯⋯ 329

三十六、代父相親⋯⋯⋯⋯⋯⋯⋯⋯ 341

三十七、再悟解放⋯⋯⋯⋯⋯⋯⋯⋯ 351

一、富安姻緣

我母親出生在東臺縣富安鎮小東河的一個大戶人家。

東臺,依海而生,本是江、淮兩大水系沖擊回流之沉積物。自新石器時代起,就有原始部落在此漁獵為生。西周初,有先民開拓鹽田,春秋戰國時的吳國、越國、楚國都以「稅畝」制方式承認自耕農的土地私有屬性。

這片年邁的土地,在私有歲月的塵土覆蓋下安睡了兩千五百多年,被土改驚醒了。我母親成了末代土地私有者。

一九四一年春,共產黨為了建立穩固的蘇中根據地,成立了東臺縣抗日民主政府,發動了轟轟烈烈的土改運動。我外公許子見抗拒土改,在一次參加完公審處決不法地主丁紫亭的大會後突然失蹤了。半年以後,我大舅也離家尋父。這一年,我母親十三歲,家中還有裹小腳的外婆和十歲的小舅、一歲的小姨。外婆是外公的三房,外公不在,母親便輟學管理起三房屬下的三千多畝田產。

母親從小就聽大人說騎馬三天走不出許家的地界,小時候母親對土地的認識是純自然的,只看到廣袤的土地一年四季換著新裝:碧綠的新苗、金黃的稻子、烏黑的耕土、潔白的覆雪。母親的童趣卻在田地之外:河裡的魚蝦、田裡的青蛙、紫色的桑葚、紅色的枸杞。

到母親臨危受命,方頓悟了世代相傳的祖訓:土地是立身

之本。許家的祖上原是蘇州的富商望族，在一三六八年明朝初年的「洪武趕散」時，從蘇州閶門，走水路一路向北遷徙到鹽城落腳，六百年間，逐步向南兼併土地，擴展到東臺縣富安鎮。

到了太外公許為士這一代，富安鎮小東河方圓百里都是許家的土地，許家的祖訓是「寧丟命不丟地」，這是商賈無根被「洪武趕散」留下的恐懼，而土地是不動產，任何人拿不走。

許為士古板得不容外姓人染指小東河的土地，清光緒年間，鹽城永寧寺的一位高僧到小東河找許為士，希望在小東河建寺廟，遭許為士一口回絕。早在西元五〇年，印度僧人帶佛像和經書乘阿拉伯商船從東臺登陸，東臺是中國佛教的發源地，佛力無邊。高僧為此留下一句話：「許家百年無後。」誰知竟一語成讖。

太外公許為士連娶三房，到了外公許子見也娶三房，都在不言中對抗這一咒語。許子見的大房陳氏沒有生育，二房姜氏生有兩子，三房就是我外婆姚惠芬，生兩子兩女。

小東河地界的南邊就是千年古鎮——富安鎮。富安鎮始於五代十國時的南唐，興於兩宋，盛於明清；古稱虎墩，四面環河，中間高地，水陸通達，是少有的風水寶地。富安鎮，主街長不過三里，寬不過三米，兩邊明清古宅，中間青石鋪路，古井古橋古牌樓，古樹古廟古戲臺。

千年來富安鎮人，不求富貴，只求富安，小富即安。不求富國強民，只求小國寡民，富餘就安。故歷朝歷代，富安鎮民風淳樸，鄰里和睦。

我外婆姚惠芬就出生在富安鎮。姚家雖非大富也絕非等

閒，姚家這一輩四男五女，將整個富安鎮大戶人家聯成了姻親，編織了一部富安鎮的近代史。

外婆在家排行老六，人稱姚六姐，嫁了外公，也算門當戶對。許家借助姚家在富安鎮開了油坊、藥鋪、糧店。

姚老七，男，繼承祖上留下的「姚家魚湯麵館」，雖只是富安鎮上兩間老房，卻因了百年老店而成名。魚湯麵配方獨特，選鱔魚骨、野鯽魚、小黑魚、豬大骨，豬油炸爆，河水熬製，湯如稠奶，麵如龍鬚。魚湯麵在一九一五年獲得巴拿馬萬國博覽會金獎，馳名中外，後來竟然成了東臺市的旅遊名片。

姚家麵館早上供應茶水和蟹黃包，中飯、晚飯供應酒菜，下午、夜裡開麻將賭檔，招牌魚湯麵則全天供應，老湯長燉，隨到隨煮。姚老七還在富安鎮開澡堂，開蘇州評彈館和說書場，以慰蘇北人的蘇州鄉愁。

富安鎮凡遇祭神祭祖、搭臺唱戲、婚嫁迎娶、集市廟會，必是姚老七一手操辦，如果不是，也定需姚老七的首肯。姚老七不但當姚家的家，也管富安鎮的家。

當時的富安鎮在國、共、日偽的爭奪和交錯控制下，難免會碰到三教九流、土匪流寇，姚老七能夠順風順水，靠的卻是姚老八。

姚老八，男，早年在上海加入青幫，是杜月笙有名的弟子。青幫原是漕運的船幫，稱霸上海碼頭和運河沿岸各埠，國、共、日偽都不敢得罪。姚老八在上海風流倜儻，呼風喚雨。

姚老九，男，自幼在姚家的魚湯麵館學廚藝，長大後仗著兩個哥哥的勢力在鄉間惹是生非。一次，姚老九把安豐鎮一個

大地主家的千金肚子搞大了，安豐鎮遠比富安鎮富裕強盛，大地主扣留了姚老九。姚老七力不能及，姚老八親自去安豐鎮，帶回了姚老九。

姚家非但男丁霸氣，女流更豪傑。姚家五姐妹個個都是身材高挑的絕色美女，除姚四姐嫁去海安，其他姐妹均嫁在富安鎮。

姚大姐嫁給劉家，劉家在富安鎮開銀樓，姚大姐成了劉家長媳，掌管銀樓生意。鄉裡人極興銀飾，結婚要置銀鐲、銀鏈，小兒要戴銀鎖、銀項圈，女人要插嵌寶鑲珠的銀髮簪，生意人要鑄銀錠、銀元寶，富貴人家要打銀筷、銀勺、銀燭臺，銀樓生意興隆，遠近聞名。

劉家有二男三女，劉三姐就是我奶奶劉銀珍，姚大姐成了我奶奶的大嫂。劉家還和崔家聯姻，崔家又和朱家聯姻，朱家的朱華是國民黨高級將領，一九一二年入保定陸軍軍官學校，參加過北伐戰爭，曾幫助共產黨周恩來脫險，朱華從法國人手裡收回正太鐵路路權，任正太鐵路副局長，後又捐贈「正太號」飛機以資抗戰。劉家和朱家毗鄰而居，現在富安鎮還有朱華故居。

姚二姐嫁給街東吳家，東吳家在富安鎮開農具廠，是富安鎮工業的先驅。東吳家祖上也是蘇州閶門遷徙過來的富戶，世代開鐵匠鋪，十里八鄉的農民都從東吳家購買農具。東吳家的大女兒是朱華的二房太太，朱華也是姚二姐的姐夫。

姚三姐嫁給街西吳家，西吳家是富安鎮僅次於許家的大地主，又在富安鎮開糧店、香燭店、雜貨店，還辦了私塾學堂。姚三姐的丈夫叫吳炳章，字衡圃，在私塾學堂裡教書。

吳衡圃和姚三姐生了兩個兒子：吳遠、吳近。吳衡圃精心教育兒子，把兒子送去南京讀書。吳遠，一九三三年九月黃埔軍校十期學員，後來做到國民黨空軍防空司令部中將司令。

吳衡圃學識淵博，受人尊敬，是富安鎮德高望重的鄉紳。就是姚老七也是聽吳衡圃的，況且吳衡圃又是姚老七的姐夫。吳衡圃還是小東河大地主許子見和外婆姚惠芬的姐夫。

中國社會兩千年來的皇權統治只到府縣一級，鄉鎮全靠鄉紳自治，鄉紳自治靠宗法血緣，是拜祖宗、尊長輩的熟人社會。當鄉紳要有身分、有威望、有文化，還要有錢、有德、有閒，沒有俸祿，沒有報酬，無償服務鄉里。

鄉紳制度最大限度地降低了社會治理成本，富安鎮和所屬的鄉村沒有一個吃皇糧的政府官員，也就沒有公款可貪污，沒有官員可賄賂，沒有員警可用於維穩。

清朝滅亡後民國政府設立東臺縣民政公署，富安鎮依然自治，政府不干涉，吳衡圃當鄉紳不需要政府批准。富安鎮的宗族社會是獨立王國，外來勢力無法介入，但日本人打進中國，富安鎮的平靜就打破了，情勢開始變化。

一九三八年三月二十五日，日本軍川上部派出兩個小隊總共一百個士兵進攻東臺縣城，國民黨東臺縣政府未發一槍逃走了。地方上出現管治空缺，日本人說要設立「治安維持會」，眾人就推選鄉紳吳衡圃當了富安鎮的維持會長。

一九三八年七月二十五日，日本兵走了，國民黨馬上回來了，由國民黨江蘇省主席韓德勤的部隊駐守東臺，不料共產黨乘虛而入，跟著打過來了。

之後，為爭奪蘇中，國共於一九四〇年十月展開黃橋決戰，雙方共投入四萬兵力，共產黨新四軍殲滅國民黨韓德勤部一萬一千餘人，共產黨取勝後，趁機北上占領東臺縣，成立了抗日民主政府。一九四一年一月，在蘇北失利的國民黨調集八萬兵力圍殲新四軍軍部，製造「皖南事變」，新四軍大敗，九千餘人只剩兩千人突圍。

　　一九四一年二月二十一日，日本軍又來東臺了，這次派出南浦旅團兩個中隊三千餘士兵。占領東臺的共產黨新四軍聞風在二月九日就跑了，留下一座空城，日本軍想消滅東臺的抗日武裝力量，不斷進行「掃蕩」，卻找不到國民黨、共產黨的軍隊，所到之處只看到抗日的標語和傳單。

　　抗戰一開始，國民黨蔣委員長號召：「地無分南北，年無分老幼」，全民抗戰。共產黨毛主席發表宣言：「堅持抗戰，反對投降」，打一場人民戰爭。國、共兩黨都動員手無寸鐵的人民抗日，人民倒是發動起來了，無比憎恨日本兵。

　　日本兵在東臺除了掃蕩就龜守在兵營裡，都是集體活動，不敢單人出來。日本兵占領東臺時，非戰鬥死亡了二十個人，都是被民眾暗殺的。暗殺引來日本兵的報復，在灶南、大水窪、三灶等地殺人放火，犯下滔天罪行。

　　當時，有一個分隊日本兵駐守在富安鎮的都天廟。日本兵知道富安鎮有國民黨將領朱華和吳遠的家，有上海青幫姚老八的家，鎮上又有人參加日偽「和平軍」，所以，沒有禍害富安鎮，反倒為了宣傳「大東亞共榮」，竭力展示友好的一面。

　　日本兵上街看到小孩會給日本的糖果、餅乾吃，吳衡圍嚇

唬小孩說有毒，可是，吃過的小孩沒有死，便有小孩圍著日本兵要。異族共居必生事，有一個叫鄭小華的小孩趁著要糖偷了日本大佐的闔家照，又扔掉了，日本大佐遍尋不獲，刀劈了鄭小華。小孩們再看到日本兵就跑。

日本兵喜歡吃魚湯麵，姚老七每次在後廚往碗裡吐痰，日本兵照樣吃得香，對姚老七豎大拇指。日本兵晚上去聽評彈，藝人唱著唱著，會用富安話和著曲調罵日本兵：「日你——媽媽的，小——日本哎——」日本人中即便有懂中國話的也聽不懂蘇州方言，更聽不懂富安鎮土話。場下日本兵拍手，富安人大笑。

富安鎮雖一時平靜，但戰亂既開，遂無寧日。富安鎮、東臺縣以至整個蘇北成了兵家必爭之地。日本人、和平軍、國民黨、共產黨，來富安鎮都找吳衡圃說事。吳衡圃為保地方平安，周旋於各方勢力，成了「阿慶嫂」。

一個月黑之夜，中共東臺縣委的地下黨員老宋由小東河許家人帶來見吳衡圃，動員鎮上幾個年輕人在富安鎮街上貼滿了「打倒日本帝國主義」的標語，還在日本兵駐守的都天廟附近田地裡放了一掛炮仗，「劈劈啪啪」地聽上去和槍聲無異。

日本兵傾巢出動，找到了還在燃燒的炮仗殘屑，知道是共產黨的活動，於是，調來了一個連的和平軍，挨家挨戶搜查，發現就老宋一個外來人，抓了起來。

和平軍裡有富安鎮東吳家和劉家的人，吳衡圃急中生智，說老宋是他學堂裡新請的先生，寫了保函，才保下了老宋。

日本軍兩次侵占東臺期間，國民黨軍隊、共產黨軍隊可以

戰略轉移，另闢戰場，實現曲線救國。對於民眾來說，自己的家鄉「臥榻之上，豈容他人安睡」，民眾自發組織抗日。

有一支人稱「野三旅」的民間武裝，由流寇組成，旅長張星炳，副旅長胥金城，追著日本人打。有名的戰役有：一九三八年八月十八日的如皋東城戰役，一九三八年九月十八日的油頭坊戰役，一九三九年一月二十一日的南通三餘鎮戰役，一九三九年十月二日的高郵守城戰役，一九四〇年的宜陵戰役，一九四〇年九月三十日的東匯樊川戰役……。「野三旅」也不服共產黨，和新四軍打了五仗，分別在高郵湖西、江都郭村、泰縣黃司莊、東臺周家垛、興化揚子莊。

「野三旅」後來被國民黨收編，卻不聽國民黨的調遣，繼續打日本軍，孤軍奮戰，直到彈盡糧絕。旅長張星炳逃亡，副旅長胥金城帶領殘部八百人投靠共產黨。

一九四一年十二月七日，日本偷襲美國珍珠港，日本軍戰略重心轉向太平洋戰爭，無力顧及蘇北。

從此，就剩下國民黨和共產黨在爭奪東臺。

東臺縣的鄉紳自治被外來勢力分化了，有人參加國民黨軍，也有人參加新四軍，還有人參加和平軍、野三旅。這就像找工作一樣，無關信仰，在乎吃飯，誰家條件好就去誰家打工。

共產黨振臂一呼「打土豪，分田地」，一下子獲得了廣大農民的擁護，雖然共產黨在東臺處於劣勢，民心卻占了上風。

二、土改風雲

　　一九四一年春，共產黨開展土改運動時，東臺縣城還在日本軍的占領下，國軍和新四軍都退出了東臺，在皖南打仗。共產黨這時在農村搞土改是一個好時機，日本人不想管，國民黨管不了。

　　共產黨的土改是講究策略的，「打土豪，分田地」是不能一步到位的，如果此時就把土地分給農民，日本軍一走，國民黨軍就會回來，農民分到的土地還是要被地主奪回去，農民也不敢拿。

　　共產黨選擇了一個過渡的辦法：「減租減息」。廣大農民歡欣鼓舞，大部分地主懾於新四軍的威力也只能接受。

　　原先地主和佃農是按收穫分成，地主不貼種子、肥料，與佃農對半分成。現在地主只能拿到三成。母親認為讓利給佃農是應該的，發揮佃農的積極性可以做到雙贏，畢竟地要靠他們去種，尤其是母親還不懂種地，更要靠佃農。

　　蘇中平原種水稻，大部分地區一季有餘，兩季不足。若實行「早秈晚粳」雙季稻，就要一年忙到頭。從五月中旬開始插種早稻秧，到七月中下旬收割早稻，緊跟著翻耕水田、插種晚稻秧，到十一月霜降前收割完晚稻，然後又是對土地深翻、細耕、蓋平、基肥，忙到來年開春。

　　母親整年親臨地頭，參與佃農的育苗、插秧、灌水、排

水、收割、脫粒、曬穀、稱重，然後按分成拿回自己的租糧。在幾十家佃農中，大都是宗親和長租戶，雇傭和諧，人勤地善，所收租糧反比以前還多。

母親還從佃農這裡學會了對水稻的物盡其用，稻稈苫房，米糠餵豬，麩皮餵雞，就連稻根也刨出來當柴燒。這種對土地饋贈的敬畏精神影響了母親的一生。

母親認為共產黨的減租減息政策和諧了地主和農民的關係，促進了生產力的發展，因而從內心擁護土改。

母親和佃農一起幹活，跟佃農建立了深厚的感情，學會了從佃農的角度認識土地。母親對「寧丟命不丟地」的祖訓產生了懷疑，土地真比命重要嗎？離了土地人不能活嗎？佃農沒有土地，靠雙手勞動也能養活！

母親望著一望無邊的許家田地凝思，自「洪武趕散」祖先遷徙到這裡已經六百年，幾十代人在此耕耘，如今哪見先人蹤跡？許家歷代祖先生於斯、葬於斯，又何曾見得塵土增高一分？

只見人歸土，哪有土歸人？

故土今猶在，故人了無痕！

一九四五年八月六日，美國向日本廣島投下第一顆原子彈，奠定了日本的敗局。蘇聯於八月八日對日宣戰，進軍中國東北，日本天皇八月十五日宣布無條件投降。

國民黨和共產黨開始搶奪地盤，蘇北又成了必爭之地。

一九四六年初，中共蘇中地委為了搶在國民黨軍隊進犯之前突擊完成土改，決定將減租減息政策轉變為沒收地主土地分配給農民的政策，以村為單位成立翻身委員會和土改工作組，

劃階級、定成分、挖浮財。

原先安分守己的農民，一聽說可以拿到別人的土地，便不再安分了。人性就像骰子，惡的一面朝上，善的一面就壓在下面了，人概莫能外。

小東河的分地運動開始了，地有優劣肥瘦、遠近高低之分，佃農們開始哄搶動武。工作組定的分地政策是，在誰種歸誰的基礎上，按一級地標準，人均一畝五分。以種水稻為例，畝產四百斤為一級地，畝產三百斤為二級地，畝產二百斤為三級地，還有旱地、坡地、生地、林地，按級差折算，這是一個複雜的函數。生地會變成熟地，熟地會變成老地，旱地可以變成水地，坡地可以變成梯地，這是一個動態的變數。級差之間還有差異，一級不到，二級多，三級半，也做不到四捨五入的，這是一個模糊的概數，即便是最精明的莊稼漢也算不清楚。

按人口分配表面看是公平的，但同樣三口人的兩個家庭，一家有三個勞動力，另一家只有一個勞動力，窮富立現。統計人口截止到分地的這一天，看上去是公平的，但新出生的小孩和死去的老人，在截止日當天和隔天就迥然不同了。

農民本身也有貧富，同樣三口人的兩個家庭，一家吃光用光，身無分文，可以分到四畝五分地；另一家勤儉節約，幾年間買了兩畝地，這次只能分到兩畝五分地，當然，如果他更勤儉，買了五畝地，這次就得交出五分地。

世無絕對的公平，若人為製造公平，必顯新的不公平。況人為製造公平，就得權力介入，權力是最大的不公平。

工作組的權力是至高無上的，就有農民託關係、走後門，

有女人投懷送抱，有人拉外鄉人假結婚，有人哭鬧尋死，於是按鬧補分配。

爭管爭，鬧管鬧，畢竟土地白給，農民無不皆大歡喜。

土改結束，農民拿到了政府頒發的帶有毛主席頭像的「土地執照」，上蓋人民政府大紅方印。然而，土改第二年，就出現土地荒蕪、私下變賣、變相轉租，打亂了原來的秩序，土地畝產開始下降，新的貧富差距又出現了。

許家的土地沒了，租糧自然也沒有了，母親理解和接受這種平等，自己學會了種地，也可以自食其力。於是，母親找工作組要求和佃農一樣，按家裡的人口分一塊地，工作組雖答應，土地卻分完了。

不但土地分掉，連家中三進的大宅、家具、衣物都分掉了，母親一家搬到了原先堆放農具的雜房住。三進大宅裡一下子住進來十幾戶人家，大都是非懶即惰的赤貧戶，其中有一戶也姓許，論關係算遠房親戚，之前曾經提出借住雜房，外婆說孤兒寡母不方便，沒同意。現在「遠房」說外婆：「這下好了，你住雜房，我住你的正房，你倒方便了！」

住戶中還有一個幾年前帶著老婆從安徽討飯過來的朱三，原打算去上海，不料老婆死在路上，便在小東河落腳，靠在許家打零工為生。朱三自稱是朱元璋的後裔，四十多歲，人長得周正，也讀過書，卻不精於農活，土改中參加了工作組，入了黨。

外婆也四十多歲，風韻猶存。朱三看上外婆，時常接濟些糧食，來雜房坐坐。外婆叫母親帶著弟妹出去玩，母親卻偏賴著不走。

把母親家的田地、房屋沒收比較簡單，但劃分成分，把地主的帽子戴在誰的頭上成了工作組的難題。外公、大舅已經人間蒸發，母親是一家之主，但收租時又尚未成年，按政策戴不上帽子，最後給外婆定了地主婆的成分。

工作組召開批鬥大會，外婆和鄰村的一個老地主站在打穀場的中央，四周場地坐滿了群眾。母親家的佃農以前都有些情分，並不上臺揭發批判。人性惡念起之初往往只顧貪欲不及其餘，過後未嘗不會善念發現，奪都奪了，再批人家，到底不忍，況且又是熟人。有不經事的年輕人站起來發言，講不幾句，他家的長輩就拉他坐下。只有外來的工作組組長和本地遊手好閒的土改積極分子上臺批判，領著喊口號。

外婆小腳站不久，母親就走上前扶著外婆陪鬥。朱三不好明著幫忙，就把火頭引向鄰村的老地主，上去狠狠地抽了幾巴掌，老地主癱坐在地上起不來，場面一混亂，批鬥會早收場。

農民發動起來了，不識字的農民學會了階級鬥爭的理論，看到手裡的鐮刀掛在了共產黨的黨旗上，鐮刀不但可以收割莊稼，還可以收割世界。農民便放下鐮刀，走上革命的道路。

抗戰結束時，共產黨領導的軍隊人數已達到一百二十七萬，民兵二百六十八萬。一九四六年六月，國共內戰全面爆發，八路軍、新四軍、東北民主聯軍陸續改稱中國人民解放軍。此時，東臺已完成土改，共產黨行情看漲，貧苦農民紛紛參加解放軍，就連母親同父異母的二房哥哥許學禮也背叛家庭參加了解放軍，甚至以前的和平軍及當土匪的人也改換門庭，更有俘虜的日本兵被強徵入伍贖罪，全投入到和國民黨的內戰中。

朱三也參加了解放軍，他在出發前向組織提出和外婆結婚的申請，卻受到黨內警告。朱三說等打完仗回來娶外婆，哪怕丟了黨籍。

　　外婆小外公十幾歲，嫁給外公做三房，本就不甘，只是父母包辦，自己不能選擇，況且等外公也不知道等到什麼時候。而朱三對她的好卻讓她有了愛的感覺，倒不全是想找個依靠，但兩個階級的鴻溝，加上母親的阻撓，她知道自己還是不能選擇。外婆覺得女人一輩子都不能選擇，只能聽從命運安排。

　　沒了朱三的照顧，外婆在小東河也活不下去了。

　　外婆又回到了富安鎮。要放在以前，外婆回來，富安鎮會像天宮的「蟠桃會」一樣熱鬧。外婆剛到姚大姐的劉家銀樓坐一會，姚二姐就來帶人了，還沒跨出門，姚三姐和吳衡圃就攔在門口截人了。正爭執不下，姚老七過來就發了火，說哪有不先到娘家姚家麵館的道理？於是，許家、姚家、劉家、東吳家、西吳家、朱家都傾家而出，拖老攜幼，姚家麵館是坐不下的，當街擺開幾十桌，賽過廟會。

　　現在不同了，外婆帶著母親、小舅、小姨，悄無聲息地躲進東吳家就不出來了，東吳家有人參加過和平軍，日子也不好過。

　　西吳家吳衡圃的新身分是土豪劣紳、漢奸賣國賊、國民黨頑固派。兒子吳遠在國民黨唯一的高射炮團任團長，正在戰場上和解放軍對陣。共產黨逼吳衡圃寫信叫吳遠投誠，吳遠回信說軍人不成功便成仁，吳衡圃又寫信說不要向解放軍開炮，吳遠回信說高射炮是打飛機的，解放軍沒有飛機。

　　劉家的銀樓關了，地主都沒了，誰還做銀器、銀飾？劉家

人都去了上海，投靠我奶奶劉三姐劉銀珍，奶奶早年嫁給我爺爺馮稼祥。

姚老七的麵館關了，是因為姚老八出事了。

日本人投降後，上海是國民黨的天下，青幫失勢，安徽幫、東北幫崛起。姚老八原是青幫的幹將，掌控著碼頭、煙館、賭場、妓院，現在面臨分羹，難免腥風血雨。

黑幫爭奪地盤靠的是血拚，血拚靠狠，不在人多。姚老八以手狠著稱，就像解救姚老九那次，姚老八獨闖安豐鎮大地主家，大地主沒把富安鎮的人放在眼裡，就是青幫也是鞭長莫及。大地主家十幾個家丁把姚老八搜過身，押著進了客堂，大地主坐在太師椅上抽水煙，冷眼蔑視。姚老八突然掙脫家丁，一個箭步衝上前，抓起桌上的一根筷子折斷，插進大地主的大腿。家丁們拿著刀斧圍上來，姚老八用另外半截筷子頂著大地主的喉嚨，大地主連喊放人。姚老八叫家丁扔過刀來，撿起一柄長刀，帶著姚老九回了家。

在上海這些年黑幫血拚中，姚老八殺過不少人，知道要他命的人多，不敢大意，平時除了腰裡別著駁殼槍，還會在小腿上綁一把匕首，出入成群結隊。

姚老八沒有結過婚，但是女人不少，姚老八手下人說他的女人有數的就有十幾個，還有沒數的。姚老八說人活著最大的享受就是玩女人，他說叫他的十幾個女人排隊上來做女上位，他蒙著眼，光憑肥瘦乾濕的感覺就能分辨出誰是誰。他每天去不同的家，仇家就算在一個地方蹲守，十天半月也不一定等得到。

姚老八的女人中有一個窯姐贖身的，耐不住寂寞，又養了

一個小白臉，商量著要私奔做長久夫妻。合謀在姚老八的酒裡下了安眠藥，勒死後拋屍馬路，取了錢財跑了。

姚老七得到消息，去上海把姚老八的靈柩運回富安鎮安葬了。

姚老七哭夠了說好歹有個全屍，比被人砍了的好。外婆對生活已經麻木，眼淚早已哭乾，說老八現在不死，共產黨來了也要槍斃。

外婆說得不錯，共產黨是不會允許有任何黨派組織、幫會勢力存在的。

姚家老大死得早，留下一個兒子是姚家的長房長孫，姚長孫也跟了姚老八加入了青幫。姚長孫其實只比姚老八小兩歲，姚老八死了以後，姚長孫逃回富安鎮，一解放，姚長孫就被判了大刑，儘管他沒有血債。

富安鎮一榮俱榮，一損俱損。外婆在富安鎮的日子度日如年，連街都不敢上。

一九四六年九月，國共談判，蔣介石要求共產黨軍隊退出蘇北，去山東，因為蘇北太靠近國民黨首都南京和經濟重鎮上海。共產黨不讓，國民黨調集兩個師的兵力從海安、泰州北進，解放軍蘇中主力部隊在富安阻擊，激戰五晝夜，死傷無數，解放軍敗退。這是富安鎮歷史上遭受的最大一次戰爭摧殘，歷史古蹟毀壞過半。

吳遠派副官領一個班的兵到富安鎮，要把吳衡圃和姚三姐帶去南京。吳衡圃是書呆子，寧折不彎，說吳家的地憑什麼要分給佃農，反帶著士兵去反攻倒算，佃農們把田地都乖乖地交

了回來。獨有一戶人家，老漢和三個兒子拿著鋤頭要拚命，老漢還奔著吳衡圃衝過去，士兵開槍射殺了老漢。吳衡圃沒想到鬧出人命，連忙說這家的地不收了，還出錢安葬了老漢。

吳衡圃還對外婆說要幫許家收回田地，母親卻說田地已經分了，地裡的莊稼是佃農自己種的，也讓人家收穫完，要收回也等來年。再說大部分的地還是分到許家窮困的宗親手裡，都是許家後人。

母親這一年已經十八歲，她的這一決定為以後她和她的後代留了一條生路。

三、逃難上海

　　我大舅一九四一年離開家鄉時十六歲，是為了尋找外公許子見。其實，外公即使在家，大舅也打算離家逃婚的，許家和富安鎮崔家早就替他訂了婚約，崔家是名門望族，大地主，在富安鎮開油米加工廠。崔家的女兒長大舅三歲，準備當年完婚，許家和崔家上一代就已經聯姻，現在要親上加親，強強聯手。

　　大舅不喜歡這種錯綜複雜的姻親關係，富安鎮、小東河，凡是年紀大的都是他的長輩，宗族勢力就像一張天羅地網束縛著他，令他不能越雷池半步。宗族制度對社會是一種穩定，但是對個人的發展卻是一種阻礙。大舅追求個人自由，婚姻自由，是對宗族制度的反抗。共產黨要消滅私有制、消滅宗族制度，竟然和大舅的願望是一致的，說明共產黨的初衷是符合人性的，也說明世界上許多思想、主義的初衷都是從人性出發的。

　　大舅喜歡上許家一個佃農的女兒叫秀蓮，外公說由不得他，如果他不服從婚約就滾出許家。不料土改開始，外公逃跑了，大舅命運還是改變不了，崔家不放過大舅，催著完婚。大舅假說把外公找回來就完婚。

　　大舅開始走上了尋父之路，找了很多地方，一直沒有找到外公，但又不想回到家鄉，於是便隱姓埋名在上海落腳，他不敢聯繫家人，怕崔家把他抓回去完婚。

　　大舅覺得要在上海生存，必須學一門手藝。他找到上海奉

幫裁縫中有名的八仙橋小麻皮，在他店裡做一名學徒。所謂學徒其實是不領工資的傭人，三年時間裡，大舅每天就是挑水做飯洗衣服、鋪床疊被倒馬桶，跟服裝手藝一點不沾邊。第二個三年得到老闆小麻皮的信任，才開始學服裝手藝，這三年照樣沒有工資。大舅苦學了服裝製版、裁剪、縫製、鎖釘、整燙的所有工藝和流程。

漫長的六年，大舅除了學到一手過硬的服裝技術，沒有攢下任何錢財。小麻皮看中大舅忠厚正直、勤奮好學，又不計得失，想把女兒許配給他。

大舅剛滿二十二歲，長得一表人才。小麻皮女兒叫靈姑，已經十八歲。靈姑雖然長相一般，但是溫柔體貼，對大舅的關心遠遠勝過對自己的父母，總為大舅的待遇和小麻皮吵架，小麻皮就罵：「小娘屄白養！」小麻皮嘴上雖這樣說，其實心裡也樂見其成。哪個少女不懷春？哪個少男不鍾情？兩人在一個屋簷下生活，兩顆心像磁鐵一樣吸引靠攏，但中間還是隔著一塊玻璃，無法貼心貼肉，大舅不想有一個苛刻的師傅一輩子壓在自己頭上。他敢反抗父親，卻不能反抗師傅。

其實大舅心裡還是想著小東河的秀蓮，他和秀蓮是青梅竹馬，又是初戀。秀蓮雖然是佃農的女兒，卻出落得秀氣水靈，就像淤泥中長出的一枝蓮花。他們之間的情絲就像春蠶吐絲一樣，不知不覺中就把大舅的心像蠶繭一樣包得嚴嚴實實。大舅離開小東河時讓秀蓮一定要等他，兩人立過山盟海誓。

大舅雖然反對包辦婚姻，但是結婚是一定要讓父母知道的，否則就是不孝。現在父親還沒有找到，母親和弟妹在鄉下

也不知道怎樣，於是大舅決定，離開小麻皮，自己創業，把家人和秀蓮接到上海來。

大舅離開了小麻皮的服裝店，靈姑哭了好幾天。靈姑都怪父親太苛刻，小麻皮後悔不已，也哭了一場。

一九四七年初，處在生死邊緣的家人突然接到中斷了六年的大舅的消息，這是一個從上海回鄉的和尚帶來的口信。趁著夜色，全家人從屋後的串場河坐搖櫓船出發，在通揚運河換乘木帆船，到達南通港，登上了開往上海的大客輪。這是一艘燒煤的鐵殼火輪，大煙囪拖著長長的黑煙。經過三天三夜小河大江的顛簸，終於到了上海的十六鋪碼頭。

驚魂未定的一家人出了碼頭就立定在那裡，茫然四顧，不知所措。母親扛著行李、被褥，外婆挎著衣服、細軟，小舅捧著裝有鍋碗瓢盆的木匣，小姨提著雞籠子，這是母親上了搖櫓船又返回去捉的三隻下蛋母雞。

六年不見，唯大舅能認出外婆，外婆也認出了長成男人的大舅，剛伸出顫抖的雙手要去擁抱大舅時，大舅猛地後退半步，撲通跪地，連磕響頭，大聲嚎叫：「媽媽哎！」外婆抱住大舅的頭，俯身貼臉，泣不成聲，連聲哀喊：「兒子噯！兒子噯！……」

外婆鬆開大舅，對著呆若木雞的母親、小舅、小姨說：「這是你們的大哥，快來認下子。」一家人抱作一團。

外婆定神後突然問大舅：「你爸怎麼沒來？」

大舅驚訝地反問：「我爸沒有回家嗎？」

「什麼？你不是去找你爸的嗎？」外婆變了臉。

大舅辯白道：「我哪裡都找了！當年，我去了海安的表姑家、鹽城的五姨奶奶家，都沒有。我才到的上海，我找了在虹口做傭人的盧寡婦，找了在德興館做廚師的張表叔，還找了在玉佛寺做方丈的周和尚，周和尚說上海的和尚都是東臺人，我爸可能會隱身在和尚中，我又去了所有的寺廟……」

外婆無奈地說：「這個死鬼，也不知道死在哪塊了？」

母親說：「媽，怎說這種喪氣話，說不定哪天爸就來找我們了，像哥一樣。」

外婆說：「我們是逃出來的，沒人知道我們在哪塊的。」

大舅說：「我已經託周和尚，只要爸到上海就能找到我們，不用擔心。」

外婆在發愣，大舅急切地問：「秀蓮還好吧？」

「秀蓮小孩都四歲了！」外婆白了大舅一眼說，「你還做夢呢？」

各人懷揣著遺憾，一時沉默無語。

大舅叫了兩輛黃包車，把一家人帶到租借的房子安頓了下來。

這是光啟路一處磚木結構的兩層樓舊式里弄房子的底樓前客房，面積十五平方米，草泥牆壁，夯土地面。屋裡放一張棕繃床，睡著外婆、母親和小姨。大舅睡兩張長凳擱的木板床，小舅睡折疊帆布床。晚上點煤油燈，吃飯現支小圓桌，小解用痰盂罐，大解去公共茅房的一排大糞桶。

靠外牆搭有一間簡易房，五個平方米，帶樹皮的楊木板牆，油毛氈屋頂。一個煤渣磚砌的柴火灶置鐵鍋，黑鐵皮做的

煙囪伸出屋頂。一口水缸，兩個白鐵皮水桶和一根扁擔，每天去供水站挑水。臨時房外釘一個木格雞窩，三隻鄉下母雞到上海後照舊下蛋。

東臺的苦難就像套在身上沉重的枷鎖，突然解開一身輕。一家人在一起，沒有過去，只有將來，許家對生活又燃起了希望。

大舅決定擺攤做生意，在小東門童涵春藥店的樓房轉角處靠凹牆支起一個三平方米的布篷，搭一塊桌板，外婆拿出私藏的首飾變賣，買了第一臺縫紉機，掛一塊紙牌：許記裁縫。

大舅極善量體裁衣，不管是唐裝洋裝、長衫短褂、襯衫旗袍，也不管是中山裝、人民裝，甚至是斜襟衣、緬襠褲，五花八門，來者不拒。大舅會講奉幫裁縫的寧波話，會講江蘇話、上海話、北方話，八方來客，應接自如。

母親和小舅就在縫紉機上學縫製衣服，外婆做針線，鎖眼釘扣、撬邊糊襯。開始時生意不足，還接雜活，洗衣、漿衣、補衣、熨衣、繡衣，睜眼就做，閉眼方歇。小姨做後勤，端茶倒水，買菜做飯。小姨才七歲，做飯不過是買大餅、老虎腳爪餅，用開水泡了吃，正式一點就泡麻油饊子，泡炒麥粉。菜就是醬菜、腐乳、豆瓣醬，奢侈一點就煮一鍋飯，炒個雞蛋，蒸個肉糜。

兩個月以後，生意做開了，吃飯不愁了，大舅用賺到的錢買了第二臺縫紉機，母親和小舅一人一臺，生意翻番。外婆把小姨送去民辦小學上一年級，請了一個東臺人幫傭做後勤。

打工苦，創業更苦，並不是每個人都願意吃這種苦。大舅有一個同在八仙橋小麻皮店裡當學徒的師哥叫鍾東順，鍾師哥

比大舅早兩年出師，在靜安寺的培羅蒙西服店當師傅，收入穩定，天天喝酒，還逛窯子。鍾師哥常來看大舅，藉機和母親套近乎，大舅和母親都忙得不停手。鍾師哥說：「歇息一下，哪有這樣做的啊？」大舅說：「客人的活要得急，沒辦法。」鍾師哥說：「這麼做不要命啦？」母親說：「撿來的命，不值錢！」鍾師哥直搖頭，他不能理解死裡逃生的許家人。

許記裁縫生意開始興旺，過路客、回頭客、鄰里客、慕名客，來者皆客，以致顧客盈門。許記裁縫技術高超，物美價廉，童叟無欺，生熟同仁。不滿意不收錢，滿意就交朋友，和氣生財，以致財路通達。

眼看生意忙不過來，大舅說：「我們再買兩臺縫紉機，雇人來做吧。」大舅的想法和外婆、母親不謀而合。「雇人」這個資本主義的萌芽在許家適時萌發了。

外婆有疑惑說：「共產黨說找雇農是剝削，找雇工是剝削嗎？」

母親說：「上海有數不清的工廠，還有外國人的工廠，也沒有人說剝削的。要怕剝削就自己做老闆，但是，做老闆不是又剝削別人了？」

大舅說：「上海是國統區，沒有剝削的說法。師傅不剝削我，我還沒有今天呢！再說我吃人家、住人家，我倒覺得我剝削師傅了呢。」

母親說：「不是你剝削別人就是別人剝削你，要消滅剝削大家都餓死。」

外婆說：「要是以後共產黨打過來了呢？」

大舅說：「不可能的。」

母親說：「這話難說。」

大舅在四牌樓路找了個一開間的門面房，招了兩個學徒工，結束了馬路擺攤的生意模式，許記裁縫攤的紙牌換上了許記服裝店的木牌。大舅並沒有像小麻皮那樣讓學徒不拿工資做傭三年、學藝三年。浪費別人的時間就是浪費自己的時間，而是讓他們直接拿工資學藝，兩個學徒懂得感恩，比許家人更能吃苦。

一年以後，許記服裝店就達到了小麻皮店的規模，有了名氣。小麻皮來看大舅，大舅見到師傅，慌忙端椅子讓師傅坐下，奉茶遞煙，又叫兩個學徒過來磕頭喊師爺。

小麻皮用茶碗蓋刮去飄在水面的茶葉，呷了一口說：「知道你會有今天，我當初想把店傳給你，可是師傅沒本事，留不住你啊！」

大舅鞠了個大躬說：「徒弟不孝，請師傅原諒。」

小麻皮看了一眼兩個學徒，轉眼對著大舅說：「你壞了規矩啊，讓你的徒弟上來就學藝，將來不怕『學會徒弟，餓死師傅』啊？」

大舅囁嚅著說：「不會，不會。」

小麻皮說：「你、我不就是這樣嗎？」大舅知道自古以來，行規就是這樣，所以師傅對徒弟能剝削幾年算幾年，一旦徒弟學成單飛，對師傅就有威脅。

大舅想了想說：「我不敢搶師傅飯碗，我把店搬得遠遠的，讓師傅看不見。」

小麻皮說：「不用的，我還有飯吃，餓不死。『師傅帶進門，學藝靠自己』，你有出息，師傅臉上有光啊。」

大舅連忙跪下說：「謝謝師傅賞我飯吃，徒弟永遠不忘。」

小麻皮起身作別，大舅包了二十塊大洋塞上說：「給師傅喝茶用。」

小麻皮淚眼哽咽道：「你要是娶了我女兒多好。我沒有這個福分啊！」

大舅說：「有老娘，我不敢私定啊。」

送走小麻皮，一直在邊上瞪著眼的小舅說：「你倒好，幫這個死麻皮做了六年沒拿到錢，你還給他錢，要我就把他趕出去。」

大舅板下臉說：「沒有師傅哪有我們今天啊！」

母親雖在做活，卻也聽個滿耳，此時說：「是的，做人不能忘本啊！哥，你以後常常去看看師傅。」

外婆一直躲在角落裡暗暗心疼，流著淚喃喃低語：「就是一個夢嘔。」

許記服裝店的生意再好也就這樣了，好比螃蟹的殼本來是提供身體發育的，現在卻限制了身體的長大，大舅開始渾身難受，他急需脫殼才能生長。

大舅去看鍾師哥，鍾師哥領他看了培羅蒙的店堂和工廠間，工廠間有十幾個師傅在手工縫製西裝，大舅看到了品質和品牌的價值。鍾師哥又帶大舅看了隔壁先施公司的工廠間，工廠間有幾十個工人在流水線生產服裝，流水線可以把單個人的

產能提高數倍。大舅從這天起就再也睡不著覺了，他要建立自己的品牌，再辦一個流水線工廠。

就像人爬山一樣，走一步看兩步，走兩步再看三步。企業發展也是這樣，步步為營，跟著市場走才是王道。

大舅召開家庭會議，把自己的想法說出來，此時的母親、小舅、外婆都已經跟大舅學藝出師，成了服裝內行。這次家庭會議是許家產業革命的轉捩點。

母親說：「服裝不難，和種地一個道理，管十畝地和管一百畝地沒有區別，關鍵看你怎麼管，人家種單季稻，我們還種雙季稻呢！」

大舅叫小舅表態，小舅說：「只要有錢賺就行，錢多不咬手。」

外婆說：「你們認為好就好。」

大家意見統一，大舅就往下說：「我們辦一個服裝廠，我算了一下，廠房一年的租金和買設備要兩千大洋，店裡賺的錢只有五百大洋，錢不夠。」

母親和小舅都說把私房錢拿出來，外婆說把首飾全賣了，這樣可以湊五百大洋，還差一千大洋。眾人苦思著，外婆嘻嘻地竊笑，大舅問：「媽，你笑什麼？」外婆說：「要不把小麻皮的女兒娶了，不就有錢了？」

母親說：「哎，這倒是個辦法，和小麻皮合辦廠——小麻皮的女兒好看嗎？」

小舅說：「你看這個臭麻皮，五短身材，他女兒能好看嗎？」

大舅說：「和師傅合辦，這個廠就是師傅的，那以後就得聽師傅的，不行的。」大舅也笑了，「他女兒不好看，人倒是不錯的。」

　　外婆說：「說笑的，就是做做夢嘔！」

　　到哪裡去找這筆錢呢？

四、馮家發跡

　　我爺爺叫馮稼祥，也是東臺縣富安鎮人。爺爺自幼得讀私塾，能寫會算。一九一五年，由於家道中落，十五歲的爺爺獨自一人到上海，經在太古洋行做帳房先生的表叔引薦，學做記帳。

　　太古洋行主營航運業務，爺爺在英國大班手下做事，學會了英文，在記帳中又接觸到做運輸的榻車行，懂得了生意之道。兩年以後，爺爺辭職，用自己的積蓄買了三輛榻車，成立了祥順記車行。這一年，爺爺和定了娃娃親的奶奶結婚，把奶奶從富安鎮接到上海，以後幾年，陸續生下我大伯、孃孃、父親。

　　那時候的上海，租界林立。世界上各種最新潮的政治、文化、教育、科技都聚集在上海。爺爺自然領時代風氣之先，光從給子女起名字就可見一斑：大伯馮聲洋，孃孃馮聲英，父親馮聲聞。名字既洋氣又有傳統文化的底蘊，父親的名字「聲聞」兩字，即出自老子《道德經》。

　　和爺爺相比，外公給子女取名就顯得土豪氣，對榮華富貴的討彩和祈福太過直白：大舅許學魁、母親許學鳳、小舅許學富、小姨許學玉。

　　爺爺重視子女的教育，大伯和父親讀到高中，孃孃一直讀到聖約翰大學。禍兮福所倚，也許正因為讀書太多，反成了我孃孃一生悲劇的根源。

　　一九二〇年以後，上海成批興建近代建築和居民住宅，貨

運需求激增，城區內畜力車不能用，只能用人力車，最開始用原始的獨輪車，後來用兩個包鐵皮小木輪的老虎車，直到發展成兩個汽車輪胎的木板榻車。這種榻車裝貨可以超高、超長、超寬，最多可以裝載幾噸重的貨。榻車貨輕時可以一個人拉，貨重時也可以多人合力，分別為掌車、拉車、推車。

同時，大量蘇北的貧苦農民到上海找工作，正好適應了榻車行的發展。榻車工人不需要技術，只需要力氣，他們自稱兩條腿的馬，一個榻車工人做活可以輕鬆養活一家人。

於是，在公共租界內榻車行應運而生，有名的如蔣新記、陶興記、劉子記、葛七富、袁萬隆等。爺爺的祥順記車行是後起之秀，要想在這個行業中立足，必須要有過人之處。所有的榻車行只是白天營業，爺爺的榻車行日夜營業，停人不停車，夜班工人拿百分之一百五十工資。爺爺為了擴大規模，允許自有車主加盟分成，自己拿利潤的小頭。爺爺搞配套服務，買了過時的老虎車，榻車到了庫房門口進不去，就用老虎車接駁運到庫房裡邊堆好。爺爺又買了黃包車，有的貨主對貨不放心，就讓貨主坐黃包車跟著。爺爺懂英文，和太古洋行接洽，逐漸打進了上海的碼頭運輸生意。

爺爺的生意不斷地發展壯大，到一九三〇年以後，祥順記車行搬到十六鋪的外馬路，已經擁有百輛榻車，幾百個工人。

榻車運輸貨品，主要是大米、煤炭、木材、棉花。尤其是煤炭，上海家家戶戶每天用煤球爐子做飯，消耗量排第一。爺爺決定辦一個煤球廠，在狄思威路（今溧陽路）周家嘴路橋堍買下一幢房子，房子後面有一塊空地搭天棚做煤炭堆場和放煤

球機器，將煤炭碾成煤末，摻上水和一定比例的黏黃土，通過機器模具壓成圓形的煤球。房子底樓敞開堆煤球和磅秤，顧客上門論斤買。

煤球生意穩定，周轉量大，一旦刮颱風，黃浦江的煤船進不來，只消一星期，煤球售罄，市民就斷炊。等到重新供應煤球，店門口排起長龍，爺爺就出來作揖道歉，維持秩序，人限五斤。

爺爺常常弄得滿臉黑灰，卻不讓奶奶和讀書的大伯、孃孃、父親進煤球廠，然而，一家人住在二樓也乾淨不到哪去，一杯水放桌上，頃刻就飄一層黑灰。奶奶埋怨爺爺，怎麼就挑這種苦生意做？奶奶以前住楊車行樓上，總能聞到工人在馬路邊晚上小便留下的尿臊臭，現在住煤球廠樓上鼻孔裡總是煤灰。奶奶說老闆比工人還苦，當這種老闆做什麼？

爺爺穿長衫，戴禮帽，卻和穿短衫的工人混在一起，幹活時撩起長衫前襟的一角掖在腰裡，休息時掀起長衫後片隨地坐，把禮帽當扇子搧風，全無形象。工人吃飯買路邊的燴餅，他也吃燴餅，工人渴了喝蘇州河裡的生水，他也喝生水，絕不講究。

煤球廠生意一好，免不了影響鄰居生活，不久，開始有鄰居搬離，爺爺就買下空房子，擴大煤球廠的規模。擴大不是簡單地擴大，而是升級換代，爺爺買了新型的機器做蜂窩煤，蜂窩煤燃燒充分，火力大。爺爺發明了易燃煤球，調整配方，在煤球中加入木屑、紙漿，直接可以用火柴點燃。爺爺又兼營各種爐具，有家用煤球爐、商用煤球爐、工業煤鍋爐。爺爺還把

生意從煤球延伸到煤油和煤油爐子，開闢了新門店。煤球廠擴大，榻車就要增加，爺爺擴張的路越走越寬。

爺爺說：「顧客需要什麼我就賣什麼，生意延伸到哪裡我就做到哪裡。」

做生意如攀岩，你爬得再高，只要一失足就跌回原點，不管是頭頂掉石頭砸的，還是自己踩空滑落。

一九三七年，八一三淞滬會戰打響了，日本人海陸空同時進攻上海。爺爺暫停了煤球廠的生意，一家人搬到英美租界去避難。日本人八月十四日轟炸南京路外灘，八月二十三日轟炸浙江路，八月二十八日轟炸上海南站，九月十八日轟炸楊樹浦、公平路、溧陽路。在最後一次轟炸中爺爺的煤球廠被炸平了，煤球廠足足燒了一個星期。

爺爺站在廢墟上，直罵日本人的祖宗八代。按理，一家人毫髮無損，祥順記車行又在，可以東山再起。但是，好像命運註定溧陽路就是爺爺在生意上攀岩的最高點。爺爺竟一蹶不振，先是大病了一場，本以為是遭受打擊所致，後來總也不見好，到醫院查方知得了不治之症血吸蟲病。終於知道，日本人轟炸只是頭頂掉石頭，自己喝蘇州河水才是踩空滑落，橫豎逃不過。

爺爺從此一邊治病一邊做生意，一九四〇年以後，祥順記車行的人力榻車已經跟不上時代發展了，爺爺買了四輛美國福特卡車，並想逐步淘汰人力榻車。就在這時，爺爺又遇到了生意發展的契機，得益於會講英文，爺爺承攬了美國協豐洋行的運輸生意，把船上的美國麵粉運到各地。

協豐洋行的老闆勞倫斯，娶了一個中國女人做太太，大家叫她勞太太，後來奶奶和勞太太成了閨蜜。勞太太教奶奶享受生活，帶奶奶去上海鴻翔公司做了旗袍，去參加慈善晚會、難民募捐會。奶奶不習慣上流社會，做不了上海名媛，反過來帶勞太太享受小資生活，去卡爾頓戲院看話劇，去黃金大戲院看越劇，去天蟾舞臺、共舞臺看京劇。奶奶又教會了勞太太吸鼻煙、抽水煙。

勞倫斯和勞太太邀請爺爺奶奶去做客。這是一棟位於福開森路（今武康路）上的美國殖民式大洋房。奶奶第一次看到抽水馬桶，也第一次看到大草坪，修剪得如同綠色的地毯。奶奶說如果她有這樣一棟洋房，她不會用抽水馬桶，因為即使小解一次也要用大量的水沖洗，太浪費。至於草坪太糟蹋土地了，她會種上各種蔬菜。爺爺說等再賺了錢，也要買一棟洋房給奶奶住。

爺爺的生意一好就想發展，他想買更多的卡車，把祥順記車行的牌子換上祥順記汽車運輸公司，他還想恢復煤球廠，甚至想和勞倫斯合辦一個麵粉加工廠。可是，他只能是想想，爺爺的病情日漸加重，留給他的時間不多了。

爺爺開始為奶奶想後路，但他並沒有買洋房，而是在北蘇州路購買了一棟石庫門房子，一家人住二樓，把底樓和三樓分租給工人，每月有穩定的租金回報。

到了一九四三年，爺爺臥床不起，他什麼也不想了，他所想的只剩下一件事，就是有一個孫子，他一定要看到孫子才能閉眼，他甚至都來不及想大伯和父親接班的問題。這一年，大

伯二十三歲，奉命結婚，大伯母也是東臺人。

　　兩年以後，大伯母還是沒有懷孕，爺爺等不及了，奶奶去東臺領養一個剛出生的男孩，抱到爺爺跟前，爺爺抱著孫子去世了，眼睛卻沒有閉。這是一九四五年二月，離日本人投降還差半年。爺爺殞年四十五歲，帶著諸多遺憾過早地離開了人世，或許，爺爺倒是幸運的，如果他活得更久，就有更多的遺憾，畢竟他看到自己創造的輝煌還在留著。

　　按照爺爺葉落歸根的最後一個遺願，家人把爺爺早已準備的金絲楠木棺材刷上黑漆。按習俗，年過八十者才刷紅漆，幼年夭折則用白棺材。入殮後七七四十九天，做完七次道場，出殯啟靈運往東臺的祖塋。奶奶和大伯雇了一條船，陪同爺爺的靈柩從水路出發，日夜兼程，打算從長江最窄處江陰段渡江入蘇北。

　　兩天後的下午，船行至江陰界，河道變窄，進入蘆葦蕩，晚冬的蘆葦蕩一片蕭殺，蘆葉枯黃，蘆花失絮。此時日已西斜，天光乍暗，忽聽槍響，只見一艘馬達艇竄出，為首一個土匪手擎駁殼槍，其餘七八個土匪手舉刀斧矛鉤，把爺爺的靈柩船鉤住拖至汊河。

　　奶奶和大伯被趕上河灘，嚇得瑟瑟發抖，癱坐在地上，雖聽不懂土匪的江陰土話，早乖乖地交出隨身帶的五十塊大洋，只求活命。土匪上來搜身後搶走奶奶身上的金銀首飾，又返回船上撬開棺材，大伯衝上船去阻攔說：「不作興啊！不作興啊！……」立被打翻在地。土匪認出這是一具價值不菲的金絲楠木棺，逼著兩個船老大把爺爺的遺體移出扔到岸上，馬達艇

拖著棺材船絕浪而去，兩個船老大為了要回空船也隨船走了。

　　次早天亮，奶奶和大伯發現有打魚船經過時求救，船夫只肯帶人，不肯帶遺體，大伯把外衣脫了蓋在爺爺的遺體上，倉皇離開，到了鎮上，找好心人借了盤纏回到上海。大伯和奶奶加上父親如飛而回鎮上，還了錢，再雇船去找爺爺的遺體，卻因下雨漲水遍尋不獲。奶奶說沒想到走的是一條黃泉水路，把爺爺水葬了，奶奶後來回東臺幫爺爺建了衣冠塚。

　　江陰遇劫後，奶奶成了怨婦，整天絮絮叨叨，指桑罵槐，大伯更是得了抑鬱症，終日愁眉苦臉，長吁短歎。但是，日子還得過，爺爺去世前說過祥順記車行歸大伯、孃孃和父親所有，股份多少由奶奶分配。大伯無心經營，父親只迷卡車，喜歡開車、修車，孃孃已經出嫁，在學校當教師，也多年未育。

　　大伯當老闆，全無爺爺之風，派頭卻遠勝爺爺。坐在太師椅上派活，守著電話接業務，不是西裝領帶革履，就是貢緞睡袍繡花拖鞋，戴金絲邊眼鏡，梳大分頭，抽雪茄，仍舊是大少爺作風。但去工人中一次，定雷霆大發，均因赤膊工人的汗水蹭到他的衣服，或者被人踩髒了鞋。大伯本不圖發展，仗爺爺打下的基礎好，維持原狀也不難。

　　這年，東臺土改，富安鎮蕭條，劉家關了銀樓，舉家到上海投奔奶奶，奶奶的哥哥和弟弟都在祥順記車行做帳房。

　　到了一九四七年年中，國共戰爭漸見高低，國民黨失利開始亂發貨幣，造成市面上出現嚴重的通貨膨脹，上海市民爆發了反內戰、反飢餓、反迫害的運動。孃孃參加了反對國民黨獨裁統治的學生運動，遊行罷課，孃孃帶領學生去南京請願，受到國民黨

上海教育廳的嚴重警告。這期間，孃孃接觸到了共產黨，研究了共產黨的政治主張，開始認定共產黨是中國的希望。

上海在風雨飄搖中。勞太太說勞倫斯有事要找奶奶談，大伯和孃孃陪奶奶去勞太太的家裡。勞倫斯把椅子從西餐桌邊移出，讓奶奶坐下，勞太太忙著上茶。勞倫斯在奶奶的桌對面坐下，勞倫斯講了一通話，孃孃翻譯：「密斯馮，根據《紐約時報》報導，國共戰爭全面爆發，共產黨很可能會掌握中國，你們考慮和我們一起去美國嗎？我太太到美國沒有朋友，很想你和你的家人去美國……」

奶奶感到突然，把眼光投向勞太太，勞太太在奶奶邊上坐下，拉著奶奶的手說：「去吧，以後要是不打仗了，我們再回來。」

奶奶說：「美國好嗎？」勞太太說：「美國──」

孃孃打斷了勞太太：「美國再好我們也不去。」孃孃用英文對勞倫斯說：「國民黨太腐敗，通過亂發貨幣來掠奪人民，中飽私囊，這個不負責任的政府應該下臺，共產黨才是中國的希望。」

大伯說：「打仗和我們生意沒關係，國民黨、共產黨都不會轟炸上海。」

勞倫斯搖搖頭說：「美國有民主黨、共和黨，兩個黨發動人民選舉，由人民決定他們誰來管國家，而國民黨、共產黨卻發動人民打仗，誰打贏了誰來管這個國家，槍桿子裡邊打出來的政權一定是專制制度。美國一直在調停，希望兩個黨坐下來談判，讓人民做選擇，可是誰也不聽。」

孃孃說：「事實上，你們美國人卻在幫助國民黨打內戰。」

勞倫斯說：「這是因為蘇聯先資助了共產黨，美國不希望蘇聯控制中國，才幫助國民黨，這是為了維持戰略上的平衡。」

孃孃又要開口說什麼，奶奶對孃孃皺眉道：「你老是要爭個明白幹什麼呢？勞倫斯也是為我們著想，你爸走之前叫我們相信勞倫斯……」孃孃打斷奶奶說：「我爸只知道賺錢，不懂政治，我們要相信共產黨會保護民族資本家。」

奶奶聽不得人說爺爺不好，厲聲說：「你嚼蛆！」

孃孃遂不語。奶奶轉向勞太太說：「我們回去商量一下。」

勞倫斯送奶奶到門口時說：「我光考慮我太太的願望，忽略了你們的感受，給你們帶來了不便，我為我的自私行為道歉。」

孃孃說：「謝謝你們的誠意，我們會認真考慮的。」

最終，孃孃決定馮家留在了中國。

大伯、父親、奶奶

爺爺、奶奶、父親和孃孃

奶奶、孃孃、父親

五、馮許聯姻

一九四八年，父親守孝三年期滿，奶奶幫父親張羅婚事。姚大姐牽線幫馮家、許家做媒，姚大姐是外婆的大姐，又是奶奶的大嫂，奶奶和外婆本屬姻親。這門親事知根知底，親上加親，又門當戶對，且都在上海。

要論門第，許家在土改前可是名門巨富，馮家只是新晉富豪，土改後許家敗落，但是，許家服裝店在上海東山再起。

奶奶雖然領養了一個孫子，畢竟不是親生，看著大伯結婚幾年沒有生育，便把希望寄託在父親婚事上。外婆看著許家服裝店要發展卻缺乏資金，也把希望寄託在母親婚事上，雙方一拍即合，都迫不及待。

父親、母親卻不是這樣想，兩人見過面以後，父親見母親說一口富安話，穿得又土，就不願意了，說：「怎麼能討個鄉下土妹？」母親見父親細皮嫩肉，整天無所事事，說：「怎麼能嫁個遊手好閒的公子哥？」

父親、母親還是被逼著結婚了，這一年，父親二十一歲，母親二十歲。

婚禮這一天，祥順記車行的工人和許記服裝店的工人全體放假，在弄堂裡擺開幾十桌宴席，大宴賓客。酒席由姚老七、姚老九、張大廚、大舅母等人，都是富安鎮名廚操辦，菜肴全是富安鎮傳統美食。

父親親自開著福特卡車去接母親，在石庫門房子的客堂間舉行拜堂儀式，孃孃去請了認識的牧師來，和奶奶的大哥，祥順記車行的帳房主管劉發康共同主持婚禮。父親穿著白色西裝，母親穿著大紅中式繡服，中西對壘。

大伯穿西裝革履，孃孃穿旗袍、高跟鞋；大舅、小舅、小姨都穿著中式盤紐衣服，納底布鞋，土洋分明。

奶奶和外婆坐堂首，兩人都穿著黑色絲綢斜襟寬袖的中式衣服，黑色燈籠褲紮緊褲腳，小腳著繡花鞋，頭髮梳在腦後留著髮髻。雖然衣服是大舅統一定製的，但差別在頭上還是顯現出來，奶奶用串綴著珍珠的紅絲網格包著髮髻，頭髮抹了刨花水，外婆用掛著紅寶石滴水吊墜的玉簪斜插髮髻，用繡花黑頭箍圍著腦門，城鄉鬥豔。

奶奶和外婆兒時見過面，自從奶奶嫁到上海馮家，外婆嫁到小東河許家，兩人就再也沒有來往。她們用家鄉話聊著兒時在富安鎮的美好記憶，又聊著將來子孫滿堂的心頭祈盼。兩人一聊到現實不免歎了幾聲氣，落下幾滴淚。

奶奶說：「老頭不在了，要是他能看到該有多高興啊！」

外婆說：「是啊，我家老頭到今天都不知道在哪，男人苦噢。」

奶奶說：「這是個什麼世道啊？小日本害人，土匪害人，國民政府只管自己發財，不管百姓死活，還是我們鄉下好，過太平日子。」

外婆苦笑著說：「鄉下哪裡太平過啊！上海好，上海賺錢容易，有飯吃就行，我們還求什麼呢？」外婆不敢說共產黨土

改的事。

奶奶說：「說得也是啊，想過點安穩日子都沒得過！」

「人生就是個夢嘔！」外婆破涕為笑說，「咳，說點高興的哎。」

奶奶抹去眼淚說：「就是啊，怎麼搞的。」

國統區和解放區，就像是籠中鳥和籠外鳥，實是貓爪下的籠中鳥和雪天無食的籠外鳥，沒有區別。

父親、母親結婚後回了一趟富安鎮，宴請宗親，算是認祖歸宗。父親、母親拜祭了馮家祖墳和爺爺衣冠塚，又拜祭了許家祖墳和太外公墓，這是父親第一次回鄉，馮家、許家已無家可歸，姚三姐和吳衡圃把富安鎮老街廟巷一號，吳遠的空房子騰出來做了父母的新房，父親、母親住在這位國民黨軍官表哥的房子裡寢食難安。

父親看到富安鎮的眾宗親都心不在焉、失魂落魄的樣子，極不理解，反說鄉下人不上檯面，以後不來了。母親雖感到絲絲涼意，處處殺機，卻不能說，怕提土改嚇著父親。

婚後，奶奶知道許家辦服裝廠缺錢，拿出一千大洋資助許家。外婆寫了借據給奶奶，說這個錢是要還的。奶奶說一家人寫什麼借據，只要生下孫子，就不要還錢。

大舅湊夠了兩千大洋，租下了阜民路（今光啟南路）五十七號的整棟兩層街面房子，打造了裁剪桌臺板，新購了二十臺「無敵牌」（解放後改為「蝴蝶牌」）縫紉機，新招收了二十五名工人，成立了華美服裝廠。大舅說取這個名字，是要做中華最美的服裝。

這一年，大舅也結婚了。秀蓮一個女兒家豈能久等，又沒有大舅的消息。秀蓮的父親是個老實巴交的許家佃農，他原本就不看好女兒嫁東家，說高攀不起，後來土改許家遭難，又怕女兒落入許家深淵，草草把秀蓮嫁了。

　　姚老七麵館關了以後，麵館的張大廚自己開了飯店，在富安鎮的規模首屈一指，張大廚女兒漂亮賢慧，又會廚藝，姚老七看了不錯，就做媒嫁了大舅。

　　小舅也結婚了，娶的是富安鎮何家女兒。

　　大舅母、小舅母一進許家門，就學縫紉，和工人一樣做活。父親被母親逼著來上班，父親原本在祥順記車行學會了卡車的修理保養，車、刨、鉗工都會，華美服裝廠有五十臺縫紉機，父親成了機修工。

　　姚老九是外婆最小的弟弟，姚家麵館關了，外婆把姚老九召來上海，姚老九一個人做華美服裝廠六十個人的飯。

　　奶奶介紹自己的侄子、外婆介紹自己的外甥都到廠裡上班。小姨雖在讀書，也兼做記帳和會計。華美服裝廠自家人就占到近一半，成了家族企業。

　　大舅絕不打無把握之仗，早在華美服裝廠成立前，已經聯繫了可靠的業務，靠的是小麻皮。

　　當時上海灘的服裝市場是奉幫的天下，南京路上的亨生、榮昌祥、培羅蒙、中百公司、先施公司，淮海路上的開瑞公司，都非寧波人不得入行。這種情況和美國極其相似，猶太人壟斷了整個美國的服裝市場，到非猶太人進不了生意圈的地步，這種壟斷鐵幕維持到現在已有一百多年。

小麻皮是寧波人，在奉幫中家族淵源很深。按理說大舅沒有娶小麻皮的女兒，又離開了小麻皮，自立門戶搶生意，從此便結仇了。但是，大舅在小麻皮店裡白做六年毫無怨言，離開後對師傅還是恭敬不減。大舅的為人感動了小麻皮，小麻皮和大舅的關係竟情同父子。

小麻皮主動介紹奉幫各名號的大佬與大舅結識，奉幫的圈子認可了大舅這個剛出道的蘇北年輕人。

華美服裝廠成立後第一個生意合同就是和位於淮海中路七百六十一號（今瑞金二路轉角處）的老上海著名男裝品牌的開瑞公司簽的。

最開始做中山裝加褲子的套裝，卡其布是開瑞公司提供，核定用料是九十一公分門幅的四點五公尺，其餘都是加工方採購，開瑞公司付錢，比如袋布零點三五元一副、紐扣二分錢一套共八粒。

大舅的經營理念很誠實，經過他精密排料，卡其布每套只要四點三五公尺，比核定用料節約零點一五公尺布，歸開瑞公司。然而，紐扣用最好的「悅來紐扣大王」產品，價錢是六分錢一套，倒貼四分錢。鎖紐洞線，開瑞公司沒有規定，大舅用絲線，倒貼二分錢。大舅認定做生意要給人最好的產品。

對內部，大舅管理職責分明。開瑞公司給的加工費是二點五塊大洋一套，大舅自己做技術難度最高的工段：製版、排樣、裁剪，拿加工費的百分之二十。縫紉工拿百分之三十，整燙拿百分之五，鎖釘拿百分之五，包裝拿百分之五。固定工：機修、做飯、會計共百分之十五。再拿出百分之十作為所有人

的伙食費，剩下百分之十作為房租、水電煤。

　　父親做機修工，有空閒就做整燙，工份另計。父親、母親每月能夠拿到一百多塊大洋。每個人完成自己工段都可以幫別人的工段，工分另計。

　　華美服裝廠每個人都在為自己工作，按勞分配，各取所得，收入計件不計時，上不封頂，下不保底。所有人平等公平，利益一致。老闆和工人沒根本的區別，這種管理方式一百年也不會過時。

　　那時候，工人吃住都在廠裡，白天是車間，晚上是宿舍。男的睡在樓下，裁剪桌臺板上、桌臺板下、熨衣臺上、吃飯的桌子和幾張椅子拼起來，都是床。女的睡樓上，全部打地鋪。

　　儘管這種集中營式的生活過於嚴苛，但每個人看到自己口袋裡的錢天天在增長，便不覺得苦，甚至以苦為樂，這便是私有制的魔力。對於大舅來說，在小麻皮店裡六年學徒就是這麼過來的，談不上苦。對於母親來說，土改時一家人被打入地獄，現在就是天堂了。

　　唯獨父親不同，他從小就是少爺，沒幹過活。於是，父親常常逃回馮家，裝病不出工。母親就去把父親拉回來，說：「現在不攢夠了錢，將來有孩子怎麼養啊？」

　　父親委屈地說：「為了孩子吃苦，那不得苦一輩子啊？」

　　「我們苦不要緊，孩子不能苦！」母親緊逼不放。

　　父親完全不認同，說：「這樣人活著還有什麼意思呢？」

　　母親又說：「只有孩子好，我們這輩子才不苦。」

　　這個千古難題誰也說不清楚，正方、反方都有理。外婆

出來和稀泥：「你們倆說的都對，都對！不能吵，一吵傷和氣。」

小舅倒是吃得起苦，但是，為了多賺錢，就偷奸耍滑。大舅規定縫製標準：一市寸十二針，過密影響布的纖維牢度，過稀影響衣服縫製牢度。小舅偷偷地把針距放稀到九針，可以加快速度。被大舅發現，衣服報廢，讓小舅賠，小舅一算，一個月工資沒拿，反而還賠錢。

小舅急了：「穿在身上誰知道啊？」

「顧客穿了，用力過度就開縫了。」大舅先還壓住性子。

小舅不服氣：「那也要穿舊了才會開縫，誰還會計較？」

大舅厲聲說：「我賣出去的衣服哪怕布爛了也不能開縫！」

小舅吼叫起來：「幾千件衣服混幾件有什麼關係？」

大舅渾身發抖，拍打桌子說：「一件也不行！」

外婆上來拉開兩個人，用手指戳著小舅的額頭：「這個不汰害的東西，你給我閉嘴。」小舅才收聲，倔強地把頭轉過去。

母親站出來說：「你要是身在福中不知福，就回小東河去，讓共產黨教育你！」

父親出來打圓場：「算了，算了，我買一件衣服。」頓時，品質不好的衣服就被眾人認購了。

這一鬧，把車間裡所有人都嚇著了。紛紛拿尺子量自己手裡衣服的針數，調準縫紉機的針距。

開瑞公司很快就發現華美服裝廠與眾不同，品質好，成本低，不出一年，華美服裝廠就成了開瑞公司最大的供應商。

接著中百公司、先施公司都先後和華美服裝廠簽訂了合同。

生意一多，就忙不過來，大舅就在廠對面的阜民路六十八弄租下房子開分廠，又招收新的工人。其中有從東臺到上海找工作的農民，王家貴原來就是小東河許家的佃農，他認為工作組分給他的地是一片改良的鹽鹼地，不公平，他把地抵給別人拿了錢，投奔許家。王家貴良心好，許家被分地後，他常送糧食來接濟，對許家有恩。李宗寶原先也是許家的佃農，他說種地不划算，他光棍一個人分到兩畝地，畝產一百五十斤，一斤稻子才賣一毛一分錢，一年忙到頭收入合三十三塊大洋，只頂華美服裝廠做工一個月的收入。

　　其時，東臺土改已經結束，土地分散以後，反而養不活農民。共產黨和國民黨依長江劃江而治，但人們來去自由，不斷有江北的農民往國統區跑，家鄉總有人託關係要進華美服裝廠。

　　華美服裝廠日益興旺發達。一日，大舅把小舅支出去送貨，把小麻皮叫到廠裡，拿出五百大洋給小麻皮，小麻皮不解地問：「你這是幹什麼？」

　　大舅說：「你幫我介紹生意，我按百分之三的介紹費給你。」

　　小麻皮說：「你現在名頭大了，我這個師傅已經沒用了，你靠的是自己啊！」

　　大舅說：「一日為師終身為父，你就是我父親啊！」

　　小麻皮只拿起二十五塊大洋的一個封裝說：「我就拿一封，其他我不要，我自己開店也沒賺這麼多錢。」

　　雙方推辭不下，外婆和母親對小麻皮說：「師傅啊，你就收下吧。」

小麻皮含淚說：「就該你們許家發財啊！」

這一天，虧得小舅不在，他在會把這個錢搶回來。

一九四九年五月，外婆就把奶奶的一千塊大洋連本帶利還上了，奶奶執意不要也不行。奶奶又聽說母親懷孕了，興奮地跑來華美服裝廠，要把母親帶回馮家養著，母親說剛懷孕，可以做活的，奶奶大發雷霆。大舅當即做決定：母親懷孕不用做活，留著廠裡工資照拿。奶奶才放心地回去，奶奶一走，母親還是做活不肯停歇。

姚大姐，奶奶的大嫂、外婆的大姐、父母的結婚介
紹人。

吳遠故居

光啟南路57號，華美服裝廠舊址。

六、上海解放

一九四五年五月，上海進入風雨飄搖中。解放軍第三野戰軍已經攻破長江防線，先後解放了南京、鎮江、江陰，剛占領蘇州城，開始部署攻打上海。

這天晚上，下著大雨，華美服裝廠的工人還沒有下班。一輛帶篷的美國道奇軍用卡車停在廠門口，下來三十幾個穿美式軍服的士兵手持美式卡賓槍封鎖了馬路。大舅出門問緣由，士兵像木頭人一樣不回答。緊接著一輛中型吉普車停到大舅面前，四個穿著雨衣的人下車，說找姚惠芬。

外婆剛一探頭，就聽見一個女人聲音在喊：「六妹啊，是我呀！」四個人進門除去風帽，才認出是姚三姐、吳衡圃、吳遠、吳近。大舅忙叫工人下班，關了大門。

吳遠把父母和弟弟接到上海，準備乘當晚從上海飛往臺灣的飛機。吳遠雖只是個團長，但已經是國軍高炮部隊的最高職位，地位甚至高於陸軍的師長，尤其退守臺灣以後，臺灣的防空重任就落到吳遠的身上，蔣介石親自點名吳遠去臺灣。

吳遠的高射炮團配備當時世界上最先進的德國製博福斯七十五毫米高射炮二十八門，三十七毫米高射炮三十六門，瑞士製索羅通二十毫米高平機關炮四十八門。抗戰時高射炮團駐守重慶打日本人的飛機，抗戰結束，國共內戰爆發，因為共產黨沒有飛機，所以「刀槍入庫」，駐守在上海吳淞口。

眼看上海即將不保，吳遠指揮將高射炮裝備裝上軍艦運往臺灣，自己坐飛機。

國民黨兵敗如山倒，黨政大員爭搶上飛機的名額，吳遠在最後一刻只分配到兩個名額。吳遠一籌莫展，吳衡圍決然道：「你把弟弟帶走，我們留下。」於是，吳遠親自來找外婆，把父母託付給許家。

吳遠脫去雨衣，露出一身德式炮兵軍裝，是和德式高炮裝備配套的，而門外一個排的士兵卻是美式陸軍軍裝。與其說是對吳遠的保護，不如說是劫持，蔣介石生怕吳遠不上飛機。

吳遠又脫去軍裝，朝著外婆，撲通跪地說：「六姨娘受我一拜，做兒子的不能盡孝，只能把父母託付給六姨娘了！」

外婆扶起吳遠說：「起來！以後三姐、姐夫就和我們一起過，你放心吧。」外婆說完和姚三姐相擁而泣。

吳遠長大舅八歲，吳遠從小帶著大舅、母親一起玩，吳遠去南京讀書時，小舅剛出生，小姨還沒出生。現在大家都已成人，雖多年未見已不認識，但一經再認便異常親切。吳遠、吳近和父親、大舅母、小舅母都來相認，一說上輩，便知姻緣，原來都是親家。

吳遠正襟危坐，說話不徐不疾，雖處境危難，卻不失凜然，雖敗軍之將，卻不減威嚴。吳遠望著眾弟妹說：「沒想到許家如此興旺，祖上積德啊！」

大舅含淚說：「表哥，三姨娘和三姨父一直照顧許家、姚家，我沒機會報恩，我會替你盡孝……」

母親覺得氣氛太壓抑，扭轉話頭說：「表哥，你還記得小

時候在街上玩，我走不動，你背我啊？」

「記得！我還買油餅給你吃的，你吃油餅還要背，弄得我頭髮裡都是餅屑。」吳遠笑了起來，轉而對父親說：「我最喜歡這個妹妹，你要是欺負她，我可不饒你哦！」

父親做苦腔說：「呵，呵，她不欺負我就不錯了，還有軍官表哥撐腰，我這輩子算完了！」

吳遠知道姚大姐是奶奶的大嫂，投奔馮家到了上海，奶奶的大哥在祥順記車行當帳房總管，就問父親：「大姨娘還好吧？」

父親說：「大姨娘、大姨父都好，這回，她們姚家三姐妹都在上海了，好啊！」

這一刻，吳遠看到上海的兩門親戚都興旺發達，把父母託付給他們是可以放心的，吳遠感到寬慰。

吳近是吳衡圃的二房所生，在南京讀大學，和父親一樣，是個白面書生。吳近和小舅同齡，從小和小舅、小姨玩，每年放學假都會長住小東河，自然一直很熟。有一次，小舅帶吳近爬桑葚樹摘桑葚，結果樹枝折斷，吳近掉下來摔斷了胳膊，休學半年，小舅被外公打了一頓。

小舅又說起這事，嘲笑吳近：「你這個書呆子，讀這麼多書有什麼用？」

小姨嗆聲道：「人家讀書將來做官，和他哥哥一樣，比我們有出息。」

吳近說：「我才不要做官呢，我讀的是師範，將來教書的。」

小舅知道吳近要去臺灣，說：「那你要去臺灣教書了，臺灣那麼遠，我們以後還能見面嗎？」

　　吳近頓時語塞，這次他接到吳遠的通知，趕來上海，聽說去臺灣，極不情願。吳近此時又提出來：「爸，還是你跟哥去臺灣，我大學還沒讀完呢！」

　　吳衡圃發了火說：「你有一個漢奸父親和國民黨哥哥，共產黨豈能容你！」

　　吳近說：「爸，你留下來，共產黨就更不能放過你了！」

　　吳衡圃說：「我半百之人，死何足惜？」吳衡圃知道自己在劫難逃，日本人投降後，一九四六年底，國民黨占領東臺，就把吳衡圃列上了漢奸名單。一九四八年底，共產黨占領了東臺，也把吳衡圃列入漢奸名單，就是因為他曾是維持會會長。

　　外婆氣不過，說：「這日本人的帳怎麼能算在你的頭上呢？沒天理！」

　　吳衡圃滿腹怨氣找到了發洩口，吼叫著說：「日本人占領東臺，國民黨、共產黨就沒有向日本人打過一槍，現在日本人投降了，都說自己是抗日英雄，出來搶功勞、搶接收。日本人是你們打敗的嗎？是美國人、蘇聯人。國民黨、共產黨加在一起都不是日本人的對手。現在打內戰倒是英雄，殺的都是中國人，算什麼好漢！」

　　外婆安撫吳衡圃道：「你就留在上海，不回鄉下了，共產黨能把你怎麼樣？」

　　吳衡圃停不下來，繼續說：「說我是漢奸？我倒是沒有幫日本人做過一件事，到底是誰勾結日本人？歷史是掩蓋不了

的！」

吳衡圃仰天長歎道：「這個污濁惡世，死了才乾淨！」

吳衡圃的一番話把眾人都嚇住了，氣氛又變得壓抑起來。

母親打破沉默說：「三姨父，世上總有講理的地方，聽說富安鎮的朱華當了共產黨的大官，我們找他去。」朱華是姚二姐的姐夫，是親戚，這果然是條路。

吳衡圃冷靜了些，對吳遠、吳近說：「你們兄弟二人到臺灣快點結婚，給我們吳家留後，我才安心。」

吳遠、吳近二人在父母面前跪下磕頭，告別。

吳遠又穿上軍服，帶著吳近出門，上了吉普車，衝破雨幕，疾馳而去。

這一晚短暫的悲情離別，刻骨銘心，他們誰也想不到，此一別再無緣相見。大陸和臺灣隔絕了半個世紀以後，是我幫他們接上了頭，並聽他們講同一個離別之夜的故事。而這時，我還在母親的肚子裡。

華美服裝廠已經走上正軌，工人不再住廠裡，我父母親租借了工廠就近的阜民路七十七號，是一個算盤廠的房子。吳衡圃、姚三姐就和我的父母一起住，外婆也搬了過來，姚大姐也搬來湊熱鬧，姚老九是華美服裝廠的廚師，每天燒小灶送過來，都是家鄉口味，姚家人過上了短暫的安逸生活，又像回到了富安鎮。

一九四九年的五月二十七日，人們一早醒來，上海已經解放了。雖然昨晚有零星的槍聲，但和往日並沒多大區別。

我奶奶早上從北蘇州路的石庫門房子出門去四川路買菜，

發現馬路上睡滿了大兵。她空著手回家了，慌慌張張地對大伯說：「不好了，外邊都是大兵，睡在馬路上，人走不過去。」

大伯打著哈欠說：「你還不知道吧？上海解放了！」他正在看報紙。

奶奶說：「是不是改朝換代了？」

大伯放下報紙，伸了一下懶腰說：「今天共產黨來，明天國民黨來，管他誰來我們也是做生意。」說完大伯站起來踱著步，自言自語地說：「歷朝歷代的軍隊進城沒有不搶民宅的，這解放軍睡馬路倒是新鮮，看來，共產黨是不一樣啊！」

當天晚上，大伯特地去四川路、南京路走了一趟，沒見到一個解放軍。大伯回來說：「我說的吧，共產黨又走了。」

幾天以後，勞太太的傭人來叫奶奶到他們洋房去一下。勞倫斯已經回美國了，勞太太說，她也要去美國，打算幾個月回來，託奶奶照看一下房子，並把鑰匙交給了奶奶，又遞上一百塊大洋。奶奶把大洋推了回去說：「你想得出來的！我幫你看房子又不吃力，要什麼錢呢？」

奶奶照看房子是很認真的，每個星期都去兩次，開窗透氣，檢查漏水。然後，她會坐在門廊看著花園發呆，花園有一片大草坪，以前每個星期有花匠割草，現已荒蕪。花園的四周是一排高大的常綠喬木珊瑚樹，樹下是一溜灌木黃楊的蜿蜒矮牆。門廊前是一方花圃，正應季開滿了紅玫瑰。奶奶遠離了夢魘似的壓抑人間，走入了夢幻般的鳥語世界，聽烏鶇鳥的悠揚啼聲，白頭翁的清脆歡歌，黃鸝鳥的哀婉低吟，山麻雀的嘰喳呢喃。高低重奏，遠近和鳴。

草寂樹寞遠塵世，鳥語花香近人心。奶奶愛上了洋房，每常回到石庫門房子就埋怨爺爺當初沒有買洋房。

又一天，奶奶像往常一樣來到洋房時，卻發現門口有解放軍站崗，她再次核對了門牌，因為這條路上洋房的圍牆都是一樣的，沒錯啊！奶奶上前說：「你們是誰？怎麼占著勞太太的房子？」大兵說：「什麼老太太、小太太？這裡是軍管會，你走吧。」

奶奶一步一跌地回到家裡，讓孃孃去軍管會說一下，說勞太太馬上要回來了，讓他們搬出去。孃孃回來臉色發白，對奶奶說：「是解放軍的『三野』留在上海了，成立了軍管會，陳毅任軍管會主任兼公共房屋分配委員會主任，把外國人、國民黨軍政人員、反動官僚資本家、漢奸賣國賊的房子定為敵產，都要沒收。」

奶奶說：「解放軍的『三爺』怎麼搶房子？共產黨管不管啊？」

孃孃說：「解放軍就是共產黨！你搞不懂不要搞了，好嗎？」

奶奶哭了起來：「這怎麼辦呢？勞太太的鑰匙是交給我的。」

孃孃說：「怪不得勞倫斯要跑。」她雖然擁護共產黨，卻也搞不懂，共產黨的政策說保護私有財產，敵產也是私有財產啊？

大伯醒悟道：「我說的吧！哪有軍隊不搶民宅的，解放軍在馬路上睡了一個晚上就搬進洋房了。」

奶奶突然止住哭說：「會不會把我們的房子也沒收了？」

嬢嬢肯定地說：「這不可能，共產黨是講政策的，敵產沒收，私產保護。」

大伯原說：「不管國民黨、共產黨，我們生意照做！」不料上海解放的第三天，祥順記車行和華美服裝廠就停工了。上海軍管會發布規定，以人民幣一元收兌金圓券十萬元，自六月五日起金圓券禁止流通。人們手中的金圓券兌換時間只有七天，過期作廢。

一九四八年八月，國民政府發行金圓券取代已經嚴重貶值的法幣，強制收兌金銀外幣，違者沒收，遭到市場強烈抵制，不得不於兩個月後取消了市民持有金銀外幣的禁令，金圓券幣值一瀉千里，物價也如脫韁野馬，不可收拾。

祥順記車行和華美服裝廠收支都是銀元，工人的工資一個月三十銀元，工人的日常生活會用銀元兌換金圓券使用，多餘的錢就藏銀元，銀元也可以兌換成金條和美元。

但人民幣發行並沒有相應的貴金屬儲備和保證，得不到市民的信任。政府規定的牌價一銀元兌換一百元人民幣，飽受通貨膨脹之苦的市民一哄而上，將手中的人民幣兌換銀元，政府銀元庫存即刻告罄，而黑市上銀元對人民幣的比價則一路飆升，從六月三日的一比七百二十猛升至六月八日的一比二千。隨著銀元價格的上漲拉動了物價暴升，大米、麵粉漲了兩倍，棉紗、煤球漲了一倍，誰還會有心思上班？

在這歷史關頭，馮家和許家開了一個金融會議，討論手中銀元的去留。嬢嬢讀過政治經濟學，大家都要聽她講。嬢嬢說：「一個國家的貨幣發行必須和黃金或者白銀儲備相匹配，

能夠自由兌換金銀外幣，脫離了金本位或者銀本位的貨幣發行，就是無錨印鈔，就是對人民財富的掠奪。想不到，共產黨比國民黨更厲害。」

奶奶打斷孃孃說：「你又嚼蛆！以前說國民黨不好，現在又說共產黨不好。你總是和政府過不去！」

孃孃只看了一眼奶奶，繼續說：「紙幣可以無限制地印刷，所以永遠是走向貶值的，而金銀只會升值，我們留金銀，反正現在也用不到，以後一定可以兌換。」

奶奶雖然埋怨孃孃，關鍵時候還是聽孃孃的，決定把銀元兌換金條藏起來。大舅相信實業是根本，決定把銀元全部買設備，加大華美服裝廠的投資。

母親說：「我們錢也不多，把銀元換成清朝的老銀元，留著，將來兒子結婚留著壓底。」

小舅只看眼前，說：「我換人民幣，銀元賣給國家不划算，我去外邊黑市換。」

當時，上海外灘漢口路的證券大樓門口，每天有數萬人炒銀元。小舅屬於小打小鬧，每天只帶三十銀元，去西藏路、南京路上晃悠，喊著：「大頭要嗎？」

小舅剛占了幾天便宜，還在自鳴得意。六月十日，上海警備司令部出動軍警把黃牛都抓起來，同時宣布軍管會命令，禁止銀元、黃金、外幣在市場上流通，取締黑市交易，有兩百多人被判刑，又槍斃了幾個黃牛大戶。小舅也被抓，還好身上只有三十銀元，只是沒收銀元。小舅要闖軍營討回銀元，被大舅、父親拉了回來。

後來證明，奶奶藏金條、大舅投資設備、小舅存人民幣都是錯的。

　　一九四九年十月一號，中華人民共和國成立，上海又恢復了平靜，奶奶也不用再擔心勞太太會回來向她要洋房了。

七、我出生了

解放了，華美服裝廠的生意還是一如既往地發展，並沒有覺得與以前有什麼不同。

眼看著中山裝套裝的日產量從最初的兩百套、三百套，直至五百套。做得越快訂單越多，總也做不完，他們只知道機械地做活，似乎忘記了身邊世界的存在。

這時，發生了一件大事，使華美服裝廠的人們從做活的麻木中興奮起來，那就是我出生了。這讓他們重新找回了自己，感受到了生活的樂趣和生命的美好。全店的人為此放假一天。

我出生在阜民路七十七號，這一天，馮家、許家、姚家、劉家的人都來了，所有人圍著我看。奶奶握住我的小肉腳，貼在嘴上，嗚嗚地哭著說：「老頭子啊，你看到了吧，你有孫子了。」

小姨捏著我的小手嘿嘿直笑說：「手指頭像火柴棍一樣細。」外婆把小姨拉開說：「當心啊，不要弄疼他！」外婆把我的小手呵在手心裡。

馮、許兩家的血脈在我身上融合，父母的生命在我身上得以延續。

馮、許兩家的血緣在我身上接通，雙方成了具有遺傳學意義上的親人。

馮、許兩家的創業基因在我身上疊加，未來家族的希望寄

託在我身上。

　　姚家人、劉家人也擠在人群裡看，想從我的臉上尋找各自家族的四分之一血統。姚三姐說：「你們看，這孩子的鼻子挺，像外婆，將來是個美男子呢！」外婆得意地嘻嘻直笑：「還真是的，像我好！」

　　奶奶的大哥劉發康說：「看到沒有？這孩子的眼尾長，像他奶奶的丹鳳眼，好看！」奶奶說：「男孩丹鳳眼就眼睛小了，好看嗎？」劉發康說：「怎麼不好看？你看關雲長，還有佛祖釋迦牟尼，都是丹鳳眼，這是極品男人啊！」奶奶呵呵地樂不停：「那就太好了！」

　　只有孃孃看出名堂，突然問：「哎！今天是幾號？」奶奶說：「我早記好了，今天是陰曆十一月初七。」孃孃說：「我說西曆。」父親找出日曆，一翻說：「十二月二十六日。」孃孃「嘖」的一聲，停住了，半晌才說：「怎麼和毛主席的生日一樣啊？」父親說：「你怎麼知道毛主席生日的？」孃孃說：「我看過報導，毛主席在延安時慶祝生日，是十二月二十六日。」

　　眾人一下子靜了下來，面面相覷。外婆皺眉道：「怎麼和皇上生日一樣？」劉發康說：「皇上的生日是千秋節、萬壽節，老百姓不能過啊！」奶奶忙喝止大家：「不能說，千萬不能說！我們只知道陰曆，不知道西曆。」

　　還是孃孃把話說回來：「不過，毛主席說解放了，他不慶祝生日，現在畢竟是共產黨，時代不同了。」眾人將信將疑。

　　劉發康說：「怪不得，我看這孩子面相不一般，有貴人

相。」

大舅本來拿著算盤在核帳，這時候也走過來說：「這個生日好！我們起名字就放一個『貴』字，怎麼樣？」

孃孃說：「『貴』字俗氣，地主家的名字，還是用同音『桂』字吧。」

母親在裡屋睡覺，被人暫時遺忘了。

我滿月以後，母親帶著我上班，我的服裝生涯就此開始了。

華美服裝廠除了做中山裝也做其他各式服裝，所以，各種布料應有盡有。我的穿著就地取材，尿布是用袋裡的細布做的，我的衣服是用襯衫的絨布做的，我的小被子是用絲綢布做的、被子芯是用駱駝毛做的，我的虎頭鞋和虎頭帽是外婆手工繡花做的。

我睡覺沒有固定的床，我被包成蠟燭包，有時放在裁剪桌臺板上，有時放在布匹上，有時放在縫紉機的延伸板上。幾十臺縫紉機的轟鳴聲，對我猶如催眠曲。一旦收工停機，我就醒。

等我一歲多會走路了，華美服裝廠便是我的樂園。我會爬上堆得高高的布匹，向下滑滑梯玩，我會鑽進裁剪桌臺板下躲貓貓，我會找各種碎布玩拼圖，我會把布條搓成鞭子抽人，我會拿著劃粉在布上塗鴉。

我再大一點，就開始闖禍，有一次我拿小剪刀把中山裝剪了一道口子。父親把我攔腰夾起就打，外婆拉不開，王家貴把我搶過去抱在懷裡說：「多大點事啊？要打孩子，將來馮家、許家都得靠他，我老了還要他照顧呢！衣服我賠，我賠。」父親打得不解氣，伸手又補了一巴掌，王家貴一側身，巴掌打在

王家貴後腦勺上。

　　大舅研究了這件中山裝說：「還好，剪在袖子上，換袖子就行，好了，沒事了。」我哭停了，小舅卻幸災樂禍，低下身對我奸笑：「嗨，嗨，皮癢了，不打不舒服，是吧？」我便用腳去踢小舅，小舅邊躲邊怪笑道：「打得好！打得好！」外婆拿掃帚把小舅打走後，喋喋不休地埋怨：「這件事一點也怪不得孩子，怪就怪你們大人剪刀亂放。」從此，大舅規定小剪刀一律放在我搆不到的擱板上，用完放回去。

　　沒有剪刀，我的禍闖得更大，趁母親上廁所，我爬上凳子，學母親縫衣服的樣子，一隻手轉動皮帶輪，一隻手抬起壓腳，將衣服塞進去，針向下刺穿了我的虎口，我嚇得往回抽手，硬是把虎口撕裂，到醫院縫了針，留下永久的傷疤。

　　這一天，母親放下活，抱著我哭，發狠地說：「我兒子以後絕不做服裝！」

　　在華美服裝廠，外婆是最喜歡我的，父親只要對我一瞪眼，外婆就會停下手裡的活，過來護著我，生怕我挨打，嘴裡說：「是不是你們親生的？」有著外婆的保護，我就有了底氣，當父親罵我，我便頂嘴：「是不是你們親生的？」只要我受了氣，外婆就會變戲法一樣立刻掏出一顆蜜棗，或者幾個油棗往我手裡一塞。

　　按照父親的說法，我是討打，廠裡越忙我越闖禍，比如把棍子插進縫紉機運轉的飛輪，比如劃火柴點燃碎布，常常害得大家停下手裡的活。有時候母親也忍不住說：「弄去打一下！」

不過，對於打，母親是有規定的，只有屁股可以打，說是肉厚有彈性，打不壞。這規定於父親是有難度的，父親不滿地說：「我還要瞄準了打呀？」每逢挨打，我必掙扎，父親難免打偏，要是打到腰椎、背脊，不要說母親和外婆，就是最忙的大舅也會上來指責父親。這時，我定躺在地上打滾嚎叫，父親反低頭認錯，倒像是父親闖了禍。

按照外婆的說法，闖禍再大，也不能打，父親不同意，說：「孩子不打不成器。」外婆無奈把奶奶叫來，奶奶壓得住父親，說：「你再打孩子我就不活了。」

最後，達成共識，不打，讓我站牆頭。車間和廚房間有一堵半人高的矮牆，我一不聽話，父親就把我抱上去站著，這確實是高招，我不敢動，怕掉下來。當然，外婆早已做足防範措施，在牆兩邊堆滿了布匹。

我站在牆頭不敢動，便哭喊：「婆奶奶，婆奶奶！」外婆就抹淚，也不敢違背達成的共識救我，說：「你乖一點啊。」

我站牆頭小舅最高興，他會偷偷地溜過來，將兩隻手呵了兩口，向我胳肢窩下兩肋亂撓，我又不能踢他。我剛要喊，小舅快速拿塊糖遞過來，我伸手，他就縮回去，來回拉鋸。外婆發現，搶來糖塞給我，我也因禍得福。

其實，父親不是不愛我，只是方式不同。他做的木頭駁殼槍，扳機處鏤空，槍柄下掛流蘇；做竹子寶劍，還配皮劍鞘，都跟真的一樣。最離奇的是，他在馬路垃圾箱撿了一個破座鐘，拆下發條、齒輪做成小汽車，用算盤珠子做輪子，用鐵皮敲出車殼，發條一擰，能開好遠，就連小舅也要搶著玩。父親

的手巧是有天賦的，無人能及。

自從有了我，父親認同了母親的理論，也開始努力工作賺錢了。母親更不用說，從早到晚不肯停一刻。

小時候，我是沒有時間概念的，上海馬路上的吆喝聲便是我的生物鐘。每天早上一聲「馬桶拎出來」的吆喝聲劃破黎明的寧靜，馬路上便響起馬桶竹刷混合著毛蚶殼的交響樂。母親上班，把沒有睡醒的我抱到二十米遠的廠裡繼續睡覺。

等到響起「壞的棕繃修伐？壞的藤繃修伐？」或者「削刀——磨剪刀」吆喝聲時，太陽已經升起，便是我正式起床了。我常懷疑吆喝者是學過樂譜的，至少是無師自通，第一喊前句「伐？」是升調，後句「伐？」便是降調；第二喊前「刀」用延長音，後「刀」定用休止符，收放自如，極具音律感，毫不煩人。

下午傳來「赤豆冰棒——奶油雪糕」的吆喝聲，伴著驚堂木敲木箱的打拍子聲，便是我午睡起床了。如果我乖，母親就會給我買一根赤豆冰棒，但母親是有條件的，就是我要老老實實坐在小凳子上看著門外，靜上半天。

我最喜歡睡夢中聽到的「白糖——蓮心粥」的吆喝聲，一般已經是晚上十點了，華美服裝廠的工人加夜班。到了這個時點，不但有挑擔的白糖蓮心粥，還有挑擔的餛飩，工人們就把挑擔師傅喚到門口，盛一碗熱騰騰的粥，或者當場燒木柴下餛飩，不過我已經睡著了。

所以，我幾乎每天晚上睡覺前總是央求母親說：「到十點叫醒我噢！」母親嘴上答應卻一次也沒有叫醒過我，早上醒來我就

鬧，母親總是說：「叫了，叫了，叫不醒你哎，怪誰啊？」我只不過碰巧醒來吃過一兩回。母親不肯叫醒我，臨睡我就多喝水，想讓尿把我憋醒，結果尿床都沒醒，反倒挨一回訓。

我逐漸把所有的吆喝聲學得分毫不差，惟妙惟肖，到老都不忘。華美服裝廠的工人們一到吃飯休息就逗我：「喊來聽聽啊！」我就像百靈鳥的十三套口把所有的吆喝聲串燒起來聯唱，惹得大家噴飯狂笑。此時，就是嚴厲的父親也會露出柔和的笑容。

吳衡圃聽了一回，就說孺子可教，自告奮勇要教我讀三字經。外婆說：「孩子太小，讀不了。」吳衡圃說：「吳遠這麼小就能背三字經了。」

吳衡圃要我跟著唸：「人之初，性本善。」我卻舌頭大了，讀：「銀子出，先奔上。」小舅聽了譏諷我：「這小子，和我一樣，看到錢跑得快！」

其實，讀書是死記硬背，拗口難記，不像吆喝聲有韻律容易上口，畢竟我不像吳遠，打小就是神童。

我三歲那年，弟弟出生了，我被迫離開了華美服裝廠。母親把我送到北蘇州路的石庫門房子，由奶奶帶我。那天，我哭了一路，一再對母親說：「媽，我保證聽話，我再也不皮了！媽，不要送我走！……」母親好像沒有聽到一樣，把我扔下就走了，連頭也沒有回。我料定這局面無法改變，就衝著母親的背影大聲喊：「早點讓我回家！」

以後，聽外婆說，弟弟比我更調皮。他倒不禍害自己廠裡，禍害鄰居，兔子不吃窩邊草。華美服裝廠隔壁是一家煙雜

店，弟弟到煙雜店玩，老闆娘只顧靠著面街的玻璃櫃臺賣東西，弟弟溜進店裡的倉庫，剛好進貨一格子梅花形脆皮蛋糕，蛋糕上還嵌著兩粒瓜子仁，弟弟便把一格子四十個蛋糕上瓜子仁全部摳出來吃了。老闆娘找大舅說：「就是小孩吃掉一個兩個，也不會說什麼，現在四十個蛋糕全破了皮就不能賣了。」結果華美服裝廠工人把這些蛋糕都買了。

弟弟在店裡倒很乖，省心，不用人看著。都是左鄰右舍看著，他到誰家，誰家有專人看著他一舉一動。稍不注意，他不是把人家玻璃杯打碎了，就是把人家煤球爐用水澆滅了，要不就是把人家雞籠子雞放了。

到後來，鄰居見到弟弟出來就關門，不讓進。弟弟只能在馬路上晃悠，有一輛裝滿木材的楊車經過廠門口，弟弟從後邊爬上去，摔下來，額頭摔破，到醫院縫了五針，留下了永久的傷疤。再後來，人家楊車寧可繞路也不從華美服裝廠門口過。

父親打不到我了，專打弟弟，弟弟到了人人喊打的地步。不過打是親，罵是愛，愛也是按鬧分配的，弟弟吸引了全家人的注意，都覺得他挨打多，可憐，都要補償他。小孩不壞家裡不愛，以後父母對弟弟的寵愛遠勝過我，父親高興了還會抱抱弟弟，問：「打得疼不疼啊？」

就在這一年，大伯母生了兒子，大舅母生了兒子，孃孃也生了兒子。大伯結婚九年、大舅結婚四年、孃孃結婚三年，都沒有生育，是我開了個頭，便都出生了。大家都說我是送子觀音，但沒人感謝我，反而，大伯、大舅、孃孃都把愛從我身上拿走，移到自家兒子身上。

我被忽略了，俗話說的「姥姥不親，舅舅不愛」大約就是這樣來的，父母要做活賺錢，弟妹相繼出生，奶奶的孫子一多也不稀奇了，外婆對孫子、外孫也要雨露均沾。我過早失寵，嘗到人間冷暖，逼我早自立，一切靠自己，從小養成了獨立的品格。

　　後來，大妹妹一出生便寄養出去，等父母老了，卻是大妹妹最孝順，小妹妹出生留家最得寵，卻對父母最不上心。

　　事物總是朝相反的方向發展。在情感上種瓜得豆、種豆得瓜，不怪大人，其實我也不能免俗的，施愛多就濫情，感情都是不理性的。

八、運動治國

華美服裝廠的人終於發覺解放了和以前的不一樣。以前都是根據開瑞公司、中百一店、先施公司的要貨合同做服裝，現在開始有國家的行政訂單介入。手裡的合同暫停，先完成政治任務。

開瑞公司的老闆領著一個帶槍的軍代表到店裡，讓把手裡的中山裝生產停下來，立即轉做抗美援朝的棉軍服，限時完成。說已經冬天了，志願軍在戰場上還穿著單衣，棉軍服完不成就會影響抗美援朝運動。

華美服裝廠第一次在槍的監督下生產。以往廠裡加班最多到十點，現在都要超過半夜十二點，工人們不能回家，睏了就趴在縫紉機上睡。

王家貴太睏了，前額撲倒在縫紉機上，頭磕破了還沒有醒，血染在軍服上。大舅把他叫醒說：「你怎麼搞的？磕頭也不看地方，這是軍服，要賠的！」父親說：「到底是軍服啊，還沒有到戰場上就見血了。」王家貴用手捂住頭自嘲道：「明天戴安全帽。」

小舅母在油燈下釘扣，低頭打瞌睡，把頭髮點著了，用手拚命抹。王家貴說：「還是你門檻精啊，燒頭髮又不用賠錢，還會長出來。」大舅母昏倒在縫紉機旁，送醫院後，剛懷孕兩個月就流產了。

小舅吃苦不在乎，只是問大舅：「工價有伐啦？價錢不講清楚怎麼做？」大舅說：「價錢不知道，共產黨又不會賴帳的，你急什麼？」外婆吼道：「你還在做夢呢！不看看形勢，就是白做也要做啊！你要談價錢不怕槍斃啊？」

　　李宗寶以前嫌在小東河種地不划算，才到華美服裝廠來做工的，他手腳慢，總是做不過人家，工資少拿一點也就算了。現在吃這種苦，實在是他不能承受的，想一跑了之，又怕被人說破壞抗美援朝，就把手指擠進皮帶輪，骨折了，然後就坐在廠裡哭，大家也都以為他是真的。

　　半年以後，軍服交貨時，廠裡的女工都哭了，說：「總算熬出頭了，抗美援朝太苦了！」只有小舅惋惜地說：「哎，怎麼軍服不做了？」因為結算時，工人們一個月可以拿兩個月的工資，大舅倒是說：「和國家做生意不吃虧，價錢不計較。」其實他們沒有算一個月做了兩個月的工時。

　　軍服做完以後，有很多碎布和碎棉花，外婆捨不得扔掉，就把它們收集起來，幫我做了一套小軍服，把碎棉花絮了幾床棉被，自家用。把碎布做了一批小軍帽，上面還貼布繡紅五星，用來銷售。這件事，以後差點要了外婆的命。

　　華美服裝廠除了做服裝，也在淮海東路開了童裝零售店，還賣零頭布做的袖套、圍裙，加上現在有成批的小軍帽。

　　為了擴大銷路，小舅會在晚上背個十字貨架，掛著貨品去十六鋪碼頭沿街叫賣，袖套一副一毛錢，圍裙一毛五，小軍帽一毛五。這幾年，光小舅的流動銷售收入，就可以貼補廠裡的水電煤，當然小舅也有提成。

但是，解放了就不同了，公安蓬萊分局的員警過來干涉，取締無證攤販。小舅不走，梗著脖子叫嚷：「馬路是你們家的嗎？這麼多年，我一直在這裡擺攤，就不走。」結果，小舅被關進了蓬萊分局。

　　家人直到兩天以後才打聽到情況，外婆去領人。一個山東口音的員警見到外婆說：「許學富是吧？昨天就放他走了，他不肯回去，你來得正好。」到了拘留室，小舅躺在用木條做的長椅子上，見到外婆和員警進來就說：「誰叫他們把我抓進來的，我不回去，這裡吃飯不要錢，滿好。」員警指著小舅說：「現在解放了，你不可以亂來的。」小舅一下子站了起來說：「誰要你們解放？我們在鄉下日子過得好好的……」外婆聽到這句話嚇壞了，她想起丁財主被槍斃的情景，伸手給了小舅一個耳光，又揪住小舅的耳朵往外拉：「你個死鬼，家裡的活沒得人做，你倒在這裡享福。」

　　員警本要發作，看到外婆這樣也就不吭聲了，看著外婆和小舅離開的背影，搖著頭說：「真是個無賴。」小舅猛一回身說：「你真是個土匪。」說著又要回拘留室。員警連連擺手：「好，好，好，我不跟你說。」

　　但是，還是有人治得住小舅的。有一天，小舅也是在十六鋪擺攤，來了三個地痞圍著小舅要收保護費，小舅不肯，便打了起來。小舅衣服被撕破了，鼻子也打出血了，十字貨架也散了。等他回到家裡，放下攥在手心帶血的錢，工人們持械衝去十六鋪，地痞早跑了。

　　外婆說，以後就在復興東路、阜民路擺攤吧，不去十六鋪

了。可是，這一帶都是貧民窟，銷量不好。

華美服裝廠做軍服出了名，常接到政府訂單，又做過公安制服、鐵路制服，大舅和政商界都有良好的關係。許家人用一剪一刀裁出了七彩人生，用一針一線縫出了錦繡家園。小裁縫創出新天地，他們都以為不會再和小東河、富安鎮發生關係了。

一日，上海市公安局和東臺縣公安局來了兩個員警，大舅以為又是政府生意，倒了茶端上去，東臺員警板著臉一揮手，把茶打翻，厲聲說：「吳衡圃在哪裡？」

中國一解放，就走上了運動治國之路。第一個運動就是鎮壓反革命，反現政權的人就是反革命，名單由各級政府說了算。吳衡圃自然在東臺縣政府的名單上，幾經周折找到上海華美服裝廠。

小舅挺身而出，攔住員警說：「這裡沒有吳衡圃。」父親、王家貴和幾個工人也站起來圍著員警。上海員警說：「我們知道他在這裡，你們不交人就是窩藏反革命，和反革命同罪。」

吳衡圃和姚三姐每天也到廠裡來，幫著剪線頭釘紐扣，不圖賺錢圖熱鬧。吳衡圃此時正在工人中間，他知道躲不過，更不想連累許家，便走出來說：「我就是吳衡圃，我跟你們走。」外婆本想拉他從後門走，被他甩脫。

員警對吳衡圃出示逮捕令，戴上手銬。正要走，大舅攔下員警說：「等一會，讓我們家裡講幾句話吧。」東臺員警不肯，大舅說：「他跑了找我，我們廠跑不了。」上海員警朝東臺員警點點頭說：「反正跑不了。」又轉向大舅說：「快一

點，不要耽誤我們工作。」

姚三姐、外婆、大舅母、小舅母圍著戴手銬的吳衡圃哭成一團。

母親說：「不要光顧哭，有什麼話趕快說啊。」

外婆還是哭：「這，這，這怎麼才好啊？」

吳衡圃平靜地說：「躲得過初一躲不過十五，我也活夠了，早死早超生，你們照顧好我家老婆子就行了。」

姚三姐一把抱住吳衡圃說：「要死死在一塊，我還能撇下你了？」

吳衡圃笑了笑對外婆說：「最後的日子和你們在一起，過得很開心，我知足了。」

母親使勁捏著吳衡圃和姚三姐的手壓低了聲音說：「找朱華！」

吳衡圃和姚三姐被帶走後，工廠提前下班關門。

許家籠罩在恐慌中，大舅說：「我們對吳遠、吳近怎麼交代呢？」父親說：「這種事誰攔得住啊？怪不得我們的。」外婆說：「我們自身都難保，現在共產黨知道我們在上海，怕是要算舊帳啊，土改帳這輩子算不清了。」

吳衡圃被抓回去關在東臺縣監獄。母親和劉發康回到富安鎮，帶上姚三姐去找朱華。朱華原是跟孫中山革命的北伐將領，抗戰中加入了共產黨，解放後當上了華東水利廳副廳長，和在國民黨中的官職相比，職務明顯低了，又是閒職，朱華就回到富安鎮養老。但是朱華在共產黨裡淵源也很深，可以和中央領導說上話。朱華和吳衡圃又是表親，朱華出面保住了吳衡

圃的命，吳衡圃又回到了富安鎮由群眾監督勞動。

不到一年，朱華去世。東臺縣公安局又要抓吳衡圃，說民憤大。吳衡圃逃到小東河一個宗親家，躲在地窖裡。吳衡圃生急病，半夜到富安鎮看醫生，死在街上。姚三姐把吳衡圃祕密安葬了，姚三姐住在姚二姐家，不久也去世，姚二姐把姚三姐悄悄地安葬了。等以後姚二姐去世，就沒人知道吳衡圃和姚三姐的墓地在哪了。

吳遠去臺灣後，當上了國民黨空軍防空司令部中將司令，共產黨要想統戰吳遠，需要修繕吳遠父母的墓地，卻找不到了。

又一日，華美服裝廠的工人正要下班，走進一個志願軍戰士，大舅一驚，心想：最近怎麼老是招惹員警？要不就是軍人。大舅迎上去，志願軍說找姚惠芬，大舅更疑惑了。他說他是從朝鮮戰場下來，幫陣亡將士送遺物的，這是朱三給姚惠芬的包裹，他先去的小東河，後才找到上海。

大舅並不認識朱三，母親接下包裹交給外婆，裡面是一個抗美援朝過江紀念章、一支鋼筆和一把朝鮮月牙銀梳，還有一封信。

母親將信讀給外婆聽，信中說，他原本想參軍立功回來娶外婆，不料把國民黨軍隊打跑了，軍隊直接轉去朝鮮。到朝鮮是一九五〇年底，在零下三四十度的長津湖，還穿著單衣，戰友們死傷慘重，他知道自己不是戰死就是凍死。這個包裹和信是他全部的物品，他說他也沒有家人了，就外婆一個朋友，在死前有個念想還不錯。他說，人要是能夠按照自己的想法活多好，生不逢時啊。

外婆捶胸哭道：「我們不是做棉軍服了嗎，他怎麼沒有穿上？」

母親算了一下日子說：「我們做棉軍服的時候他怕已經死了。」

外婆歎道：「這人可憐，幫過我們，好人怎麼沒好報？這個世道不公啊，還死在這麼遠，屍骨都沒人收，咳，就是個夢！」

母親安慰說：「當初我討厭他，現在他要是回來倒好，你也有個伴，有人對你好過，你也算知足。」

大舅過來問還在抹淚的外婆：「朱三是誰啊？」

母親一把推開大舅說：「你就不要問了。」

外婆以後一直用這把朝鮮銀梳梳頭。

不久，一個清晨，一個衣衫襤褸的人躺在廠門口睡覺，身披露水，髮染白霜，以為是乞丐，沒有在意。華美服裝廠的門一開，此人一骨碌爬起來，直衝廠裡，喊道：「大姐在嗎？學鳳姐姐在嗎？」

母親上前辨認，來人一把握住母親的手說：「我是李大福啊！」母親才認出是以前許家的佃農，就問：「你怎麼到這裡來了？」李大福顫抖著手說：「好姐姐啊，找你好苦啊！」李大福比母親年齡大，卻叫母親姐姐。

母親招呼他坐下，倒上一杯熱茶，問：「你不是在小東河嗎？」

李大福雙手捂著茶杯：「說來話長啊，你們家的地分給我們，又收回去了，開始是什麼互助組，現在是合作社。所有地都歸公了，連牲畜、農具也歸公。一年下來，連飯也吃不飽，

還不如當初給你們家幹活呢……」

李大福掃了一眼華美服裝廠裡的工人都在忙碌，對母親說：「好姐姐啊，讓我到你們店裡來做活吧，你知道我這個人的，以前就不少你們家的租糧。」

母親看著不忍，就把李大福領到大舅跟前，大舅離家早並不認識，但是，還是把李大福留下了。

誰知道，過了一個星期，當地公安局來人，把李大福帶走了。原來，他是逃出來的，聽說是反對合作社，罵共產黨是騙子，屬於新生的反革命，判了三年勞改。母親說：「當初共產黨直接收了土地就完了，還要分給農民幹什麼呢？」

外婆不無擔憂地說：「共產黨要找反革命怎麼都到我們廠找啊？」

許家的土地在土改中分給了農民，實行「耕者有其田」，但是共產黨的初心是「消滅私有制」，土地在地主手裡和在農民手裡都是土地私有制，共產黨是不允許的，只能通過運動把土地從農民手裡再收回來。

這時，全國開始了「農業合作化運動」。

農民土地私有時，國家徵農業稅分四十級，按人均每年產糧，第一級七十五至九十五公斤，徵百分之三，第四十級一千七百零五公斤以上徵百分之四十二，隨正稅再加地方附加稅百分之二十，比以前地主收租還多。一九五四年政府規定農村口糧人均每年一百五十八點九五公斤，也就是說農民吃不飽也要交農業稅。

從一九五三年到一九五五年，全國完成了農業合作化運

動，農民的土地私有制變成了共產黨掌管的集體所有制，農民勞動實行評工分制，農民種著不屬於自己的土地，又不知道勞動可以換回多少糧食，農民變成了農奴，嚴重地挫傷了生產積極性。

按照浙江省文物考古研究室對浦江縣一萬年前的上山文化遺址探測，水稻畝產五十五公斤，據《漢書‧食貨志》記載，春秋戰國時水稻畝產六十三公斤，據三國時期嵇康《養生論》記載，當時水稻畝產九十公斤。

又有中國農業遺產研究室閔宗殿提供資料，中國水稻畝產，唐朝一百三十八公斤，宋朝二百二十五公斤，明朝三百三十三公斤，清朝二百七十八公斤。

母親一九四三年收租時期，早稻一百八十公斤，晚稻二百二十五公斤，合計畝產四百零五公斤。而合作社時期最差年景，畝產五十公斤，低於一萬年前。

造成糧食減產的另一個原因是一九五三年十一月，國家對全國糧食實行「統購統銷」政策，取消糧食自由市場，統一收購，統一銷售，統一調撥，統一庫存。人為地割裂了農民與市場的聯繫，排除了價值規律在價格調節和資源配置中的作用，決定了此後農產品長期供不應求的狀況。

一九五三年，城鎮人口七千八百二十六萬，農村商品糧人口一億，占中國總人口六億的百分之三十，糧食短缺，實行「統購統銷」並沒有解決問題，又實行對人民生活需要的最低限制，發放糧票、油票、布票、棉花票，進而擴大到肉票、蛋票、糖票、煙票⋯⋯

貧窮、飢餓必定會引起騷亂和逃荒。國家在一九五六年正式實行全國戶口登記制度，把戶口與糧油、就業、教育、醫療、社保、福利等捆綁，人們離開戶口所在地就得餓死。更發明了城市戶口和農村戶口，在城市和農村之間豎起一座高牆，限制人口流動，進行人身控制。

　　全世界實行戶口制度的只有兩個國家，中國和朝鮮。

　　一九五四年中國憲法明文規定的「公民有遷徙和居住的自由」被戶口制度廢棄了。

　　中國有憲法，中國可以自稱是法制社會。但是，中國治國靠的是運動，光靠運動還不夠，再加政策和制度，就如合作化運動加統購統銷政策和戶口制度，有阻力就再來一個勞改制度，路就走通了，社會就穩定了。

九、大禍臨頭

小舅在十六鋪擺攤被三個地痞毆打，只是出了點鼻血，這事本來也不大，大家自然都忘記了。但是小舅沒有忘，吃虧就如要他命般。小舅還是要在晚上背十字貨架出去賣貨，雖然外婆說了就在復興東路的附近走動，可是小舅時常會往十六鋪走，不是為了賣貨，是為了尋仇人。

那三個地痞解放前是青幫的嘍囉，說不定還是姚老八的手下，解放後，他們就成了散勇遊兵，偶爾作惡都受到過公安局的打擊，現在也開始找正經的營生做。這三個地痞中為首的是個光頭，安徽人，力大過人，沒有一技之長，只能混跡在十六鋪，白天在碼頭上打零工，晚上拉個板車，批點西瓜在街邊叫賣。

這天晚上，小舅走到東門路、中華路口，聽到一陣西瓜叫賣聲，尋聲望去，一堆圓滾滾的亮綠的西瓜後邊露出一顆亮白的腦袋，走近一看竟是仇人——光頭。光頭赤著上身，一身蠻肉。小舅自忖一個人打不過，急返宿舍，放下十字貨架，叫上王家貴。

兩人手持木棒，到了跟前，小舅二話不說，掄起木棒朝光頭劈去，光頭應聲倒地，捂著冒血的腦袋一個滾身，要去抓西瓜刀，早被王家貴奪了過去。王家貴朝光頭肚子上狠狠地踢了兩腳，見光頭捂著肚子起不來了，便拉著小舅說：「走了！」小舅臨走又朝著西瓜堆一通亂砸。

他們兩人回到廠裡並不說，照常上班，只是，小舅晚上不出去擺攤了。其實，小舅這麼多年背十字貨架，流動擺攤，早已出名了，附近的人都知道他是華美服裝廠的人。光頭去醫院，腦袋縫了十幾針。三天以後的一個下午，光頭手提西瓜刀，糾集了十幾個安徽幫的人，一路喧囂，向華美服裝廠殺來。

華美服裝廠的工人正在上班，突然，臨街的玻璃窗全碎了，磚塊、石頭像下冰雹一樣砸來。接著，一群人手持木棒衝進來，見人就打，見機器就砸。好在，服裝廠的布局就像一個天門陣，難攻易守。廠裡擺滿了一排排的縫紉機，人跨不過去，縫紉機橫向之間的走道狹窄，只容一人側身慢過。當受到攻擊時，坐在縫紉機後邊的人只要抽出板凳，既可當盾牌擋木棒，又可當武器反擊。

華美服裝廠的人經過幾秒鐘的懵懂之後，馬上調整過來了，女人們尖叫著逃到了後邊的廚房，男人們自動組成了防禦陣。雙方形成相持，都施展不開。華美服裝廠的男人數量勝過安徽幫，大舅指揮父親、小舅、王家貴、李宗寶等十幾個敢死隊員從後門出來，一路抄起鐵鍬、扁擔、棍棒繞到前門，對安徽幫實行了包抄。

大舅手握一根兩米長十釐米見方的門栓衝在最前面，正遇到拿著西瓜刀的光頭在後面督戰，大舅知道這人定是頭領，舉起門栓就劈下去，光頭拿西瓜刀來擋，怎奈大舅的千斤之力，就一下，把光頭打昏過去，刀飛了很遠。安徽幫遭到前後兩面夾擊，很快敗下陣來，除了躺在地上的五六個傷患，其他人都潰逃了。

一場混戰，父親手指骨折，王家貴肋骨骨折，小舅腦袋被打破了，其他還有三個工人受傷，其中一個女工被石頭砸破眉骨。安徽幫受傷的人數比華美服裝廠多了一倍。

工人們打掃戰場，清理砸壞的器物，有的在包紮傷口。大舅一隻手把門栓豎在地上，餘怒未消，大聲發問：「有誰知道，這些人是什麼人？為什麼要打上門來？」沒人說得出，都面面相覷。

王家貴走到大舅跟前說出了事情真相，小舅見狀往門外躲，大舅抓起門栓追上去，被眾人死死抱住，搶下了門栓。大舅吼道：「你給我過來！」小舅捂著腦袋過來，大舅狠狠地一腳把小舅踹倒在地，想踹第二腳，已被眾人抱住。

這場大規模的械鬥，不同於一般的打架鬥毆。華美服裝廠有二十幾個男工被傳喚到公安局做筆錄，大舅攬下了自己一方的責任。事實上，大舅是老闆，難辭其咎。所有被傳喚的工人都回到了工廠，大舅沒有回來，被判勞改一年。安徽幫也有兩人同時被判勞改。

華美服裝廠失去了老闆，頓時陷入了混亂，許家人召開會議，一致推選母親出來接手工廠。外婆年紀大，沒文化；小舅自私，性格偏執；大舅母、小舅母懦弱，沒有能力；小姨還在上學。

母親又一次臨危受命。母親有一種不祥之兆，她上一次臨危受命是土改，母親才十三歲，外公和大舅一走了之，母親開始收租養家，可是，沒隔幾年土地就被共產黨沒收了，臨危就是臨終。

華美服裝廠是不是也到了臨終的關頭呢？這次大舅又是一走了之，大舅被公安局傳喚一直到判勞改，就沒有和家人聯繫過，家人也只是看到公安局門口貼著公告才知道大舅被判勞改一年，去哪裡勞改也不知道。

　　母親轉念一想，這次不一樣，大舅不是逃走的，是因為發生械鬥被判勞改，是有罪在先，和華美服裝廠沒有關係，共產黨不會來沒收華美服裝廠吧？母親覺得自己想多了。

　　母親召開全廠大會，要求工人各就各位，馬上恢復生產。大舅的打板、排樣工段由他的兩個徒弟頂上，大舅的對外業務聯絡由父親頂上，其他人員都不變動，照常工作，母親自己則負責廠裡的生產安排，工廠又恢復了生機。

　　母親決定大舅勞改期間工資照發，大舅是為了保衛華美服裝廠，是為所有廠裡打架的工人頂責的。

　　小舅闖了這麼大的禍，母親決定停止小舅晚上出去擺攤。小舅賣的貨都是工廠的副產品，用本來要扔棄的邊角料做成的，隨著生產規模的擴大，副產品種類也越來越多，有嬰兒鞋、襪、帽、手套、圍兜、尿布，有大人用的圍裙、袖套、鞋墊、肩墊、抹布、拖把，這些廢物利用也能創造不菲的價值。現在種類和數量多了，也不是小舅一個人擺攤可以賣掉的，母親親自出去找了幾家煙雜店，讓他們代售華美服裝廠的副產品，給他們一個批發價，賣完了結帳，賣不掉可以退貨。煙雜店不壓存貨，不需要墊資，積極性很高。華美服裝廠的副產品出貨比以前更快、更多、更省事。

　　唯一不利的是小舅沒了額外的收入，小舅賣貨可以得到銷售

額的百分之十獎勵。母親說小舅晚上在廠裡加班同樣可以得到額外的收入。沒想到小舅死活不肯，一定要去擺攤，說不去十六鋪可以去遠一點的老西門，並且保證不再闖禍。母親不答應，小舅就找外婆說情，小舅還鼓動小舅母哭哭啼啼地在廠裡鬧。

母親覺得事出反常必有妖，決定查小舅的帳，把一年來副產品的出廠紀錄和小舅的銷售紀錄對比，果然發現了漏洞，小舅少報銷售數量，每月從中獲利至少有十元錢。

以前，大舅認為家裡人不會貪污，就不去查帳。其實，不管是家人還是外人，在利益面前是沒有區別的。企業只要存在漏洞，就會有人鑽空子。

據小舅坦白，前幾年，他確實沒有貪污，眼看廠裡副產品的帳目一直沒人查，就動了歪心思，時間有半年多。後來，查完帳也證實了這一點。

外婆氣得直哭，說：「我怎麼養了這麼個東西？許家也有敗類！」

母親執意要開除小舅，小舅抱住母親，哭著說：「姐姐，我錯了！我從小跟著你，是你把我養大的，你開除我不是要我死嗎？姐姐，我給你跪下認錯了。」母親狠心堅持了兩天，最後還是同意留下小舅，但是，扣了他一個月的工資。小舅心疼這一個月的工資，天天晚上在廠裡加班，說要把損失補回來。

對於小舅犯的錯，母親很容易處理，但是，對於父親犯的錯，母親就沒法處理了。

父親代替大舅聯繫業務，無非就是去開瑞公司、中百公司、先施公司等進行拜訪，對訂單、交期、結算等問題進行溝

通。都是老客戶，又是公對公，經理也是熟人，其實，去只是禮節，不去，人家也會上門來。

父親的本職工作主要還是在廠裡維修設備，聯繫業務每星期出去兩個半天就足夠了，可是，父親出去的次數和時間越來越多了，甚至倒過來，在廠裡的時間只有兩個半天。母親說：「你在外邊聯繫業務至於那麼忙嗎？」父親顯得很委屈，說：「你以為呢？應酬容易嗎？我不是想把業務做得更大嘛！」到後來，父親的衣著也變了，以前在廠裡穿髒舊的工作服，外出換一身乾淨的工作服，現在把滿是樟腦丸味的西裝、領帶翻出來穿上了，皮鞋也打油了。

母親起了疑心，親自去客戶公司查訪，在中百公司和先施公司都沒有見到父親，最後走進開瑞公司三樓的寫字間，本來埋頭工作的職員看到母親都開始交頭接耳，竊竊私語。母親又走進經理室，劉經理也是熟人，見母親問，便脫口而出回道：「哦，今天沒有來過。」神情卻是躲閃的。母親拉過椅子坐在劉經理對面，說：「你給我說實話，他去哪兒了？」半晌，劉經理才撓頭道：「我們也不好說什麼。」

雖然人家什麼也沒說，但是，母親憑女人的直覺斷定父親一定有問題。母親從開瑞公司出來已過了午飯時間，卻一點也不餓。母親的腦子如電腦般快速地把父親最近的各種表現搜索了一遍，父親前幾天神采飛揚地說過一句話：「哪天我做個奶油蘑菇湯給你們吃吃。」「奶油蘑菇湯」對，父親從小就習慣吃西餐，這會兒說不定就在西餐館，這附近陝西南路就有一家紅房子西餐館，專做法式西餐。

母親走進紅房子西餐館，這會兒，店堂裡的人已經不多了，母親一眼就看到有一對男女靠窗坐著，男的背影像父親，母親走到跟前，父親嚇得從椅子上跳了起來，母親伸手給了父親一個耳光。父親對面坐著一個穿著開瑞公司職員制服的年輕女性，燙著小捲髮，塗了口紅，低頭做了一個習慣性的撩髮動作。母親側過臉，看到那女的手上戴著一個銀手鐲，正是奶奶家的劉家銀樓產品，母親也有一個。

　　母親獨自回到家，撲倒在床上痛哭。外婆和大舅母不見母親回到廠裡，就到家裡找，見狀一個勁地問發生了什麼事，母親只是哭。這時，父親回家了，才向外婆吞吞吐吐地說了緣由，外婆示意父親上前認錯。母親止住哭，坐起來說：「離婚吧！」外婆讓父親先避一避，回馮家住幾天，等母親消了氣再回來。

　　第二天，母親紅腫著雙眼到廠裡上班，一天也不說一句話。外婆搬了凳子坐在母親的縫紉機邊上，手裡拿著服裝在鎖眼，說：「不能離婚哦！」見母親不語，又說：「你要為孩子著想呢！」母親依舊不語，外婆說：「男人就是這麼個東西。」沉默了一會兒，外婆乾笑了幾聲：「嘿，嘿——你爸、你幾個舅舅：姚老七、姚老八、姚老九，哪一個是好東西啊？尤其是那個姚老九，都這麼老了，還軋姘頭，已經離婚三次了，到死都不太平，早晚死在女人手裡。」母親停下手裡的活，說：「媽，你煩不煩啊！」

　　「呦！」外婆突然被針扎到了手指，放在嘴裡吮，外婆有點發了火說：「做夢呃——哪有貓不吃腥的？你要離就離，我

不管你了！」外婆搬著凳子走了。

　　奶奶看到父親回了家，知道發生大事了，連忙叫了孃孃一起晚上趕到了母親的家裡，進門直奔母親去，義憤填膺地嚷道：「學鳳啊！你告訴我，是哪個女的？我去撕爛她的嘴。」母親說：「自家男人管不好，管人家女的有什麼用啊？」

　　母親給奶奶和孃孃讓了座，倒了茶。奶奶把茶杯推在一邊，繼續說：「我自己養的兒子我知道，不會做那種事，最多就是吃頓飯，當然吃飯也不應該，我已經罵他了，他說以後不敢了。」母親說：「劉家的銀鐲都給人家戴上了，還說什麼呢？」奶奶急了，說：「你不知道呃，現在外邊的野女人有多壞！整天就想騙男人的東西，我去把銀鐲要回來。」

　　其實，奶奶不是裝糊塗，她是真這麼想的，以前爺爺開煤球店的時候，她親眼見到穿著妖豔的女人，煤球籮筐稱完重後，抱著爺爺的胳膊晃，說：「再加一抄嘛！」爺爺每回都是抽出胳膊說：「自重！」奶奶斷定馮家的男人都是正派的。

　　母親掉過頭去，不再說話。孃孃把自己面前的茶杯端給母親，說：「學鳳啊！我弟弟對不起你，我代表馮家向你道歉，我也是女人，如果我的男人做這種事，我也離婚。」母親驚奇地看著孃孃，孃孃繼續說：「這種事情，我只勸一次。你給我弟弟一次機會，讓他改過自新。以後如果再犯，我幫你和他離婚。」母親「哇」地哭出來了。奶奶又急了，對孃孃說：「你怎麼勸他們離婚？」孃孃對奶奶搖頭，示意奶奶不要說話。

　　當然，父親以後果然再犯的時候，孃孃並沒有幫母親離婚。

十、公私合營

　　大舅一年後回到廠裡，看到廠裡安排得井井有條，產量甚至比以前自己在的時候都要高，大舅便提出讓母親當老闆。母親不肯，說這是大舅的事業，許家的家業。女人結婚之初常常會偏向自己的娘家，娘家強，自己在夫家地位就高，否則就在夫家抬不起頭。女人只有在自己當了婆婆，才會改過來，以夫家自居，壓住兒媳。奶奶是這樣，外婆也是這樣。

　　大舅繼續當老闆，母親繼續當經理，形成大舅主外、母親主內的格局，相輔相成，相得益彰。

　　母親對生產管理進行了重大改革。以前車工縫製衣服，連帶剪線頭。鎖眼、釘扣的人也會車工，人人都是多面手。現在母親讓會車工的人全部上縫紉機，把剪線頭、鎖眼、釘扣等簡單工序剝離出來，找臨時工做，這樣廠裡的產能一下子提高了百分之二十。

　　母親把阜民路五十七號左鄰右舍的房子租下來，作為剪線頭、鎖眼、釘扣以及整燙、包裝的後道車間，由大舅母管理後道車間。

　　許家人逃難到上海，已經有十年了，現在過上了吃穿不愁的日子，但是，母親對小東河的情結一直難以割捨，這片土地母親當過家，就像她被迫送掉的孩子一樣，永遠捨棄不了。

　　而這個時候，正是小東河最艱難的時候，國家實行糧食統購

統銷政策，稻米收購價零點一一元一市斤，如果年景好，達到畝產一百公斤，人均兩畝地，留下政府規定的人均口糧一百五十八點九五公斤，把四十一公斤餘糧賣給國家只能得九元錢。

華美服裝廠正好需要臨時工，母親就去小東河招收許家人到上海打工，每月有固定的工資收入，華美服裝廠成了小東河許家人的庇護所。

母親每次去小東河，都會資助年紀大、失去勞動力的許家人，尤其是外公大房、二房的長輩和同父異母的哥哥，給各家五元、十元不等，這點錢可是他們一年半載的收入，母親還大包小包帶去許家、馮家捐出的舊衣物，鄉下親戚見了都是如獲至寶。

父親犯錯後，決心將功贖罪。父親深通機械原理，又會車、鉗、刨手藝，每天都在車間觀察縫紉機的運轉，研究工人操作手勢，經過幾百次的試驗，發明了一系列輔助設備，如拉腰機、馬王帶套筒、袋蓋範本、滾邊壓腳、抽褶壓腳、單邊壓腳、嵌線壓腳等設備，不但保證了服裝的品質，還提高了生產的速度。

父親可能是中國最早搞服裝機械半自動化、標準化的人，父親的聰明才智在華美服裝廠的技術革新中大顯身手。大舅驚喜地說：「我們去申請專利，搞批量生產。」開瑞公司的老闆看了說願意投資開一個服裝專用設備廠。

大舅把更多的精力放在服裝廠發展上，不斷推新款式、創建品牌效應。華美服裝廠逐漸形成了以「長城牌」中山裝為主的老字號特色，在行業中取得了霸主的地位。

大舅推出的款式有單中山裝、夾中山裝、棉中山裝，布料分布中山裝、毛中山裝、絲中山裝，口袋有傳統風琴袋、簡易貼袋。還延伸出列寧裝、幹部裝、學生裝、女式中山裝、女式列寧裝、女式雙排扣大衣裝。

常有市、區的領導和文藝界的名人上門找大舅定製服裝。

梅蘭芳六十歲生日，要定做一套全毛華達呢的中山裝，指名要大舅去做。

大舅到了思南路八十七號梅蘭芳的家，摁了門鈴，傭人開了門，把大舅帶進客廳坐下，進去通報。客廳牆上掛了很多梅蘭芳的劇照，與各種名人合影，大舅停在一張梅蘭芳和周恩來的合影前看。梅蘭芳很快出來了，大舅連忙轉過身，微躬著身子說：「梅蘭芳先生好！」梅蘭芳穿一件中式短褂，和大舅握了一下手說：「許先生，是吧？請坐。」說完，回頭對傭人說上茶。大舅才二十九歲，從來沒有人叫他先生，忙不迭地說：「不敢，不敢。」

梅蘭芳很耐心地配合大舅量尺寸，沒有一點大牌的傲慢。大舅拿皮尺的手有點抖，很仔細地量了胸圍、身長、袖長、領口、褲腰、褲長。大舅量完尺寸，正準備離開。梅蘭芳叫住了大舅，給了他一套四張新出版的《打漁殺家》黑膠密紋唱片，這是一齣講漁家女蕭桂英不堪苛政、走向反抗的京劇折子戲。梅蘭芳還在唱片中間紅色貼紙上簽了名。

大舅為此買了一臺手搖唱機，華美服裝店裡常常播放《打漁殺家》，以致人人都會哼幾句。

華美服裝廠走上了一個更高的臺階，大舅準備搬離阜民路

的兩處廠房，在復興東路買下一棟獨立的大廠房，並且和開瑞公司洽談在淮海東路的華美服裝廠門店的基礎上合資興建服裝商業大樓。大舅一步一步走來，現在到了騰飛的時候了。

就在這時候，全國範圍內出現社會主義改造高潮，資本主義工商業實行全行業公私合營。

報紙上登的全是工商業者踴躍加入公私合營的消息，馬路上每天可見敲鑼打鼓舉著喜報的隊伍去區政府要求公私合營。

面對突如其來的巨變，大舅感到困惑，一時拿不定主意。想到馮家同樣也面臨這個問題，不如請他們來商量一下，畢竟大伯和孃孃都是讀書人，見多識廣。

其實，馮家比許家更茫然，讀書越多越沒用。就像解放軍進城那天，大伯說過：「管他誰來，我們生意照做。」就像勞太太洋房沒收那天，孃孃說過：「政策規定，敵產沒收，私產保護。」他們的預測都錯了。

不但，馮家的祥順記車行面臨公私合營，連馮家在北蘇州路的石庫門房子也將公私合營。政府在公布了實行社會主義工商業改造後，又出臺了《上海市私房出租社會主義改造的規劃》，凡是私房用於出租的，屬於剝削行為，一律收歸國有，由國家統一出租，租金中的百分之二十分給私房所有者。最近，房管局多次來人對馮家的石庫門房子測量面積、登記戶口、瞭解租金。離收房的日子不遠了。

馮、許兩家開了一個歷史性的會議，地點就在華美服裝廠，大家散坐在八米長的裁剪桌臺板四周。

大舅和大伯見面握手寒暄，少了平時必說的「生意興隆」

之類的恭喜話。大伯眉頭緊皺，不斷用手背敲打著另一隻手掌，嘴上喃喃道：「咳，咳，怎麼是好呢？」大舅依然談笑風生，笑著安慰大伯：「橋到船頭自然直，不怕的。」

奶奶和外婆執手並排坐在長凳上，兩個同病相憐人有了訴說的機會，奶奶自怨自艾道：「這個世道，不打仗了，怎麼也不太平啊？」外婆說：「再怎樣也比以前好，人不認命不行啊，過得下去就行。」

母親和小姨穿梭著替客人倒茶續水。大舅母、小舅母則在後廚忙著燒水，做點心。父親和小舅在門口抽煙，聊天。

大舅喊了一聲：「好了，談正事吧，我們叫聲英姐姐給我們講一講吧。」

孃孃馮聲英穿著中規中矩的藏青色職業套裝，戴著金絲邊眼鏡。她大學畢業以後，在威海衛路小學當校長，又是區裡的民盟委員。

大家把目光聚焦在孃孃臉上。孃孃神色凝重，半晌沒有說話，一開口卻是疑慮：「我看——政府這種做法有問題。按照中華人民共和國一九五四年憲法第十條規定：國家依法保護資本家的生產資料所有權，第十一條國家依法保護公民的合法收入、儲蓄、房屋和各種生活資料所有權。」

孃孃又停頓下來，也沒有人接話，出現了長時間的冷場。孃孃接著說：「但是，現在政府又發動了消滅一切私有財產的社會主義改造，這場運動是違反憲法的。我們在區裡開會，大部分幹部意見是一樣的，大家委託我向上海市市長寫了信。」

奶奶說：「不要聽她嚼蛆！要相信共產黨也是你說的，還

寫信？就你能。」

大舅打破尷尬，笑著說：「聲英姐姐說的是沒錯，可是，眼前我們怎麼辦？公私合營參加嗎？」

大伯焦慮地說：「區裡的代表已經找過我了，說是要消滅資本家，這回沒得命呃！」大伯說著還跺了幾下腳。

父親扔掉香煙頭，進門說：「不是說自願嘛，不參加不可以嗎？我們再打聽打聽，有沒有人不參加的？」

小舅跟著進來，一拍桌子：「就不參加，能把我們怎麼樣？」

「怎麼樣？拉去批鬥！」外婆知道小舅混，趕忙制止他，「土改不就是這樣嗎？這次要鬥就鬥你這個死鬼。」

母親走到中間，把熱水瓶放在桌臺板上，說：「爭這個沒用！我說，老老實實參加，越快越好。不要敬酒不吃吃罰酒，現在這個形勢還看不出來嗎？我們鬥不過共產黨。再說，公私合營當國家工人有什麼不好？人家能活，我們也能活。」

小姨穿著學生制服，附和母親才敢說話：「是啊，我們老師也說擁護公私合營運動就是擁護共產黨。」

這個會議也開不下去了。

上海衣著用品公司的公私合營工作組派了一個代表田大慶到華美服裝廠找大舅了。

田大慶是山東人，南下幹部，文化不高，人很隨和。田大慶拉著大舅的手，出廠門坐在馬路牙子上，田大慶憨笑著側過臉對大舅說：「怎麼樣？許老弟，公私合營考慮好了嗎？」田大慶抽出一支「勇士牌」香煙，大舅忙遞過「大前門」香

煙說：「抽我的吧。」田大慶說：「我哪裡抽得起這麼貴的煙？」兩人各自點著。

田大慶又說：「你可能不瞭解共產黨，我們共產黨就是要把人民帶到共產主義社會，過好日子，第一步實行公私合營，就是公家和你們合作，大家都是國家主人。」

大舅說：「好是好，只是我把這個廠搞到現在這樣花了多少心血啊！投了多少錢也不去說了。」

「共產黨採取贖買政策，資本家按資產入股，拿定息，你的心血沒有白花啊。」田大慶把手搭上大舅肩膀，推心置腹道，「以後你也不用這麼辛苦，國家統一計畫，業務不愁，銷售不愁，你旱澇保收。」

大舅辯白道：「我不是計較錢，這是偉大的事業，我要做出牌子，做出名氣。」

田大慶站了起來，說：「這就對了，你可以來管這個國家的工廠，發揮更大的作用，國家需要你這樣的專家啊！」

大舅也站起來，臉上半信半疑。

田大慶握住大舅的手說：「許老弟，我和你一起幹，我田大慶不懂業務，一切聽你的。」

大舅此時已經熱淚盈眶，動情地說：「好，我認定你這個大哥了。」

華美服裝廠公私合營了。

大伯也經歷了這樣一次洽談，卻談出了完全相反的效果。

公私合營工作組代表把大伯叫到區裡談，代表給大伯遞上煙，大伯不抽，倒了茶，大伯不喝，只是扭著頭不說話。代表

苦口婆心說形勢、講政策、繪遠景，大伯仍是皺眉歎氣。

工作組代表失去了耐心，語氣略重說：「你不說話什麼意思啊？」

大伯本就訥言，在江陰遇劫後更得了嚴重的抑鬱症，一時失控，大叫：「車行你們拿去！把我的命也拿去，你們要怎樣就怎樣。」

代表火了：「你什麼態度？你這是對抗人民，污蔑共產黨。」

大伯一下跪倒，哭著說：「我該死！我該死。」

代表慌忙把大伯拉起來，大伯死活不肯起來。

祥順記車行也公私合營了。

公私合營如滾滾的歷史洪流，順者昌，逆者亡，全國的私營企業一夜之間消失殆盡。但也有例外，小麻皮就不准革命。

小麻皮這幾年沒有招收新的學徒，就剩下夫妻老婆店，接些高檔的私人定製活，人輕鬆了錢沒少賺，因為大舅給他的傭金比他店的收入還多。

小麻皮倒是想公私合營，年紀大了，做個國家職工，混混日子，但是國家不要，認為他的店沒什麼資產。

小麻皮託大舅說情，大舅找了田大慶，田大慶也請示了區政府，想把小麻皮的店作為華美服裝廠的分店一起公私合營。但是，政策是有原則的。小麻皮後來按照對應的政策，進了街道辦的生產組，大舅也沒有佣金給他了，小麻皮斷了收入，陷入了貧困。

十一、國營企業

　　華美服裝廠和其他兩個服裝店合併，在南市區王家碼頭路，成立了上海中華服裝廠，由田大慶擔任黨支部書記，其他服裝店有一個工人叫張愛國，是共產黨員，當了廠長。李宗寶是苦出身，三代貧農，公私合營中入了黨，被提拔為工會主席。

　　華美服裝廠的一百多個工人都成了中華服裝廠的國家職工，工資標準按照公私合營前的工資。大舅任高級技術員，每月工資七十五元；父親當機修工，工資六十五元；母親做縫紉工，工資六十二元；王家貴做縫紉工，工資六十元；小舅做縫紉工，工資五十八元；李宗寶雖然貴為工會主席，工資只有五十五元。大舅母、小舅母、外婆、姚老九、大舅的兩個徒弟都成了國家職工，姚老九在中華服裝廠食堂做廚師。這鐵飯碗、大鍋飯，倒令人安心，最驚喜的是看病有勞保、病假有工資。

　　可是，華美服裝廠另有二十幾從小東河來的臨時工，都是許家人，卻沒有在公私合營中進入國營工廠，原因是他們沒有上海戶口，城鄉之間的鴻溝是無法跨越的，他們又回到了小東河務農。

　　母親突然覺得公私合營好，共產黨好！最叫人激動的是，公私合營中父親、母親的成分都定為工人階級，這對自己四個子女的前途是巨大的利好。

　　要說父親從小過的和大伯一樣的優越生活，但他是老三，

資本家的帽子讓做老大的大伯占了。母親從十三歲就開始收租，做的就是地主的活，可是年齡沒到，地主婆的帽子讓外婆給占去了。到上海開辦華美服裝廠，是她從馮家引進了一千塊大洋的投資，怎麼都是大股東吧？因為大舅是組織者，帽子又讓大舅搶去了。父親和母親私下在談，做家裡的老大不好，要承擔法律責任。

華美服裝廠經過資產核資，大舅作為資本家每月可以拿到定息十二元。大舅為了逃避一頂地主的帽子，從家鄉逃出來到上海，結果還是戴上了資本家的帽子。怪就怪自己做事認真，如果不求上進多好。大舅想，為了這十二元，戴一頂資本家的帽子實在不划算，於是，他向田大慶提出，放棄定息，把資本家的帽子摘掉。田大慶說要上報區裡。區裡反應很快，下了表揚信，在廠裡貼紅榜，還登了報紙。定息是取消了，帽子卻沒有摘掉。大舅有點生氣：「工廠白送都不肯放過我！」

祥順記車行公私合營後，所有工人成了運輸公司的國家職工。大伯原先在自己的車行裡沒有給自己開一份工資，這是一個失策，現在就要重新核定工資。大伯本來就沒有什麼手藝，肩不能挑，手不能提，只能安排在運輸公司看門，工資定了四十元，比工人還低。大伯母當初也沒有給自己開工資，現在連國家職工也當不了，做家庭婦女。資產核資後，大伯每月可以拿定息二十五元。

不久，私房的社會主義改造也完成了。奶奶想不通，自古以來，靠房產出租拿回報是最穩妥的投資，怎麼會變成剝削了？自己的房子沒有經過任何買賣手續，就變成了國家的房

子，房契還在自己手裡。這棟房子的租客還是原來祥順記車行的工人，但是租金卻交給國家。

根據政策自己還可以拿到百分之二十的租金，總比沒有好。奶奶不斷去房管局討要，房管局開始總說：「你等著，沒有上面的通知，我們怎麼發給你？」

到了一九五七年，上海市政府公布了私房改造和管理出現六百八十一萬元的巨額虧損。原因：一是房管局租金收入要繳納國家所得稅，二是所收房租抵不上維修費用，三是成立房管局有大量管理人員要發工資。

奶奶再去要租金的時候，房管局幹部說：「虧損這麼嚴重，不問你要錢就不錯了。」奶奶被嚇跑了。

對房子更想不通的是大舅，當初公私合營清產核資時，如果阜民路五十七號房子是大舅買下來的話就會隨同華美服裝廠一起歸公，大舅一家就得掃地出門。而現在可以永久地住在阜民路五十七號，房管所頒發了大舅家、小舅家、外婆小姨三本戶口本，就是因為他們當初是租客。

許家人一九四七年逃難到上海，花了十年時間，從許記裁縫攤發展到華美服裝廠。一夜間，廠歸公，人出戶，就像當初，地沒收，人逃難一樣。許家人又重新開始了新的生活。

大舅難得悠閒，在家泡壺茶，邊喝邊說：「你別說，歷史也在進步，華美服裝廠就是歸公，政府也是和你商量過的，不像土地強行沒收還要把人拉去批鬥。」

母親說：「公私合營，我倒覺得滿好，我們也不要沒日沒夜地拚命了，過太平日子好。」母親又對父親說：「我們把大

兒子和大丫頭也接回來，一家人團圓吧。」

小舅說：「反正工資照拿，不少我錢就行。」說完又對大舅說：「我以後也不會被你罵了，我覺得更好。」

大舅反認為幫國家做事更要認真，自己肩負著國家賦予的重任，大舅說：「我們要對得起共產黨，把這個廠搞好，你們怎麼能夠放鬆呢？」

「夢呃！」外婆自嘲道，「到哪算哪吧，還不知道以會怎樣呢。」

大舅說：「不管怎樣，新的生活開始，我們去照一張全家照吧。」

眾人都贊同，各家都有錢又有閒。

一九五七年的春節，是我感覺最有老式年味的過年，按照小東河習俗，進入臘八，開始備年，蒸饅頭，蒸糕團，烙米餅，煎油餅，包春捲，做蛋餃，縫新衣，鋪新床，採辦雞、鴨、鵝、魚、肉、蛋、糖果、糕點、花生。大人帶小孩逛城隍廟，買玩具、鞭炮，給壓歲錢。

大年初一去王開照相館照全家照，老老小小煥然一新。

奶奶和外婆穿黑真絲塔夫綢寬袖斜襟中服；大舅和父親穿藏青色精紡毛滌嗶嘰立領盤紐唐裝；小舅穿黑全毛華達呢中山裝；母親穿黑底雕印白格綢貢緞中服；大舅母穿白底金牡丹提花織錦緞中服，前襟黑天鵝絨包邊包紐撞色；小舅母穿暗白底烏梅花緞面色丁布中服，黑天鵝絨手工盤紐鑲色；小姨穿金銀絲小鳳尾織錦緞中服；我穿粗紡呢絨中大衣；弟弟和大妹穿人字呢雙拼扣列寧裝；表弟穿空軍皮夾克戴飛行員海眼風鏡頭盔

皮帽。彰顯了服裝世家的奢華和追求。

父親、大舅剪頭修面三七開吹風，母親、大舅母燙復古小捲髮，小舅拒絕成熟還留學徒髮，小舅母裝嫩梳空劉海丫頭髮髻，小姨梳中學生麻花長辮。

我和弟弟刀槍雙擎，大妹拿流星鎚加布娃娃，表弟拿鐵殼卡賓槍，小妹被抱著戴圍兜拿鈴鐺。

難得富貴俱全，人月雙圓。

這是馮、許兩家第一張，也是唯一的一張全家照。好花不常開，好景不常在。以後再也沒有這樣的好心情了，等有了好心情人湊不齊了，等有好心情人也能湊齊，小輩長大有了小家庭，就人多拍不下了。

國營中華服裝廠開業了，大舅全身心地投入工廠的組建和管理上，真把國家工廠當成自己的工廠了。大舅提出了一整套技術品質管制方案，在分配制度上採取基本工資加計件、計時的新方法，廢棄了華美服裝廠全計件的嚴酷管理。

但是立即遭到廠長張愛國的反對。張愛國以前在其他服裝店只是一個工人，學徒出身也懂行，但手腳慢，每月工資不如別人。他要求進步，參加了共產黨，深知工人的疾苦，和大舅的立場不同。

在廠領導班子的會議上，廠長張愛國皺著眉頭說：「老許啊，現在時代不同了，工人當家做主，我們要充分相信工人階級的覺悟，你這一套舊社會的管理方法不適用，我們不搞計件制，工人收入有差別會產生矛盾，不符合黨的政策。」

李宗寶以前在大舅手下從不敢說話，現在是共產黨員，又

是工會主席，自認為是領導，便端足架子說：「老許！你要知道你以前是剝削工人，壓迫工人，你資本家的立場要改變，要好好改造自己。」

大舅感覺自己是外人，雖然不是共產黨員，但是，他要對黨負責，沉默了一會，還是堅持說：「我們是搞工廠，工廠就是要有嚴格的管理制度，這是對國家負責，我不是不相信工人的覺悟……」

田大慶是黨支部書記，是廠裡的最高領導，眼看會議產生嚴重分歧，便和顏悅色地對大舅說：「許老弟，不要爭了。我們要相信黨，相信群眾。在技術上你是專家，我們都聽你的。」

中華服裝廠和所有的國營工廠一樣實行按級別的固定工資，吃大鍋飯，做多做少一個樣。以前華美服裝廠中山裝套裝人均日產量是八點五套，現在立刻降到五套。

大舅看到這種情況，非常著急，天天在廠裡最後一個下班，還常常加班，希望通過自己在技術上改進和工序上革新來提高產能。

人就像水一樣，發現漏洞就無孔不入。小舅就開始鑽空子，動腦筋請病假，在樓上樓下急跑幾趟，然後去醫務室說頭痛，量血壓，果然超標，開了病假條，又不休息，在家幫人家做私活，賺外快，反比老老實實做工的人賺錢多。廠醫發現了祕密，小舅再來量血壓，就讓他安坐半小時，血壓就正常了。

小舅想要弄點真病，又不死人。就吃涼東西、餿東西，果真拉肚子，上廁所都來不及，拉在身上，還裝著不肯回去，趴在縫紉機上哼，人家臭得掩鼻走開。車間主任把廠醫叫來幫他

開了病假條，回去休息。

　　大舅罵小舅說：「你這樣做太過分了，你怎麼對得起這份工資啊？」

　　小舅說：「工資不少一分錢，怕什麼？你天天加班，工資也沒有多拿一分錢。」

　　外婆知道小舅的伎倆，就對小舅私下裡說：「你這個不汰害的東西，這樣下去不行，共產黨有辦法對付你的。」

　　小舅說：「我是工人階級，我怕誰啊？」

　　大舅知道自己是黨外人士，不敢妄議黨的政策，抓技術品質是自己的本分，況且田大慶是充分授權的。大舅堅持中山裝的傳統工藝，中山裝的小燙是關鍵，老虎袋要用紙板模型先小燙成形再縫製，袖籠要用弧形燙臺拔燙，這樣做出來的中山裝穿在身上就具有立體感，省略了這個環節，縫製完直接大燙一步到位，雖然也可以，但是，中山裝穿在身上就像紙板一樣死板。

　　大舅發現廠裡工人偷工減料，大發雷霆，說：「你們這是要毀了長城牌中山裝的牌子，馬上停產整頓。」

　　廠長張愛國說：「老許啊，現在產量已經下降了。再說現在大工廠生產怎麼能和你以前的小作坊比啊？雖然少了小燙，只要大燙認真一點還是可以彌補的，我也是行家，又不比你差。」

　　李宗寶跳出來吼道：「姓許的！你少來資本家的臭脾氣。」

　　大舅氣得拍桌子，罵李宗寶：「你懂那麼點皮毛，有什麼資格發言，你搞你的工會去。」

　　田大慶出來和稀泥，按住大舅說：「工人老大粗，脾氣不好，你不要一般見識，有事慢慢商量。」

大舅按下去了，李宗寶卻跳得更高，說：「你以前欺壓工人，作威作福，你們一家都是地主，逃亡到上海，歷來對共產黨不滿，這筆帳早晚要算的。」

　　小舅本來也嫌大舅事多，品質好不好關你什麼事？就袖手旁觀，現在聽到李宗寶把許家罵進，就衝上去給了李宗寶一個大耳光，罵道：「冊那娘的，沒有許家，你早餓死了！」

　　姚老九上前一腳踹倒李宗寶，拿著食堂的大勺亂砸一通，外婆忙上前拉架說：「你們找死啊？他說他的，我們裝聽不見就完了。」

　　打架事件是有後果的，恰時，上海成立了南市區服裝鞋帽公司，從公私合營的工廠裡抽調人員去商業單位，小舅調去了大興街的迎春服裝店站櫃臺，姚老九調去了小南門的全泰鞋帽公司的食堂做廚師，小舅母也調去了上海繡服廠，許家的親戚都被拆散了分到各個單位。

　　大舅經過這件事後就老實了，知道田大慶只會和稀泥。其實也不能怪田大慶，是大舅和田大慶都沒有理解共產黨的初心。

　　中華服裝廠的生產納入了國家計畫，開始做出口蘇聯的羊毛衫、西褲、布拉吉（連衣裙），做出口朝鮮的民族服裝，做出口古巴的西裝。來什麼做什麼，完全沒有行業特色和專業水準，只為完成政治任務。

1957年全家照，後排左起：小姨、小舅母、小舅、大舅、父親、母親、
大舅母。前排左起：大妹、弟弟、外婆、小妹、奶奶、作者、表弟。

十二、反右鬥爭

　　拍全家照本來說好是馮、許兩家人一起拍的，卻沒有大伯家、孃孃家的人，這時候，他們正處在水深火熱之中，哪有心情照相？許家企業高峰時公私合營，一下子閒下來，正好有錢有閒。許家從土改到上海創業都不堪回首，沒有留下一張照片。一九五七年拍下這張全家照，未料以後的日子都不復拍照好心情，所以這是許家歷史上唯一的一張全家照。

　　照片是心情的寫照，馮家，只在解放前拍過很多照片，記錄了奢華富足的生活。爺爺死後，日子就如江河日下，過得一天不如一天，也就沒有拍過一張全家照。

　　公私合營運動結束後，反右鬥爭運動就開始了。孃孃代表教師寫信給上海市市長，反對公私合營。這封信，市長轉給了區教育局，並做了批示，認定孃孃這封信是屬於反黨反社會主義的宣言書，孃孃是反革命右派分子。

　　局長在學校全體教職員工批判會上，宣讀了市裡的批示，並當場宣布撤銷孃孃校長的職務。不僅孃孃感到突然，就是所有的老師也感到震驚，孃孃被安排站在主席臺右邊，接受批判。

　　局長要孃孃交代反黨反社會主義的罪行，孃孃掃了一眼會場，還是像平時學校做報告一樣，把話筒移過來，說：「我只是向市長解釋了憲法上面的條款，怎麼就成反革命了？要反也是憲法反動，你們誰告訴我，我錯在哪了？」

孃孃這麼說，別人無法反駁，大多數老師根本就沒有看過憲法。

　　會場被一股肅殺的寒流凍住了，在場的老師從震驚變成了恐懼，一封信就可以把一個平時受人尊敬的校長打成反革命右派分子，在座的老師誰沒有一點思想？如果把這些思想暴露出來，誰不是右派分子？於是恐懼迅速變成了保命。而保命的辦法就是和孃孃劃清界限，劃清界限就要站出來批判孃孃。

　　老師們雖然沒有看過憲法，但是孃孃既然是右派，那麼平時講過的話都是錯的。有老師站起來說：「馮聲英說黨委不能凌駕於校長之上，這是公開否定黨的領導……」

　　有老師說：「馮聲英說中國教育落後於世界，這是對共產黨領導的中國教育事業的攻擊……」

　　有老師說：「馮聲英說語文不能政治掛帥，語文是古漢語演變過來的文字表達形式，是純學術的……」

　　有老師說：「馮聲英說有教無類，培養學生不能講成分……」

　　要求發言的人爭先恐後，孃孃看著這些熟悉的老師，換成了陌生的激憤的面孔，有點恍惚，這些確實都是自己公開講過的話，這有什麼錯呢？

　　但是，金副校長的發言卻把孃孃嚇傻了。金副校長走上臺指著孃孃說：「馮聲英說公私合營是共產黨對人民的掠奪，這不是反黨是什麼？」孃孃側過臉看著金副校長，這個身材挺拔的、正義凜然的男人，之前和孃孃頗為志同道合，給市長寫信是他們兩個人共同起草的，本來說好兩個人簽名的，在最後一刻，金副校長把自己的名字去掉了。而且這句話是私底下說

的，給市長的信上並沒有寫上去，孃孃也不想寫得太激烈，今天竟然被金副校長揭發出來了。

金副校長接著說：「她還說共產黨不能一黨執政，民主黨派也要在政府裡面有席位。這是明目張膽地要共產黨下臺！」這也是她和金副校長之間的私密話。

孃孃不寒而慄，金副校長的揭發讓她懷疑自己確實是反黨的，但是，她的初衷只是向黨提意見，而且提意見不正是共產黨提倡的、鼓勵的嗎？

批判會達到了高潮，人人都爭著同孃孃劃清界限。

又一個男老師走上臺喊：「打倒反革命右派分子馮聲英！」同時給了孃孃一個響亮的耳光，孃孃趔趄幾步站穩了，看清這是教體育的曾老師。怎麼會是他？幾個月前，學校財務科失竊，公安局來調查，懷疑是住校的曾老師所為，把他抓進去審訊，一個星期後，竊賊在一個工廠偷竊被捉交代了學校的犯案。

孃孃去公安局領回曾老師。曾老師被打得鼻青臉腫，出來時卻對員警再三鞠躬道謝，反倒是孃孃不依不饒，一級一級告上去，追究公安局刑訊逼供的惡行。就這樣一個在強權面前卑躬屈膝的大男人卻能夠對一個敢於反抗強權的弱女子大打出手，奴性越足的人越會欺負弱小，尤其是在革命的名義下。曾老師沒有能力批判孃孃，只能用動手打孃孃來劃清界限。

孃孃明白，這就是現今的政治生態，在高壓之下已然形成了革命者生存的法則，人要想生存就要表白革命，要革命就要批判和鬥爭持不同政見者，因為持不同政見者都是反革命，國家需要

她這樣的靶子。這就是人民民主專政，由人民對人民專政。

孃孃被免除校長職務後，在學校打掃廁所。學生們故意在廁格外小便，讓孃孃增加勞動量，孃孃剛打掃完，又弄髒了，總也幹不完，有的學生還朝孃孃身上吐口水、扔石子，這些一概被認為是革命行動。

一個人如果在外邊受了傷，回到家有人幫他療傷就不算不幸，但是孃孃回到家，姑父卻在她的傷口上加了一刀。

在教育局當處長的姑父已經好幾天沒有回家了，一回來就對孃孃說：「我們離婚吧！」孃孃問：「為什麼？」

姑父顫抖著滿臉鬍碴、頭髮蓬亂的腦袋說：「為什麼你還不知道嗎？你以為我的日子比你好過嗎？每天寫不完的交代，做不完的檢討，我不離婚就得和你一起死，我死也就算了，我們兩個兒子也要死嗎？」

孃孃低頭抽泣，半晌抬頭擦淚說：「離！馬上離，你把兩個兒子帶走。」

姑父放聲大哭道：「這世事誰不明白啊，你為什麼非要說出口？不說話你會死啊？你惹的是滅門的禍啊！」

孃孃失了神，說：「我想，政府有錯，作為一個公民應該說，誰知道說了竟是這麼個結果？我不連累你，你把兩個兒子帶到美國去，找勞倫斯、勞太太。」

姑父和孃孃簽了離婚協議，姑父當晚就帶走了兩個兒子，大兒子三歲，小兒子不滿周歲。

可是，三天以後的深夜，姑父又把小兒子抱回來了，小兒子還在哺乳期，離開母親哭了三天三夜，餵什麼都不吃，已經

奄奄一息了。孃孃接過小兒子趕緊餵奶，說：「咳，回來找死啊！」後來，大兒子和姑父去了美國，小兒子就一直沒有離開孃孃。

孃孃被教育局開除了公職，沒有了收入，幸虧孃孃以前還有點積蓄，加上離婚時，姑父把房子和所有的錢都留給了孃孃，孃孃生活一時無虞。

苦難一旦被人接受了，也就不是苦難了。孃孃開始靜下心來做學問，每天讀書、寫作。沒人打擾，沒有應酬，不需要追逐名利，甚至不需要賺錢糊口，這是神仙過的日子，以前求都求不到，右派帽子怎麼了？政府對了錯了怎麼了？都和我無干。孃孃活在自己的內心世界裡，心自由了。

奶奶時常去看孃孃，因為小腳不便，總是帶著我。

孃孃一頭鑽進故紙堆，發現中國的一切弊病都是源於統一，統一就扼殺了思想。歐洲的先進是因為分裂成多個國家，美國的先進是因為聯邦制。中國最好的時期就是春秋戰國，百家爭鳴，百花齊放，思想上達到了中國歷史的最高峰。中國在世界上拿得出手的文化永遠只有孔子。孔子是諸子百家中的一家，九十九家還沒充分發掘，還有一千家不為人知，孃孃就沉浸在諸子百家的絢麗時代，穿越到了那個文化巔峰的自由世界。

孃孃的案頭上放著《論語》、《孟子》、《墨子》、《荀子》、《道德經》、《莊子》、《列子》、《韓非子》、《商君書》、《公孫龍子》、《管子》、《戰國策》等書籍。

孃孃看到我來了，特別興奮，便介紹我看書，一本一本拿出來說：「這些書你以後可以慢慢看……」奶奶發瘋一樣衝過

來奪下書，撕了往地上扔，說：「看什麼書！你自己都落到這個地步了，你還要害我的孫子啊？」

我那時候讀小學三年級，對大人的世界不懂，所以對家庭的變故無感。黨給我灌輸的革命世界觀還沒有形成，所以對孃孃的思想也不抵觸。

但是我已經感覺到社會上暗藏著一股殺氣。我當時在讀山西北路小學，學校裡經常要填表格，都有成分一欄，我的成分是工人階級，我當上了中隊長。堂弟的名字和我只差一個字，卻是資產階級，雖然他成績比我好，卻連少先隊也沒資格參加，成了另類，受到歧視，堂弟走路總是低頭，靠牆邊走。

堂弟感到的被歧視，大伯母也感覺到了。大伯母出生在富安鎮的一個小康之家，嫁給大伯時，滿以為來過資本家闊太太的生活。奶奶已經替他們領養了一個兒子，只指望馮家子嗣繁衍。

大伯雖然接班當了老闆，但是由於爺爺去世，江陰遇劫，留下了抑鬱症的病根，一天到晚長吁短歎，夫妻生活，了無情趣。大伯母幫著管理祥順記車行，和工人們接觸較多，工人的陽剛之氣和大伯的病懨之態形成了鮮明的對比。有一個工頭孟大柱，不但工作勤奮，還幽默詼諧，空閒時常講些葷段子，大伯母覺得有趣，好感頓生。

公私合營後，大伯的病更重了，大伯母生有一兒一女，加上養子，一家五口，家庭的重擔全壓在了大伯母身上。資產沒了，光憑大伯一個人的低工資，每月捉襟見肘，生活過得比工人還窮。這還不是最主要的，大伯母更考慮自己的孩子成分不好，將來沒了前途，就想跳出馮家這個火坑，和工人階級結

婚，好為子女更換成分。

孟大柱解放前窮，一直找不到對象，成了大齡光棍。公私合營後，孟大柱在運輸公司當了個小班長，他唯一認識的女性就是大伯母，況且在祥順記車行時，大伯母對他照顧有加，其時，大伯母三十出頭，徐娘不老，他們倆一拍即合，商量結婚。

於是，大伯母向大伯提出離婚。這於馮家是石破天驚的大事。要離婚，大伯倒是不在乎，他已經沒有可以在乎的事情了。父親、母親出面找大伯母談，碰了一鼻子灰。

奶奶和大伯母也談不上，於是就罵，整天指桑罵槐地罵，上次父親犯錯，母親要離婚，奶奶說：「外邊的女人壞呃！」這次，奶奶又不能說家裡的女人壞，只能改口說：「外邊的男人壞呃！」

奶奶原本不想把這件事告訴孃孃，她一個右派分子能做什麼？但是，奶奶忍不住總要罵。孃孃知道了，來找大伯母，大伯母一句「你一個右派分子還和我談，你算了吧！」就把孃孃頂回去了。孃孃直接找運輸公司的領導談，說孟大柱破壞人家家庭。領導找孟大柱談，說：「你的階級立場去哪了，你怎麼找資本家的老婆結婚？這會影響你的進步。」

工人階級孟大柱嚇跑了，大伯母也回歸家庭了。

大伯每天同工人一樣穿工作服、戴工作帽上下班，都是清一色的藍灰勞動布。但是，在人群中一眼就能把大伯認出來，即使看後背，那個步履蹣跚的人就是大伯，儘管他的年齡才三十五歲。要是看正面就更好認，蒼白的臉上架著金絲邊眼鏡，和一群赭褐色臉龐的工人格格不入。

大伯的舉止更顯怪異，見人就鞠躬，不光對領導，對工人也一樣。大伯覺得把祥順記車行交出去了，才獲得了政府的寬大，所以，到了發工資的時候，大伯不去領，說交給政府，定息就更不敢拿了。大伯的卑微獲得了公司的同情，財務就把工資送到大伯的家裡。

　　孃孃被打成右派分子後，大伯覺得光交出工資、定息還不行，還不能心懷不滿，如果萬一不小心說出不滿的話，比不交出去更嚴重。大伯便不敢說話了，不但在公司不說話，就是回到家裡也不說話，別人和他說話，他最多就是「嗯」「啊」或者就是點頭、搖頭。

　　奶奶看到大伯和孃孃過著這樣悲慘的生活，痛徹心扉，她不知道是什麼緣故造成的。奶奶想劉家銀樓在富安鎮幾代人都太太平平，怎麼到自己這一代就多災多難了，她只認為是自己的命不好。

　　奶奶請回了一個彩瓷的觀音菩薩，每天焚香膜拜，初一、十五吃素。奶奶其實從年輕的時候就一直信佛，原來在牆上掛一幅紙佛像，她相信拜佛可以在死後上西天極樂世界；現在，在經歷了這麼多的苦難後，才知道要來世享福，現世竟然要付出這麼大的代價。她每次拜佛總是哭訴自己的遭遇，她要讓佛知道，現世的這麼多苦難，自己都一點一點熬過來了。奶奶現在拜佛還多了一個內容，乞求佛保佑自己兒女、孫子。

　　奶奶實在承受不了生活中那麼多的痛苦，她要麻醉自己，除了拜佛，就是看戲。奶奶每星期都會去天蟾舞臺或者共舞臺看戲，奶奶的小腳出行不便，我便成了奶奶的拐杖。奶奶最

喜歡看的是《啼笑因緣》，每次看完回家都會痛痛快快地哭一場，她和戲裡的人物一起回到了過去，忘記了現實。

　　奶奶不讓自己空閒下來，要麼抽水煙，要麼吸鼻煙，要麼用刨花水梳頭，我走進奶奶的房間就說煙味難聞，奶奶說：「不是你爺爺死了，我還有大煙抽呢，現在連口棺材都沒有。」說著又要流淚。

十三、饑荒年代

　　華美服裝廠沒有了，我們一家六口人，就搬到北蘇州路的石庫門房子。我家和奶奶住二樓的前廂房，大伯一家五口人住二樓後廂房。三樓住兩戶人家，底樓住三戶人家。奶奶心態變壞了，樓上人家小孩跑路聲音響，奶奶就把竹竿不停地頂天花板，樓下的人家弄濕了走廊，奶奶就把盆水潑到人家裡。好在這些租客本來就是祥順記車行的工人，所以也沒人和奶奶計較。

　　這棟房子裡有八個和我差不多大的男孩，這成了我快樂的源泉。奶奶和他們的大人有矛盾，我們小孩卻成了很好的玩伴。玩伴之間都叫綽號，什麼扁頭、拖鼻涕、斜白眼、齙牙、招風耳、塌鼻頭、小眼睛、大頭……，綽號準確地抓住了每個人的臉部特徵，恰如其分。開始被叫綽號的小孩父母會衝出來罵一通，大家作鳥獸散，到最後，連大人也叫小孩綽號，真名倒都忘了。但是，扁頭他母親不能接受這個事實，她會抓住喊扁頭的小孩較真：「我們頭哪裡扁了？你才扁頭呢！你扁頭、扁頭。」結果適得其反，扁頭有個弟弟，被人叫小扁頭了，其實他頭一點也不扁，扁頭自然叫大扁頭了。他母親在家更認真了，看到大扁頭睡著了，便推醒他說：「不要朝天睡啊，頭越睡越扁，將來找不到老婆，側過來睡！」

　　我們一起玩的遊戲太多了，競技性的有打玻璃球、刮香煙牌子、刮豆腐夾子、頂橄欖核、頂麻將牌。對抗性遊戲就有單

腿鬥雞、掰腕子、跨木馬，即從人躬背上，撐手越過，木馬一次一次升高直到跨不過去。運動性的有滾鐵環、抽陀螺、徒手爬竹竿、爬樹。趣味性的有抓知了、抓金烏蟲、抓蜻蜓、抓磕頭蟲、抓蝌蚪、抓蟋蟀。冒險性的就是夏天去蘇州河游泳、跳水。高科技的有自做火藥槍，鐵絲拗出槍形，刮下火柴頭上的火藥，打得啪啪響。還有犯罪性的有偷菜場的黃瓜、番茄、山芋，盜亦有道，只偷公家不偷私人，集體作案不單獨作案，只管吃飽不帶回家。甚至還有惡作劇的，誰家大人跟我們過不去，晚上就去他家踢翻放在門口的馬桶，大糞封門，要是冬天，連馬桶也被凍住。

玩伴中最討厭的是拖鼻涕，眼看兩條掛著的鼻涕快要越過嘴唇了，他使勁一吸又回去了，然後再慢慢掛下來。我們不但要提防被他的鼻涕蹭到，更要防備他的鬼點子給我們帶來的厄運。

一天，他偷了家裡的兩毛錢，說要策畫一次大的行動，他已打探到黃浦劇場週日午場電影放《英雄虎膽》，票價七分錢，買一瓶正廣和橘子汽水一毛錢，剩下三分錢可以買兩包鹽津棗。

大家被他的行動計畫打動了。於是，有人偷家裡的錢，有人撿廢銅爛鐵去賣錢。我決定騙一回，回家對母親說：「學校搞春遊，每人交兩毛錢。」然而，我閃爍的目光卻把自己出賣了。待母親從隔壁鄰居我同班女同學小麗那兒回來，拿了把竹尺，把我四個指頭掰直了，對著手掌「啪，啪」地打下來：「你什麼時候學會說謊了？啊，你說……」

我只能招供了兩毛錢的具體用途。奶奶看不下去了，趕過

來說：「我孫子看一場電影怎麼啦？兩毛錢，我給。」母親說：「不行！這不是看不看電影的事。」奶奶見勸不住就急了：「該管的不管，不該管的倒管。」母親停了下來，看著奶奶：「什麼是該管的？什麼是不該管的？」奶奶接著說：「他去蘇州河游泳你倒不管，隔壁弄堂已經死了一個小孩，我每天都要看著他，把他游泳褲收了，他光屁股也去游，哪天出事你不要怪我。」母親愣了一下說：「媽哎！我也不讓他游泳啊，這小孩不誠實不就廢了？」母親這一打，就把這個窩案給揭發出來了，當天，好幾個小孩挨打。

到了星期天早上，母親意外地給了我兩毛錢，這一天去看電影的有五個小孩，策畫人拖鼻涕沒有去，他的錢被家裡沒收了。

後來，我讓斜白眼把小麗叫出來，小麗正無法確定斜白眼是不是在和她說話間，拖鼻涕趁機把積了很久的鼻涕全蹭在了小麗的後背，總算把仇報了。

父母什麼都不管，成就了我們童年的幸福。

公私合營和反右鬥爭以後，大伯家和孃孃家的生活陷入了絕境，奶奶便做主，要在我父母的工資裡每月拿出十元貼大伯家，拿五元貼孃孃家。

孃孃拒絕接受幫助，並且說：「志士不飲盜泉之水，廉者不受嗟來之食。」奶奶自然聽不懂，兩手頻頻拍打著自己的兩條腿，說：「你工作沒了，男人離了，孩子又小，你怎麼活啊？」孃孃按住奶奶的手說：「學鳳帶四個孩子不容易，讓孩子們吃飽，這是我們馮家的根啊。」說完，奶奶和孃孃相擁而泣。

其時，我們家六口人：父母、我、弟弟和兩個妹妹。父母

每月的工資相加是一百二十七元，貼奶奶、外婆各五元、貼大伯十元、資助小東河親戚五元、存款十元應急。剩餘九十二元日常開銷，父母上班交通費七元、父母食堂飯菜票十元、水電煤五元、全家人添置衣物每月分攤七元、父親抽煙錢三元，這樣還剩六十元。

全家每天伙食費二元，父母上班便留給我們早、中飯共五毛錢，早飯吃隔夜的燒泡飯，中飯五毛錢可以買一斤二兩麵粉和幾棵青菜。我擅長做麵疙瘩，和麵以後，用勺子將麵團一勺一勺地刮下鍋，菜切碎了倒入，一鍋燴。

四兄妹圍在小桌子邊，我在弟妹嚴格的監視之下，均勻地分成四碗。有一次大妹認為弟弟碗裡比她多，便用調羹在弟弟的碗裡舀了一勺，弟弟急了，一下子把桌子掀翻，大家吃不成。我把麵疙瘩撿起來，洗乾淨重新入鍋再煮，鍋裡的麵疙瘩清水咣噹就像魚缸裡的金魚一樣乾淨。

我們四兄妹還指望晚飯能吃飽。可糧食不夠吃，母親就做菜飯，菜比米多，還是菜場撿的菜幫子，剁碎後就剩筋絲。或者煮玉米糊，水比麵多，吃得我們一個個腆著大肚子，就像得了鼓脹病。

至於魚肉葷腥，是成月不得一見，母親買最便宜的槽頭肉，混在菜裡聞著香，卻吃不出肉味。要不就是菜場賣剩下的五毛錢一大灘的爛橡皮魚、臭帶魚，燒成重鹹，權當味精。

母親從小東河學會對水稻的物盡其用，此時也派上了用場，為了不浪費一滴水，淘米水沉澱，米垢拌糠餵雞，剩水洗菜，洗完刷馬桶，髒水澆菜。陽臺上一排破臉盆種著雞毛菜、

蓬蒿菜、菠菜,陽臺一角籠養幾隻雞等下蛋。

父親從小過慣了好日子,哪吃得了這苦,在家吃飯,只要飯菜上桌,他是搶不過四個餓狼撲食的孩子的,每次只能吃個半飽。父親偷留私房錢,以前常去的德興館、紅房子西餐館是吃不起了,只能去路邊的飲食店吃一兩四個的生煎饅頭,或者最差吃一碗陽春麵。母親責怪父親不顧家,父親急哭了說:「我上班的時候都餓得頭暈。」母親這才同意父親留私房錢果腹充飢。

母親和父親不同,寧可餓死自己,也不肯餓孩子。有時,桌上飯菜一點不剩,母親就把鍋碗用水涮了喝下去,母親常常在家餓得暈倒,在廠裡也曾暈倒送醫院。

飢餓摧毀了母親的健康,等我們四個孩子長大,母親就多病纏身了。母親用自己的命換來我們的命,我的心離母親最近,也把母親的命當成自己的命。

刻骨銘心的飢餓澈底地改變了父親,父親像換了一個人,以後處處節儉,竟到吝嗇的地步。從此,父親到死都沒單獨進過中餐館或西餐館,當然,我做生意成功後帶父親下館子是另外一回事,父親就是進了館子也是戰戰兢兢,拿筷子的手都哆哆嗦嗦,好像是在犯罪。

每月貼大伯家十元,父親不敢有違母命,母親開始抗爭,先是和父親關了門吵,後來在馮家就公開化了。父親在兩難中受折磨,只能打自己的耳光出氣,離家住廠裡去了。剩下母親和奶奶、大伯對峙。

母親提出:「大伯這麼多年在祥順記車行賺的錢,從來沒

有按股份給我們分紅過，你們可以吃老本呀。」奶奶無語，大伯低下頭，雙手捂臉。

母親據理力爭：「贍養老人天經地義，但餓著我的孩子貼大伯錢不行！」

奶奶翻舊帳：「不是我們馮家當初借你許家一千大洋，哪有許家今天，現在你們許家都是國家職工，條件好了，做人不能沒良心。」

母親一時語塞。這幾年，母親上工人夜校，學過階級鬥爭的理論，想到自己是工人階級，於是理直氣壯地說：「現在解放了，消滅剝削，大伯拿我們的錢就是剝削，你們還想過資產階級的生活嗎？我們找政府評理去！」大伯頓時落荒而逃。

剩下母親和奶奶兩個女人在鬥爭，其實這是兩個母親的鬥爭，本質上是一種護犢之爭，當自己孩子的生存受到威脅的時候她們會以命相搏。

奶奶不滿意母親把家庭問題上升到階級鬥爭的高度，她不明白一個家庭裡的成員為什麼要分到兩個不同的階級陣營去？自己的兒子當工人階級她沒意見，兒媳婦從十三歲就替家裡收租，不是一個小地主婆嗎？怎麼也變成工人階級了？奶奶不能接受婆媳之爭變成階級之爭。於是，奶奶說：「你不剝削？你要找政府評理？去就去！」其實母親被劃分為工人階級，她也是心虛的，找政府評理會不會重新劃分階級？最終，母親敗下陣來。

抗爭無果，母親便拿剪刀刺向自己的喉嚨，所幸搶救及時。母親從醫院出來後，派出所參與調解，這貼了大伯兩年的

每月十元就結束了。

大伯家缺了這十元，日子還真過不下去。大伯看門工資每月四十元，大伯母沒有工作，家中有兩個兒子和一個女兒，生活遠比我家困難。然而，人沒了退路，倒換來了置之死地而後生。

大伯母在里弄委員會的幫助下，去街道工廠領手工活回來做，有時糊火柴盒；有時糊航空信封；有時拆紗頭，把針織布下腳料拆成紗頭供機床廠用；有時去飯店，領蝦回來剝蝦仁。這種活雖然薄利，好在拿回家後，大人小孩有空都可以做。我們兄妹幾個也常幫忙做。

大伯母還在家門口擺了一個小人書攤，即連環畫，放幾張小凳子，小孩放學都喜歡過來看書，一毛錢可以看半天。我們男孩最喜歡的是《三國演義》、《水滸傳》、《楊家將》，看完後便學著「桃園三結義」結拜兄弟，燒香磕頭。也按《水滸傳》裡的好漢排座次，雖然湊不夠一百單八將，但是，武松、林沖、魯智深、花榮、宋江、吳用，是不夠分的。

有了原始積累，大伯家又買了三個康樂球臺，同樣擺在弄堂裡。五分錢玩一盤，可以兩個人玩，也可以三個人、四個人玩，誰輸誰付錢。這是中學生和大人玩的遊戲，偶爾沒有客人時，我們也可以站在凳子上玩，所以，我從小球藝很高，許多高難度的槍法，如薄彈、自拉洞、三角彈，我都出眾。當然，玩也要付代價的，就是多幫大伯家做手工活。

我還有一個重要任務就是每天下午帶著弟妹去菜場撿菜皮，從菜場扔掉的黃的、爛的菜葉上撕下好的部分，還撿回菜場扔掉的花菜葉子、蘿蔔葉子、萵筍葉子、芹菜葉子，這樣母

親就可以省下買菜的錢。

　　大伯家的女兒，我的堂妹金孩兒四歲，和我的小妹一樣大，也跟著我去菜場撿菜皮。她們兩個都是家裡最小的孩子，吃飯搶不過哥姐，餓了就去菜場找東西吃。

　　一九五九年的夏天，正是番茄上市的季節，小妹和金孩兒每天都去菜場吃垃圾筐裡飛滿蒼蠅的爛番茄，終於有一天，兩個人得了急性菌痢，上吐下瀉，倒在了菜場的垃圾筐邊，菜場員工來叫家人。

　　小妹和金孩兒送進地段醫院搶救的時候，瞳孔已經放大，沒了意識，醫生說沒希望了，送來太晚了。母親和大伯母懇求醫生死馬當活馬醫，兩家人都在急診室外等消息，直到第二天上午，醫生走出來說：「活了一個，你們進去看一下吧。」母親和大伯母衝進去，立刻就聽到大伯母發瘋的哭喊聲。

　　大伯母哭昏過去，被黃包車拉回了家。大伯沒有哭，也沒有說話，只是在客堂間的椅子上坐了三天三夜，像雕塑一樣。奶奶就在觀音菩薩前跪哭。

　　小妹在醫院裡住了一個月，幾度病危。

　　大殮這一天，石庫門房子的客堂間，兩條長凳上擱著一口小的白皮薄棺材，堂妹金孩兒穿了一件新的連衣裙躺在裡邊，奶奶給她脖子上戴了一個小金鎖。棺材後的供桌上除了香燭，還有兩碟糕團，有金團、雙釀團、條頭糕、薄荷糕、赤豆糕。大伯母說，金孩兒老是趴在糕團店的玻璃櫥窗前看，卻一次也沒有吃過。

　　這些糕團也是我們平時吃不到的，我和弟妹、堂兄弟都圍

在邊上。我雖然知道金孩兒死了，但是對死並沒有概念，總覺得她明天就起來了，所以並不難過。我只是看著這些糕團，心裡想著，根據糕團的數量，我怎麼也可以分到一個，我在盤算著要爭取一個雙釀團。

不料，大伯母把兩碟糕團分別用布包了，放在金孩兒頭的兩側，說：「金孩兒啊，你吃飽了走！」殯儀館的仵工把大伯母拉開，釘上棺材板。

我惋惜地目送著四個抬棺人把金孩兒抬走了。

送走了金孩兒，大伯母一屁股坐在弄堂的地上，哭啞了的嗓子像母狼一樣衝天嚎叫著。當離婚不成，她就知道無法養活自己的孩子，剝奪了資產的資產階級，也同時剝奪了生存的權利。

十四、文革爆發

　　饑荒年代的日子猶如我看到的長在石庫門房子山牆縫裡的一棵小樹，幾次就要枯死了，下了幾滴雨，又活過來了。馮家和許家，這種夾縫裡求生的日子，到了文化大革命也被澈底摧毀了。

　　文革爆發，我初三臨近畢業。

　　一九六六年六月一日，《人民日報》發表的一篇社論〈橫掃一切牛鬼蛇神〉點燃了燎原之火，神州大地就像一片乾枯的草原，一點就著，人們開始了一場瘋狂地破壞社會的行動。大街上拉起「橫掃一切牛鬼蛇神」的紅布橫幅，牆上貼著「破四舊，立四新」和「革命無罪，造反有理」的紅紙條幅。

　　廟宇、菩薩、古蹟被砸，廢墟中飄散出的塵埃遮天蔽日，就像戰爭降臨，令人發狂。抄家出來的舊物堆在馬路上燃燒，空氣中瀰漫的焦糊味經久不散，就像節日鞭炮的硫磺味令人亢奮。

　　在這樣的環境中，有的人膽戰心驚，有的人欣喜若狂，我是後一種人。我在共產黨的宣傳教育下長大，內心建功立業的人生抱負和為共產主義獻身的一腔熱血被文革的火種點燃了，我就是一個被灌滿了火藥的鞭炮。我感覺大革命時代來臨了，好像穿越到了五四運動、北伐戰爭那種改變歷史的時刻。

　　我參加了紅衛兵，我們這派紅衛兵叫紅衛兵上海市革命造反委員會，簡稱「紅反會」，十幾萬人。有上海市總部和區分

部，市總部的司令是我的偶像，大同中學的范景榮，我是區分部的司令，手下有五百多人。

我就像電影裡五四青年一樣，帶著人到處散發傳單，在城隍廟、外灘設立講臺，我拿著擴音筒上臺演講，發動群眾，消滅封資修，打倒帝修反。號召人民破除幾千年來一切剝削階級所造成的毒害人民的舊思想、舊文化、舊風俗、舊習慣。

我們在馬路上設卡，剪小褲腳，剃阿飛頭，鉸火箭鞋，竟沒有遇到一個敢於反抗的人。剪刀一旦賦予革命的含義，就變成了一把尚方寶劍。

中國人的革命，就喜歡拿人民的頭腳做文章，這是有歷史傳統的，就像清兵入關規定的男人「留頭不留髮，留髮不留頭」，就像歷朝規定的女人必須裹腳。但是，當時我並沒有覺得荒唐。

我把革命當真了，我以為只要砸爛一個舊世界就能建立一個嶄新的自由平等的世界，革命就成功了。

我成了一個職業革命家，從此不回家了。我身穿四兜舊軍裝，戴著軍帽，腰繫掌寬的牛皮銅扣武裝皮帶，臂套鮮紅的紅衛兵袖章。「紅衛兵」三個黃字是毛體草書繁體字，龍飛鳳舞，氣勢磅礡。我走到哪裡，身後都跟著幾十個紅衛兵。我們需要一個辦公地點，找到了華山路一處庭院深深的花園洋房。

我們敲開了洋房的大鐵門，傭人把我們引進大客廳，已經上了年紀的資本家和太太站作一排，垂手低頭，顯得很有修養。

老資本家解放前是一家紗廠的老闆，共產黨遊說他留在大陸，說人民政府會保護民族資本家，他信了。公私合營後，紗

廠雖然國有了，但是，由於當初紗廠的廠房設備投入巨大，老資本家一直拿著不菲的定息。文化大革命一開始，全國的定息都取消了。老資本家，現在就剩這唯一的洋房了。

我站在紅衛兵隊伍的前列，身旁有兩個副手。我遞上一份紅衛兵上海市革命造反委員會一號令的文本，上面赫然蓋著碗口大的紅印章，和中華人民共和國國務院的印章一樣威嚴。我說：「根據紅衛兵上海市革命造反委員會的決定，我們借用你的房子做司令部，請你們在三天之內搬出該房屋。我們將遵守黨的三大紀律八項注意，保護民宅。」

老資本家跨前一步，雙手接過文本，並鞠了一個躬。我感覺當時的場面有點像聯軍接受日本軍投降的儀式。

我們在洋房大鐵門的牆邊插上了我們這派紅衛兵的軍旗，和分區司令部的銅牌，這樣其他紅衛兵就不會來搶占地盤。當時上海的紅衛兵組織多如牛毛，哪怕三個人也可以掛牌起事，我們這一派是上海紅衛兵中第二大組織，上海最大的紅衛兵組織是「紅革會」。

這棟歐式洋房的洛可哥裝飾的奢華氣勢把我震撼了，卷拱門廊、羅密歐陽臺、漢白玉羅馬柱，尤其是超高天花板上的宗教彩繪。這是我第一次近距離接觸歐式洋房的建築，建築之美和藝術之美不容褻瀆的衝動油然而生。我要求紅衛兵不准破壞洋房的任何東西，包括花園的一草一木。這一刻，在我的心裡埋下了洋房情結，也留住了人性的底線。

老資本家去了湖州老家，兩年以後，我們歸還洋房的時候，老資本家千恩萬謝，我們只在洋房碩大的客廳裡辦公，沒

有進入房間。他不但避免了被批鬥，避免了被抄家，還避免了房屋損壞，要是其他紅衛兵組織進來一定不是這樣。

不久，我帶領一批紅衛兵去北京串聯、取經，到各大院校抄革命大字報。

一九六六年八月十八日，是我終生難忘的一天。聽說毛主席要接見紅衛兵，我們一夜沒睡，等候在天安門廣場。

凌晨五點，也是一夜未眠的毛主席登上天安門城樓。毛主席也緊張，他能否重新掌握業已旁落的大權，利用人民的力量來掀翻中國的赫魯雪夫就在此一舉。毛主席說，要接受蘇聯的教訓，在蘇聯直接見過列寧的人太少，後來把列寧主義丟了，和這不無關係。毛主席要接見紅衛兵，並且多次接見，要同幾千萬人直接見面，製造個人崇拜，這是毛主席獨有的魄力。

天剛濛濛亮，毛主席說到廣場上去，到群眾中去。毛主席從金水橋走下來，經過瞬息震驚、沉寂，人群沸騰起來了。在金水橋前是北師大紅衛兵，還有北大、清華紅衛兵，大都是高幹子弟。

毛主席置身於百萬紅衛兵的海洋中，一揮手，中國為之瘋狂。

我離毛主席只有幾米遠，毛主席就在眼前，這是偉大領袖，是革命導師，不，是神！我和所有的紅衛兵一樣，哭泣、跳躍、狂呼。

從這一刻起我就是毛主席的戰士，為毛主席而生，為毛主席而死，對毛主席赤膽忠心，赴湯蹈火，誰反對毛主席誰就是我的敵人。

從這一刻起我覺得世上父母不親、奶奶不親、外婆不親，只有毛主席最親。

朝聖回來，我像拿到聖旨一樣，根據中央文革的指示，在各學校揭開階級鬥爭蓋子，揪出隱藏在革命隊伍中的反革命分子。經過分析，我們學校的張校長就是資產階級教育路線的代表，教導處李主任有親戚在臺灣和香港，很可能就是潛伏特務。

我在體育館組織了一千多人的批鬥大會，把張校長和李主任押上臺，戴上高帽。我站在主席臺的中央，掌握會議，先由我做動員報告，再由老師、同學上臺揭發張校長和李主任的罪狀，還要適時引導大家呼喊口號：「打倒張大成！打倒李一帆！」「誓死捍衛毛主席的革命路線！」「將無產階級文化大革命進行到底！」

會議結束後，我帶領紅衛兵去李主任家抄家，翻箱倒櫃，力圖搜出國外的信件，或者密碼信、微型膠捲之類的證據。最後撬開地板、割開席夢思還是一無所獲。

李主任四十多歲，高個子，頭頂的中路已禿，左邊的幾縷頭髮蓋過中路貼住右邊，總穿一件海富絨領子的咖啡色空軍夾克衫。

李主任哭喪著臉對我們說：「革命小將，不要翻了，我家真的沒有國外的信件啊⋯⋯」「不可能！」我斬釘截鐵地打斷他的話，「是不是你已經燒掉了？你平時不是總說國外寄東西來嗎？」李主任哭了出來，又急著分辯：「有寄過衣服，但是，沒，沒有信件⋯⋯」李主任泣不成聲，左邊的頭髮向前掛了下來，蓋住了半邊臉龐。我心軟了，開始懷疑自己的行為，

文革開始前，我是中隊長，李主任很器重我，我們幾乎成了忘年交。看著風度翩翩的李主任被折磨成這樣，完全喪失了做人的尊嚴，我沉默了。其他紅衛兵上來按下他的頭，大叫：「老實交代，不要想蒙混過關！」李主任一下子跪倒在地上，嚎啕大哭，眼淚、鼻涕和掛下來的頭髮黏在一起，歇斯底里喊道：「革命同學，你們還不知道我嗎？」他把「嗎」聲抖動著拉得很長很長。我的眼淚奪眶而出，側過頭去。但轉念一想：「革命豈能有仁慈之心，我的這種小資產階級思想要不得。」我拿下軍帽擦了一下臉，下令道：「明天再審，讓他好好想一想。」

我已經有幾個月沒有回家了，今天的流淚，雖然只有幾秒鐘，卻觸動到了心底的柔弱處，竟有點傷感。突然想母親了，便打電話到北蘇州路石庫門家，奶奶說母親去外婆家了。

當我一身戎裝出現在許家面前時，雙方都愣住了。

母親、外婆、小姨抱作一團，瑟瑟發抖。家裡一片狼藉，就像遭到了搶劫，箱櫃的衣服、打碎的花瓶、踩扁的銀器，扔了一地。母親她們一開始以為又來了一批紅衛兵，當認出是我，剛一起身又坐下了。也許，她們不知道我是什麼角色，呆呆地看著我。

我走進屋，扶起倒在地上的桌椅，震怒道：「誰他媽弄的？」母親突然衝過來，拚命把我推出去：「家裡的事，你別管！」

我被關在門外，一片茫然。

我不知道，如果我早回來碰到別的紅衛兵在抄我的家，我是支持他們還是阻止他們？我也不知道，如果母親看到我也在

抄別人的家，會支持我還是阻止我？

我聽鄰居說，這是附近紅光中學的紅衛兵來抄的家，並且把外婆和大舅拖到門口批鬥了。

我心裡雖然震驚，但是，很快就想通了，我是毛主席的革命戰士，我是紅衛兵，外婆是地主婆，大舅是資本家，他們理應受到抄家和批鬥，這是兩個階級的鬥爭，革命就不能徇私情，我支持其他紅衛兵的革命行動。

我回到了分區司令部，依然忙著革命，尋找階級敵人，採取革命行動。

華美服裝廠在復興東路、阜民路一帶是有名的，都知道有資本家大舅和逃亡地主外婆住在這裡，紅光中學的紅衛兵發現一個家庭集資本家和地主階級於一身，顯然是一個大目標。想著大舅和外婆還沒有批倒批臭，決定組織一場大型批鬥會。

紅光中學來了四五十個紅衛兵，把大舅、大舅母、外婆拖到街上，大舅脖子上掛著「打倒反動資本家許學魁」，外婆脖子上掛著「打倒逃亡地主姚惠芬」，名字上用紅筆打了三個×，大舅母沒有掛牌，屬於陪鬥。

牌子比人體寬，雖然是紙板做的，但是，通過一根細鐵絲掛在脖子上，會勒進肉裡，大舅和外婆只能用手托著。

有紅衛兵頭領站在凳子上，拿著擴音筒演講，說：「地主和資本家剝削和欺壓人民，共產黨領導人民翻身當主人，但是地主、資本家人還在，心不死，時刻想復辟他們失去的天堂，我們答應嗎？」紅衛兵群體同時高呼：「不答應！」

紅衛兵頭領繼續演講，說：「毛主席親自發動史無前例的

文化大革命，打倒一切地富反壞右，橫掃一切牛鬼蛇神，就是要讓我們的紅色江山千秋萬代永不變色，我們要緊跟偉大領袖毛主席，將文化大革命進行到底。無產階級文化大革命萬歲！」

紅衛兵群體高呼：「無產階級文化大革命萬歲！」同時把捲起袖子的拳頭伸向天空，像一片剛發出的黃豆芽。

圍觀的群眾裡三層、外三層，把馬路堵得水泄不通。這一天父親、母親不在現場，但是小舅在家，眼看大舅和外婆被拉出去批鬥，面對虎狼之師，也束手無策，只能在邊上圍觀。

批鬥會時間一長，外婆就挺不住了，便直起腰，把牌子貼著前胸，緩解一下腰和脖子受力。立刻就有紅衛兵上前按下外婆的頭，喊道：「老實點！不許亂說亂動。」

小舅在底下看得真切，突然大喊一聲：「冊那個娘！我跟你拚了。」如猛虎撲食般把這個紅衛兵撲倒在地，雙手使勁掐住他的脖子，想掐死他。

紅衛兵短暫混亂後，七八個人把小舅拉開，圍著小舅拳打腳踢，用帶銅扣的武裝皮帶抽，用凳子砸，不一會兒，就把小舅打成了個血人。大舅一看，小舅會被打死，這和以前同安徽幫械鬥不同，現在幾十比一，只能求饒，上去拉紅衛兵，說：「不要打了，要出人命的，我們認罪，我們接受批鬥……」

1966年6月，文革爆發，我當紅衛兵司令。

十五、老九枉死

　　這次街頭批鬥會一開始，我方紅衛兵就得到了消息，我知道來者不善，我不怕他們對許家正常的抄家、批鬥，就怕他們不講政策亂來。我更擔心我的父親、母親如果在場也被拉去批鬥，我需要告訴他們紅衛兵，我的父母是工人階級。

　　我帶了五十多個紅衛兵前往現場，當我趕到時，正好看到最後一幕，小舅已經處於昏迷狀態，大舅蹲在牆角雙手抱頭，外婆跌倒在地，大舅母護著外婆。我來不及考慮，就衝上去阻止他們打人。

　　紅光中學的紅衛兵一看我們的袖章就知道我們是「紅反會」的紅衛兵，紛紛喊道：「你們『紅反會』在保護誰？」「『紅反會』是保皇派！」我們一方的紅衛兵也高呼：「要文鬥不要武鬥！」

　　雙方糾纏在一起，一邊喊一邊推搡，終於動起手來，男的和男的打，女的和女的打。男的打法是揮拳、踹腳、抱摔，女的打法是拉頭髮、扯衣服、咬人。由於雙方事先都沒有準備，武鬥中沒有動用棍棒凶器，所以多是皮外傷，沒有出人命。唯一的武器就是武裝皮帶，但用力過度也會甩及自身，殺傷力有限。

　　當時公檢法已經癱瘓，沒有人能出來制止武鬥。我們在武鬥中漸占上風，紅光中學的紅衛兵且戰且退，我決定窮寇莫追，且戰且止。

紅光中學的這一派紅衛兵屬於上海市紅衛兵第三司令部，因為北京有個「紅三司」，所以，上海就簡稱「上三司」。「上三司」很快就知道了我和許家的關係，便和「紅反會」總部聯繫，要揪出我這個紅衛兵隊伍中的叛徒。

　　「紅反會」和「上三司」兩派的總部高層在大同中學的會議室召開協調會，並請來了北京清華井岡山紅衛兵的代表譚衛東參加。我作為當事人也列席了會議，聽候發落。

　　「上三司」的代表發言說：「這是一次破壞文化大革命的嚴重政治事件。」說我是「地主階級的狗崽子，資本家的孝子賢孫」，要把我清理出紅衛兵隊伍。

　　「紅反會」的代表發言說：「政策和策略是黨的生命。」說小舅是工人，說我「阻止毆打工人階級是正當行為」。

　　清華井岡山紅衛兵的代表譚衛東發言說：「文革十六條指出，『當前開展的無產階級文化大革命是一場觸及人們靈魂的大革命』，而不是觸及肉體的革命。」說：「你們雙方紅衛兵要團結一致，將運動引向深入。」

　　幸虧我的家庭出身是工人階級，加上「紅反會」總部對我的偏袒和清華井岡山代表譚衛東的和稀泥，這次政治事件也就不了了之。

　　「紅反會」總部偏袒我也是必然的。紅衛兵組織的「將」在招兵買馬，擴展山頭，「兵」也在尋找靠山、扯虎皮、拉大旗。上海的各紅衛兵組織都在擴充實力，搶占地盤，想成為主導力量，就像當年紅軍的紅一方面軍、紅二方面軍、紅四方面軍情況一樣。上海的紅衛兵組織背後其實有北京紅衛兵的影

子，任何革命背後都有一雙隱形的手。

當年紅衛兵的思想是極其單純的，紅衛兵組織完全沒有經費，不發工資，不發補貼，沒有一分錢的經濟利益，靠的是革命信仰。紅衛兵區分部下面也有班、排、連，活動通知都是口口傳達，命令下達，只需像一粒石子扔進水裡，激起的漣漪很快就擴散到池塘的每個角落。

參加紅衛兵的條件是很苛刻的，甚至比參軍嚴格，要政審，首先成分必須是紅五類，要品行端正，還要有介紹人，當然第一條就是要忠於毛主席，忠於無產階級革命司令部。紅衛兵組織中有三分之一是女的，都是敢於和舊世界決裂的闖將，這些人日後就成了野遍世界的中國大媽。

紅衛兵出去抄家，也有嚴格的紀律，抄家物資逐級上交，我沒聽說過有人私匿的。抄家物資交到紅衛兵總部就沒有地方上交了，只能建立倉庫保管，但是沒有專人管理，時間一長，也會被社會上的宵小竊走。

紅衛兵給中國社會造成的破壞是巨大的，但是，這群十幾二十歲的天真的學生完全是被人利用的，他們不聽父母的話，不聽老師的話，只聽毛主席的話，他們的每一步行動都是緊跟中央文革的指示，指到哪打到哪。

紅衛兵是中華人民共和國歷史上最單純的一代人，單純到只求付出，不求回報。單純到燃燒了自己的青春和毀了自己的一生，卻不聲不響地承擔著歷史的罪責和承受著被社會拋棄的痛苦。中國以後還會有文化大革命，但是，單純的紅衛兵不會再有！

這次兩派紅衛兵武鬥也是由小舅先動手打人引起的，但是，和上次引起跟安徽幫械鬥是有本質的不同，有哪個血性男人看到自己的母親被人欺壓而不以命相搏呢？而我看到自己的舅舅被打能無動於衷嗎？可恨的是小舅一直到老，還多次把我拖進打架的漩渦。

這以後，許家人再也沒有受到紅衛兵的衝擊，大舅和小舅的傷也慢慢養好了。一天，外婆突然說：「哎，姚老九怎麼好久沒有來了？」

姚老九這一生最大的喜好就是搞女人。年少時，在富安鎮就把人家安豐鎮大地主的女兒肚子搞大，被擄了去，幸虧姚老八捨命把他救出來。一九四七年，外婆一家人逃亡到上海，大舅從擺攤開始一直到創辦了華美服裝廠。才站穩腳跟，外婆立刻就把自己最小的弟弟姚老九帶到上海，讓他在華美服裝廠當廚師。一九五七年公私合營，姚老九成了中華服裝廠的廚師。一九五八年，因為和小舅打了李宗寶，從中華服裝廠調到小南門的全泰鞋帽公司繼續做廚師，也是因為搞女人，鬧出風波，又調到服裝學校當廚師。姚老九已經離婚三次，沒有女人能夠忍受他頻繁地出軌。但是，姚老九並非一無是處，他對自己的姐姐就像對母親一樣孝敬，每個禮拜都要燒些小菜送來給外婆吃，十年如一日。

外婆一算，姚老九已經一個多月沒有上門來了，現在是動亂年代，外婆有些不放心，就叫小舅去服裝學校找姚老九，可是紅衛兵不讓進，要介紹信。姚老九是我的舅爺，母親來找我幫忙，我就開了一張「紅反會」的外調介紹信親自去了服裝學校。

一個女紅衛兵接待了我，姚老九的名字叫姚惠來，我說來調查姚惠來，女紅衛兵一驚，說：「姚惠來？早死了！」「怎麼死的？」女紅衛兵一揮手說：「畏罪自殺。」說著立起身，警惕地問：「你瞭解他幹什麼？你是他什麼人？」我自然不能說他是我的舅爺，強顏一笑說：「哦，我們學校有一個老師是特務，據交代解放前和姚惠來有過交集，我是來取證的。」

　　我和女紅衛兵聊起當前文化大革命的形勢和中央文革的最新指示，兜了一大圈，才回到姚老九身上，女紅衛兵說：「他死了，你們也瞭解不到情況了。」然後，我從她的嘴裡斷斷續續瞭解到姚老九的故事。

　　姚老九在服裝學校喜歡一個女老師，每次給她打菜都是勺子滿滿的，一來二去，兩個人話就多了。姚老九愛吹噓，有一次談到以前的經歷，就說了哥哥姚老八是青幫的頭目，他跟著哥哥混過上海灘，見過杜月笙。文革開始，這個女老師參加了造反派，揭發姚老九解放前是青幫的頭目。服裝學校的紅衛兵就當一個大案來辦，一定要姚老九交代在青幫的罪行，交代他和杜月笙的關係。姚老九哪裡參加過青幫？打了幾天都交代不出來，紅衛兵就把他關在樓上的教室裡，鎖了門，半個月吊著連續拷打，沒飯吃，沒水喝，沒澡洗，不讓上廁所，只能拉在褲襠裡。姚老九實在無法忍受，就從四樓窗戶跳了下去。

　　姚老九死後，紅衛兵打電話給火葬場，火葬場太忙，隔了兩天才拉走。以後的事情，女紅衛兵也不知道了，我問是哪天拉去火葬場的，女紅衛兵怎麼也想不起是哪天。

　　我回家彙報了姚老九的事，許家眾人大哭了一場，外婆向

我連連作揖，要我好事做到底，去火葬場拿回姚老九的骨灰，因為除了我沒人能去。

火葬場已經由工人造反派接管。在業務辦公室裡，我出示了「紅反會」的介紹信，造反派頭頭接待了我。我說找姚惠來的骨灰，頭頭把登記簿翻了兩遍，說沒有，連姓姚的也沒有。我說是服裝學校的，頭頭說：「我們只登記死者名字，不登記單位的。」頭頭問我是幾月幾日拉來的，我說：「不確定，大約一個月前吧。」

頭頭表示沒法查，自己點一支煙坐到沙發上去了。「哦，對了，」我突然說，「這個人是跳樓自殺的！」頭頭把吸了一半的煙隨著話語一起吐出來：「跳樓自殺？最近天天都有。」我想了一會兒說：「這個人是個廚師，穿白大褂的。」頭頭似有所悟道：「有了！」又走到桌子上翻登記簿，說：「登記名字是青幫，紅衛兵報的。」我急忙說：「對，是青幫，骨灰在哪？」頭頭說：「沒了，牛鬼蛇神的骨灰我們是不留的。」

我知道沒必要再說了，臨走，我看了一眼頭頭臂上的紅袖章，上面印著上海市工人革命造反總司令部的黃字，這是王洪文的隊伍，我翹起大拇指說：「呵！工總司。」頭頭扭頭看了一下自己的紅袖章，驕傲地點了點頭。

我說：「你們火葬場也造反？造死人的反？」頭頭說：「你說得對，我們就是要造資產階級死人的反，牛鬼蛇神直接挫骨揚灰。」頭頭繼續說：「我們火葬場堅決執行毛主席的無產階級革命路線。」

我來興趣了，想跟他聊聊，說：「那以前火葬場執行的是

資產階級路線咯？」頭頭說：「是啊！以前火葬場是四舊的重災區，大搞資產階級封建迷信活動，什麼燒紙錢、燒錫箔、放哀樂、做道場、摔碗、招魂、跨火……，現在都不許搞了，開追悼會一律讀《毛主席語錄》。」

「啊？」我失聲道，「死人的事也有最高指示嗎？」

頭頭不以為然道：「太有了，比如，毛主席說：『人總是要死的，但死的意義有不同。中國古時候有個文學家叫做司馬遷的說過：「人固有一死，或重於泰山，或輕於鴻毛。」為人民利益而死，就比泰山還重；替法西斯賣力，替剝削人民和壓迫人民的人而去死，就比鴻毛還輕。』」

頭頭歇了口氣繼續說：「毛主席又說：『要奮鬥就會有犧牲，死人的事是經常發生的。但是我們想到人民的利益，想到大多數人民的痛苦，我們為人民而死，就是死得其所。』」

頭頭嚥了口唾沫還在說：「毛主席說：『今後我們的隊伍裡，不管死了誰，不管是炊事員，是戰士，只要他是做過一些有益的工作的，我們都要給他們送葬，開追悼會……』」

我驚歎道：「隔行如隔山哪！你掌握的毛澤東思想真多啊！」頭頭還在賣弄：「毛主席說：『生得偉大，死得光榮。……』『以身殉志，不亦偉乎！……』」頭頭可能平時接觸死人多，講話機會不多，見到我，說了不願停。我向他敬了個軍禮道：「向工人階級學習！向工人階級致敬！」他這才停下了，還了我一個猴招手的敬禮。

許家人聽了我說的經過嚇得面如土色，人命賤如狗，生怕下一個就會輪到自己一樣，難免兔死狐悲。只有外婆說：「我

就說過，他早晚死在女人手裡。」

　　外婆的劫難還沒有完。李宗寶參加了中華服裝廠的工人造反派，戴上了紅袖章，他揭發外婆是逃亡地主，是混入工人隊伍中的階級異己分子。又揭發外婆利用做軍裝的零頭布幫我做小軍帽，利用碎棉花幫我做小棉襖，是侵吞國家財產，是破壞抗美援朝。外婆被戴上了高帽子，拉上臺批鬥，接著被開除了公職，停發了工資。根據上海市工人革命造反總司令部的規定，地主分子不能留在上海，一律註銷上海戶口，遣返原籍。

十六、末日浩劫

中華服裝廠的一男一女兩個造反派戰士把外婆押回原籍小東河，外婆這一年六十七歲，自逃離小東河已經整整二十年了，這期間，外婆一直沒有回去過。二十年前外婆從屋後的小河出發，小船換中船，中船換大船，用了三天三夜到達上海十六鋪。這回從十六鋪出發坐長江「東方紅號」客輪到南通，再換長途汽車，一夜一天可以到達小東河。

雖然時間縮短了很多，但是行程卻更加艱難。在客輪上，造反派睡的是三等艙，一個房間有四張床，外婆睡的是統艙，在甲板上，發一條席子，沒有被子、枕頭，四處通風。在長途汽車上，只能盤腿坐在過道上，有座也不能坐，對地主實行無產階級專政。下了車要走五華里的田間路，外婆是小腳，腳趾間都磨出了血，到後來只能爬行。要是小舅看到，肯定得殺人。

外婆上次是逃出來的，這次是押回去的，不，是爬回去的。外婆後來說，她在爬的時候，聞到自己家土地的味道，她情願馬上死，就地埋了，也比姚老九強百倍，雖然沒有家人在身邊，但是她有祖宗陪著。

全國山河一片紅，小東河也搞文化大革命，成立了小東村革命委員會，許學禮是造反派頭頭，一看自己的嬸娘被遣返回來，並且弄成這個慘相，說要調查一下，支走了造反派，馬上安頓了外婆，進行療傷。

小東河的泥土還是一樣的黑，河水還是一樣的清，麥苗還是一樣的綠，只是茅草屋的土坯牆上畫著的毛主席頭像，和電線杆上高音喇叭播放的〈大海航行靠舵手〉歌曲中可以看出時代的變遷。

　　許學禮問外婆要不要回小東河，外婆說不願意。第三天，許學禮就對兩個造反派戰士說，不接受外婆，出公函說地主是許子見，外婆在小東河沒有民憤，拒絕接受遣返。

　　中華服裝廠兩個造反派戰士又把外婆押到富安鎮——外婆的出生地。富安鎮革命委員會的造反派頭頭是東吳家的人，姚二姐的兒子，自然不會接受遣返外婆。出了公函說外婆不是富安鎮人，不接受遣返。兩個造反派戰士事情沒有辦成，氣呼呼地回了上海，把外婆扔下不管了。

　　外婆在富安鎮養傷，但是，這個哺育她長大的富安鎮老街也處處顯出紅色的恐怖。老街還是原來的老街，格局一點沒變，只是以前許家的糧店成了「東風糧店」，姚家麵館成了「工農兵飯店」，東吳家的農具廠變成了「東方紅農具廠」，西吳家的私塾變成了「衛東小學」，劉家銀樓掛上了富安鎮革命造反派司令部的牌子。私產都變成了集體資產，街口拉著「將無產階級文化大革命進行到底」的大紅橫幅。

　　姚大姐死了，姚三姐死了，海安的姚四姐也死了，姚老七死了，姚老八死了，姚老九死了，只剩下生活在東吳家的姚二姐還活著。這裡已經不是她的家，上海有家也不能回，這個世界上沒有她的立身之地。

　　由於小東河和富安鎮都不接受外婆的戶口，所以外婆的戶口

還在上海，兩個月以後，大舅和小舅偷偷地把外婆接回了上海。

和許家相比，馮家在文革中受到的肉體上的打擊並不大。奶奶算什麼成分？爺爺是資本家，但是沒有資本家老婆這個成分，況且，爺爺早死了。大伯做了資本家，但是也沒有資本家母親這個成分。而地主的老婆、地主的母親都是地主婆，都屬於地主成分。當然，奶奶可以說是資產階級，但是資產階級是根據經濟學思想做出的社會階層劃分，是相對於無產階級而存在的。中國只有工人階級成分，沒有無產階級成分，當然也就沒有資產階級成分。所以奶奶的成分是個空白，沒有遭批鬥。

大伯是資本家，難逃批鬥，可大伯已經像條死狗，話都不說一句，精神還不正常，多少獲得人們的同情，所以沒人鬥他。

抄家是避免不了的，奶奶一廂情願地盤算，寧可批鬥，也不要抄家。等到一群紅衛兵衝進家裡的時候，立即把奶奶和大伯趕到天井裡看管起來。父親、母親是工人階級，只能護著自己的家，阻止不了紅衛兵的革命行動，況且他們認為奶奶、大伯不會有什麼東西，都窮了這麼多年了，抄就抄吧。

紅衛兵的抄家是非常專業的，翻箱倒櫃就不說了，剪開枕頭，劃破沙發是常規動作，收音機的裡面，掛鐘的後面都不會放過，天花板有入口的必上，地板縫不積灰的必撬，用食指關節敲牆，憑空腔聲就能找到密室，住宅帶花園的，挖一鍬土就能看出是原土還是填土，就是大海裡的一根針也跑不了。

奶奶藏的東西根本就不用找，就放在床底下的箱子裡的小木匣裡，只是加了幾道鎖，是防家人的。奶奶藏的東西有：二十五根大黃魚、六根小黃魚、銀元、金飾、銀飾、煙槍、鼻煙

壺，結婚時的鳳冠霞帔，還有石庫門房子的房契。大伯家也抄出八根大黃魚。

紅衛兵帶走了金銀，把其他東西都堆在天井裡，一把火燒了，說房契是變天帳，把彩瓷的觀音菩薩也砸了。

這可要了奶奶的命。這些金條是奶奶一輩子的積蓄，是要留給孫子的遺產。這些年，生活再困難也沒有動用，奶奶對兒女這一代已經不抱希望了，她有四個孫子、三個孫女、兩個外孫，只要孫子在，就留住了香火，馮家就有希望，她就對得起爺爺，她希望在孫子這一代能轉變命運。

奶奶的這個想法平時也是有透露的，常常會當著我們幾個孫子的面說：「奶奶以後一定讓你們過好日子，誰叫你們是馮家的後代呢？」只是沒人聽得懂，父親、母親也只當奶奶說癡話。

現在，奶奶的希望破滅了，她要以死來抗議這個世道，奶奶拚盡全力以從未有過的速度衝向石庫門門柱，可是小腳不穩，還沒有碰到門柱就摔倒在地上了，頭沒撞到，臉擦破了，滿臉是血。

父親、母親沒有想到奶奶和大伯藏了這麼多金條，以前還要他們每月貼大伯家十元，母親心裡埋下了對奶奶的不滿，母親私下對父親說這是報應。他們哪裡能體會孫子在奶奶心中的地位，母親一直到自己做了奶奶才體會到奶奶的用心良苦，甚至比奶奶有過之而無不及。

當然，在眼下，父親、母親是心無旁騖地救治奶奶，安撫大伯。母親抱住奶奶一邊替她包紮一邊安慰道：「你不要想不開，錢都是身外之物，這麼多年，沒有它，我們不也過來

了……」這個話聽起來總有點雙關語，母親怕奶奶誤會，趕緊補充說：「我們工資多貼你點，也貼大伯……」

母親覺得這個時候提錢也不合適，又換話題說：「你喜歡的彩瓷觀音菩薩，我保證幫你再去找一個，找更好的……」奶奶心已經死了，眼睛空洞地望天，不說話。母親急了，大叫：「媽！你說句話呀，你不要嚇人呀！」母親說得哭了起來。

奶奶像還了魂，緩緩地說：「拜了一輩子的菩薩，菩薩你哪怕保佑我一次也好啊，結果你連自己都保不住。砸菩薩的人也沒有報應，不信菩薩的人倒活得好好的。不要什麼菩薩了，我都不想活了，還操什麼來世的心，下世做豬做狗都不做人。」

父親就去照應大伯，大伯對抄走的金條一點沒有感覺，或者他早已忘了這筆財富，大伯的精神已經失常，完全不知道痛苦，若無其事地坐在門口的凳子上傻笑。大伯母心疼金條，又哭又跳，看上去大伯沒有瘋，大伯母倒是瘋了。

那個年代，馮家顧不了許家，許家顧不了馮家，孃孃顧不了奶奶，大舅顧不了外婆，我顧不了母親。被革命者瘋了，革命者也瘋了。

時間進入一九六七年，整個國家就瘋掉了，學校停課鬧革命，工廠停工鬧革命。在中央文革的操控下，上海「工總司」和上海紅衛兵組織以及上海市機關造反派聯合起來，在一月八日向上海市委奪權，二月五日成立了「上海人民公社」。上海奪權開始向全國擴散，澈底砸爛舊的國家機器。

社會形勢混亂到不可收拾，我感到迷茫，難道這就是文化

大革命？我沒有人可以探討，就找到孃孃。孃孃當年被打成右派所在小學的學生都升中學了，這些學生沒有忘記孃孃，又把孃孃拖到中學批鬥，孃孃在批鬥中被紅衛兵剃了陰陽頭，一邊有頭髮一邊沒有頭髮，孃孃乾脆把頭剃光，戴了一個尼姑帽。

孃孃把批鬥當成家常便飯，並不在意，見我來了，興致很高，很久沒有和人說話了。孃孃一邊倒茶一邊說：「你是紅衛兵司令，你對文革怎麼看？」

我本想來聽孃孃說的，見問，便先說：「這是一次史無前例的文化大革命，大方向是正確的，但革命不可能完美，總免不了會砸破一些瓶瓶罐罐，引發一些社會問題，不過，我也擔心會不會失控。」在孃孃面前我還是要維護一個紅衛兵的尊嚴，但也說出我的疑惑。

孃孃倒好的茶都忘了拿，走過來指著我說：「你所看到眼前的一場革命是對人類良知的踐踏，不會長久，你的擔心是正確的。不要相信鋼鐵般的表面事實，事實會崩塌。要聽從內心良知的召喚，儘管一時微弱，但會讓我們看到光明和希望。」

我吃驚孃孃竟全盤否定文革，一點沒受到教育，我躲開孃孃的鋒芒，站起來去拿茶，說：「我們要唯物地看問題，『存在即合理。』」

孃孃說：「沒有思想的人才會唯物，看到什麼就認同什麼，上面說什麼就相信什麼。」孃孃拿了一本王陽明的《傳習錄》說：「你讀這本書吧。」我說：「這是中國最大的唯心主義學說，唯心，隨心所欲，不是科學。」

孃孃說：「唯心？你也要有心才行。並不是每個人的內心

都是正確的，讀書越多內心越強大，越接近正確，不讀書的人沒有內心，想唯心都不行，只看事實，沒有判斷，只會被事實迷惑。」

我不得不承認孃孃說的有一定的道理，我陷入沉思，孃孃叫我必須自己獨立思考，不要走得太遠回不來。和孃孃的談話使我產生了彷徨、動搖和痛苦。

我決定到北京去找清華井岡山紅衛兵譚衛東，他上次幫了我，我們之間有過一些思想交流，我把他當大哥哥。譚衛東是清華大學大一學生，他是紅衛兵領袖蒯大富的手下，我想去取到真經。

文革中大串聯坐火車不要錢，拿紅衛兵介紹信到火車站就能領票，火車上都是紅衛兵和工人造反派，擁擠得密不透風，就像沙丁魚罐頭。到了北京，坐公車不要錢，住招待所也不要錢，只要紅衛兵介紹信。到了清華大學，在食堂吃飯更不要錢，隨便吃，當然必須戴紅衛兵袖章。

我所到之處，一片紅火，社會已經脫離了商品交換，真像到了按需分配的共產主義，我又振奮了。

一九六七年二月十九日，譚衛東告訴我，有重大消息，蒯大富將要傳達毛主席的最新指示。會議室裡，坐著幾十個清華井岡山紅衛兵的高層，都是清一色黃軍裝、黃軍帽、紅袖章，軍容威嚴，就是這批人引導著全中國的紅衛兵。

蒯大富興沖沖走進會場，敬軍禮，全體起立，宣讀毛主席二月十八日發出的最高指示：「毛主席說文化大革命『錯誤是百分之一、二、三，百分之九十七都是正確的，誰反對中央文

革，我就堅決反對誰』！」

全場高呼：「毛主席萬歲！」「毛主席萬萬歲！」

蒯大富接下來介紹了二月逆流的路線鬥爭背景，布置紅衛兵下一步的戰鬥任務。蒯大富其貌不揚，但精幹睿智，講話鏗鏘有力，輔以手勢，頗具列寧的風采。

我的腦子裡剛開始的一點獨立思考被毛主席的最新指示沖得一乾二淨，我心中才萌發的一絲懷疑變成了深深的自責和懺悔。我認為我這是小資產階級的幼稚病，所以對革命產生了動搖。這是我的家庭帶給我的影響，我的家庭出身貌似工人階級，其實，根本就是出生在一個剝削階級的家庭，我必須對自己進行脫胎換骨的改造。

十七、徒步串聯

　　毛主席說要改造小資產階級的思想必須走到工農兵中去，我產生了一個自虐式的改造想法，獨自一人步行到中國農村去大串聯。我決定從北京出發，走到青島，再從青島坐船回上海。這樣就可以深入河北省和山東省的農村，瞭解和學習貧下中農。

　　我帶了一張地圖，一張介紹我自己到全國各地大串聯的介紹信，從清華大學食堂拿了一書包饅頭，以及從上海出發時帶在身上一直沒有用過的五毛錢，出發了。

　　我途經大興縣、廊坊鎮、楊柳青、靜海縣、黃驊縣、海興縣、無棣縣、陽信縣、利津縣、廣饒縣、濰坊市、高密縣，到達青島，共走了十九天半，沿途每到一個縣、鎮、村，我都到所在地的革命委員會幫我在介紹信上蓋一個通紅的公章，記錄我的革命足跡。

　　我剛走出兩天，就腳底起泡了，我把泡刺破，插一根頭髮進去，防止泡積水，繼續走，舊皮破了出血，長出新皮，才能磨成繭，最後練出了鐵腳板。在寒風中我的嘴唇皸裂、流血、乾枯、死皮，最後嘴唇嚴重角質化。餓了啃凍饅頭，嘴唇的血染在饅頭上，成了人血饅頭。渴了抓把雪吃，沒有雪就砸河冰嚼。我沿著鐵路走，沿著公路走，沿著小路走，沿著田埂走，沿著結冰的小河走。沿途碰到長途汽車我不坐，碰到馬車、牛

車我不坐，純靠兩條腿走。

我穿過野樹林，闖過亂墳崗，走過荒草甸，爬過峻山嶺。晚上我擠過大車店，睡過牛馬棚，躺過廢磚窯，鑽過稻草垛。

我有意要鍛鍊自己革命的意志和強壯的體魄，在無棣縣，我遇到一條兩百米寬的急流大河，氣溫零下五度，主河道尚未結冰，沒有橋，只有渡船，我脫了衣服托渡船帶過河，自己跳進河游到對岸，在冰水裡划動的頻率比平時高出一倍，用了三十分鐘游到對岸，上了岸竟凍得邁不開步，牙齒打顫，頭髮結成了冰碴，等穿上衣服後渾身發燙。

一天傍晚，我走進陽信縣的一個村莊，我找到村革委會，出示介紹信，蓋了公章。革委會頭頭見從北京來了一個紅衛兵，就像見到中央首長一樣，把我領去一戶貧下中農家裡，一邊走一邊說「歡迎紅衛兵小將指導我們革命」，又說：「千萬不要忘記階級鬥爭，你每到一個地方先要問成分，不能住到地富反壞右的家裡，他們會殺害紅衛兵。」

貧下中農是一對中年夫妻，熱情地把我引進屋，家是茅草頂、土坯牆、夯泥地、紙糊窗，屋頂的縫隙能看到星星，家徒四壁，炕桌木板開裂、搖晃，炕上的被子露出棉絮，新的東西只有牆上貼著的一張毛主席的標準像。這樣的住房及不上兩千年前的秦磚漢瓦，只相當於五千年前良渚文化的新石器時代水準。

家有一男一女兩個小孩，怯生生地看著我，小孩臉是黑的，手是黑的，頭髮打結，趿拉著鞋，腳後跟開裂，露出血紅的肉。

中年夫妻把我引上炕，蜷腿坐在炕桌邊吃飯。晚飯是熱騰

騰的高粱米飯，硬如砂石，就著鹹芥菜疙瘩，還不如我書包裡的白麵凍饅頭。可是，我看到兩個小孩吃得狼吞虎嚥，許是餓久了。

我們五個人睡在一張炕上，這是我旅途中少有的幾次脫衣睡覺，野外睡慣了，我反而睡不著。夜裡，小男孩起來尿尿就站在炕頭往地上尿，「嗖嗖」的水聲就在我的耳邊響起。

第二天早上，我臨走拿出五分錢給中年夫妻，我說：「毛主席說的，不拿群眾一針一線。」他們說什麼也不收，一直送我到村頭。我回頭看到村革委會頭頭在稻茬田裡抄近走斜角，一腳深一腳淺地追出來送我，我感覺到了深厚的無產階級革命感情，眼睛濕潤了。

我對自己沒有指導他們村的文化大革命而一走了之感到無比內疚，到下一個村，我就義不容辭了，畢竟他們從來沒有看到過大城市的紅衛兵。

這次，我還是睡在貧下中農家裡，早上太陽已經一丈高了，村民才出來，不是拿著鋤頭下地，而是拿著紅塑皮的《毛主席語錄》，趕去大會堂參加「天天讀」。村道上拉著橫幅：「寧要社會主義的草，不要資本主義的苗。」

大會堂以前是大教堂，人字形山牆上部的圓形彩繪玻璃和頂上的十字架還在，長方形的穀倉式大教堂可以容納兩百多人，長椅排成三個長方陣，椅背帶桌板。背景牆上並排掛著馬、恩、列、斯、毛的照片，前邊有一個立櫃式單人講臺，我懷疑也是教堂舊物。

人員入座後，革委會頭頭開始領讀《毛主席語錄》：「大

家翻到第三十頁，第二段，毛主席說：『凡是錯誤的思想，凡是毒草，凡是牛鬼蛇神，都應該進行批判。……』再翻到第三十五頁，第一段，毛主席說：『下定決心，不怕犧牲，排除萬難，去爭取勝利。』」每個人都低頭看著翻開的《語錄》本，齊聲朗讀，大致齊整。

革委會頭頭對每天選讀的內容都是應時應景的，並把《語錄》本的頁角折好，也是做好備課的。

大教堂的彩繪玻璃透進了繽紛而魔幻的光影，我彷彿看到了多年前人們在此做著天主教的彌撒，誦讀的是《聖經》，今天誦讀的是《語錄》，一樣地虔誠，一樣地誠惶誠恐。

按照彌撒的儀式，誦讀《聖經》後，應該就是神父講道了。

革委會頭頭收起《語錄》說：「今天有紅衛兵從北京來，給我們傳經送寶，給我們帶來毛主席的聲音，大家歡迎！」人們全體回頭看著我，報以熱烈的掌聲。

今天的「講道」由我主持，我迎著注目禮大步流星地走上講臺。文革中我經常在街頭講演，在批判大會上發言，並不怯場，何況面對一群農民。一種歷史賦予我的使命感油然而生，一個革命者應該把發動群眾，尤其是發動廣大的農民群眾，作為自己的天職。

我在臺上講述了最近在中央發生的「二月逆流」反文革事件和毛主席的最新指示，都是批發蒯大富的講話。我敞開衣服，雙手叉腰，手掌時而伸向前方，時而向下做刀劈，我不知不覺地模仿著毛主席在農民運動講習所的講話動作。

臺下的農民似乎聽不懂，瞪大了眼睛。有人問：「為什麼

會有人反對毛主席？為什麼不把他們殺掉？」有人問：「地主、富農已經打倒了，我們還有敵人嗎？」還有人問：「我們什麼時候到共產主義啊？」

我可以對最高深的馬克思主義理論進行釋疑，卻無法回答最幼稚的牛角尖問題，我答所非問地糊弄著。幾年以後，我這個聰明人才領悟到，這群愚蠢人提出的問題竟是一個尖銳的天問！直戳革命理論的虛偽。

徒步串聯中，我對步行的里程是有嚴格規定的，日行五十到一百華里，視乎我是否需要指導當地文化大革命。我的生活是枯燥和艱苦的，但有時候也會碰到有趣的事情，比如參加婚禮。

一天中午，我剛走進高密縣，就碰上了迎親的隊伍。隊伍的前邊是穿著嶄新藍色棉襖的新郎，手捧帶鏡框的毛主席畫像，新郎的兩邊是各三位旗手，紅旗獵獵，新郎的後邊是伴郎手捧《毛選》四卷，用紅綢蝴蝶結捆紮，代替彩禮，再後邊就是鑼鼓隊，鼓樂喧天，浩浩蕩蕩向新娘家湧去。

新娘自動走出來，也是穿著嶄新藍色棉襖，和新郎站在一起就像一對龍鳳雙胞胎。新娘胸戴碗口大的毛主席像章，像個護心鏡，像章的紅釉底是新娘身上唯一的紅妝。旁邊的伴娘手捧毛主席去安源的石膏像，像白色的觀音菩薩瓷像，代替陪嫁。

迎親的隊伍就像一條蜿蜒的長龍，帶著全村人走進村禮堂，其實就是一個簡陋的大棚房。

村革委會主任主持婚禮，主任站在立式話筒前講話：「毛主席教導我們說：『我們都是來自五湖四海，為了一個共同的革命目標，走到一起來了。……一切革命隊伍的人都要互相關

心，互相愛護，互相幫助。』」

　　主任很貼切地背完《語錄》，開始婚禮致詞：「革命同志
們，張狗蛋和王翠花是我們村的貧下中農，今天舉辦革命婚
禮，結成革命伴侶，早生革命後代……」會場上響起喝彩聲。
主任話鋒一轉，說：「但是——我們要想著世界上還有三分之
二的人民生活在水深火熱之中，我們要牢記階級仇、國家恨，
千萬不要忘記階級鬥爭，我們要防止資本主義復辟，反對修正
主義，將無產階級文化大革命進行到底！」

　　主任接著領唱「流行歌曲」，並搖頭晃腦地打著拍子：
「天大地大不如黨的恩情大，爹親娘親不如毛主席親，千好萬
好不如社會主義好，河深海深不如階級友愛深……」男人們唱
得手舞足蹈，女人們唱得熱淚盈眶，連三歲的小孩都唱得聲情
並茂。

　　婚禮進入民俗互動，一群青年男女湧上臺，七手八腳像綁
架一樣給新郎脖子掛上碩大的紅紙牌，上面寫著「走社會主義
道路新郎」，新娘則是「走社會主義道路新娘」。這和批鬥會
掛牌子是一個道理，中國人喜歡這樣確認身分。

　　開始拜堂，新郎、新娘並排，一拜毛主席，二拜革命群
眾，再夫妻對拜，不見天地，沒有父母。此刻，雙方父母混在
人群中無法辨認。

　　開始表演，新郎、新娘並排，手握紅寶書放在胸前，唱
〈東方紅〉，新郎拘謹，新娘羞澀，唱得荒腔走板，底下卻起
鬨：「再來一個！」

　　最後，背誦「老三篇」，新郎背誦〈紀念白求恩〉，新娘

背誦〈為人民服務〉，這是一個漫長的過程，於新人是一種懲罰，於村民是一種折磨，人們終於失去了耐心，露出了本性，底下的嘈雜聲、嬉鬧聲早已淹沒了新人的囈語。

我也沒有聽新人背完「老三篇」，就出門趕路了。

徒步串聯中，我所見所聞五花八門，革命令人振奮，婚禮令人興奮，但給我印象最深刻的卻是一群地主。

山東省的農村，村與村的間隔一般二十華里，在省級地圖上只是兩個最小的圓點，大約要走兩個多小時。兩個圓點之間不顯示路徑，只能遇人便問，一般人都會告訴你大路，還有小路。當目標村莊依稀可見的時候，就剩十華里了。

一天傍晚，下起了雪，依時間應見到的村莊不見了，我迷了路。在不遠的田野裡有一堆人在勞作，我便下了田，徑直走去問路。這個時點還不收工，他們回到村裡應該摸黑了。

約莫七八個人在田裡撒基肥，看上去都有點歲數。有人在牛車上往下卸肥，有人在往簸箕裡裝肥，有人挑擔掛簸箕撒肥。挑擔的人，一根扁擔壓後頸，兩個簸箕掛兩邊，雙手拉繩，三步一顛，基肥均勻、等分、齊整地撒下。挑擔人步姿優美，走出了秧歌味。遠看農田，就如圍棋盤上擺滿了黑子。我不禁歎道：「好把式！」

我正欲上前，一個聲音喝住了我：「幹什麼的？」我尋聲望去，一個略顯年輕的農民站在我側方，頭戴護耳氈帽，雙手插在袖筒裡，臂彎裡豎著一根紅纓槍，槍頭鏽蝕。紅纓槍！農民革命的象徵，人民專政的權杖，我突然明白，這群人是地主、富農，正被監督勞動。

這群人和我看到的農民果然不同，他們的衣服雖然也破也髒，但是，紐扣齊全，沒有腰間繫繩子，他們的臉雖然也有塵土，但是沒有泥垢，可以看出他們曾經有過的生活習慣。這是真的地主，我突然一閃念，有沒有我失蹤的外公，但隨即覺得可笑。

　　戴氈帽的農民提著紅纓槍走過來給我指路，對我說：「千萬不要忘記階級鬥爭，這些地主、富農是危險分子，你不要走近他們。」

　　這群人也看到了我，看到我這個穿著黃軍裝、戴紅袖章的正宗的紅衛兵，並且看到了我警惕的目光，但是，我從他們的眼裡並沒有看到仇恨的冷光。

　　他們像一群被判了死刑的犯人，在等待下不來的執行核准，臉上顯出得過且過的表情。他們像一群屠宰場裡待宰的老牛，眼裡露出絕望無助的眼神。我的心被刺破了，陣陣作疼，我的外公和他們是一樣的人，我的外婆在外邊的眼神也是這樣的。

　　我向他們放出平和的目光，但他們卻沒有收到，他們的眼光一觸即潰，他們不敢挑釁任何人，哪怕是對視，我懊惱他們沒有接收到我後來的目光。

　　雪下大了，天地間渾濁起來，行路也艱難了，我的理智和良知糾纏不清，就像這個天氣一樣。

　　經過十九天半的步行，我到達了青島，憑介紹信在旅館住下，憑紅衛兵袖章在旅館吃飯，我又憑介紹信領了從青島開往上海的三等客輪船票。

　　我已經一個多月沒有和上海紅衛兵組織聯繫，也沒有和家

人聯繫，就像到月球上去了。他們也沒有找我，要找也做不到。那年頭，失蹤、失聯是常事，人命賤，人就麻木。

我的一書包饅頭走不到一半路程就吃光了，後來，我是走到哪吃到哪，吃過農民的高粱米、窩窩頭、山芋、土豆，從沒有餓著，不過，沒有吃過一次雞、鴨、魚、肉。

我從上海帶出去的五毛錢原封不動地帶回了上海。

十八、上山下鄉

　　文革兩年，工廠停工了，學校停課了，該打倒的打倒了，該奪權的奪權了，我感到失去了繼續革命的方向。正在迷茫，毛主席號召知識青年到農村去，又一場史無前例的運動——上山下鄉開始了。

　　毛主席指向哪裡我就奔到哪裡。我要到最遠、最艱苦的地方去，黑龍江生產建設兵團是反修鬥爭的最前線，這正是我可以拋灑熱血，繼續革命的理想地方。

　　我沒有和父母商量，自己報名，很快就得到了批准。

　　臨走的前一天，母親哭紅的雙眼已經腫成了一條縫，一邊幫我整理行裝一邊說：「你怎麼自己就決定走了呢？還去那麼遠，你應該和我們商量的，你要革命，去小東河也可以革命啊，我和你一起去，還能照顧你。」

　　奶奶、外婆也來了。奶奶一進門就嚷嚷：「怎麼發配到那麼遠？都到西伯利亞了！這孩子發什麼神經啊？」

　　外婆上來拉著我的手，抽泣著說：「去這麼遠！你以後怕是看不到我了！」

　　父親低頭坐在床沿不說一句話。

　　我有點傷感，把兩個敵對階級的老太太一手一個摟在懷裡，輕輕地拍打著她們的後背，像哄小孩一樣說：「我去反修前線幹革命，你們不要擔心，我每年有探親假，回來看你

們。」

外婆又說口頭禪：「夢呃！」

奶奶一把甩開我的手說：「你這個孩子，怎講這種呆話。」又指著父親埋怨道：「你也不管管他，這是中了什麼邪啊！」

父親抬起頭說：「我哪裡管得了他呀！」

母親說：「由他去嘔。」

母親拿出五十元，奶奶拿出十元，外婆拿出十元，給我包好了，塞進旅行袋裡。

一九六八年九月十二日，火車從上海北火車站「哐噹」一聲啟動時，月臺上瞬間爆發出震天哭聲，蓋過了火車的汽笛聲，幾千人同聲哭可以上吉尼斯世界紀錄。我沒有讓家人來送，我不忍這種生離死別的場面，弄不好會動搖我的革命信念。只是幾個紅衛兵死黨送我，不但不哭，還嘻嘻哈哈地喧鬧。

火車換卡車，用了三天三夜的時間，我來到了中蘇邊境的黑龍江生產建設兵團二十三團六連，一下車，看到北大荒的荒涼景象，很多青年就哭了。

我們連隊有二三百人，有當地老屯子人，有部隊轉業官兵，有闖關東來的山東人，有盲流來的河南人。最多的還是知青，來自上海、北京、天津、杭州、哈爾濱、佳木斯等各地，五湖四海，匯聚一起。

連長是老職工，指導員是剛轉業的軍人。那年我十九歲，被分配到拖拉機上當駕駛員，師傅是山東人。

我們白天開拖拉機去田間作業，都是機械化操作，廣種薄

收。連隊有農田一萬五千畝，種植小麥、大豆、玉米，一望無際的土地一直延伸到天邊。

晚上在大食堂開會，不是學習毛主席著作，就是學習中央文件，要不就是開批判會。農業是靠天吃飯，要是下一場大雨，就連續開會一個星期。到了冬天，除了伐木、挖農田排水溝，大部分時間也是開會。完全是軍事化的集體生活。

學習毛澤東思想，不是光讀讀《毛選》，要結合實際，開講用會，交流發言。這就要融會貫通，穿鑿附會，叫做活學活用，這可是我的長項。

其實，做任何事情都很容易和學習毛澤東思想掛上鉤，比如開拖拉機牽引犁地機開墾濕地，拖拉機容易陷入，於是在履帶上綁枕木，增加接地面積，我就說成學習了毛主席人定勝天的思想，才想到這個辦法。

農忙收割小麥，連續苦幹幾天，完成了任務，說成在堅持不下去的時候，想起毛主席「一不怕苦，二不怕死」的教導，於是在毛澤東思想的鼓舞下完成了任務。

看到戰友有胃病，我把每人限額的白麵饅頭給他，我吃大碴子，是因為想起了毛主席說的「我們都是來自五湖四海，一切革命隊伍的人都要互相關心，互相愛護」，「毫不利己，專門利人」，於是，思想境界提高了。

甚至半夜醒來，想起母親生病，我想申請探親假回去看她，但學習了《毛主席語錄》「一切以人民利益為重」，做「一個毫無自私自利之心的人」，感到現在農忙是關鍵時刻，我決定放棄探親假，這就是毛澤東思想戰勝了睡夢中的「私」

字一閃念。

還要把鬥私和批修聯繫起來，蘇聯亡我之心不死，我開好拖拉機就是戰鬥在反修鬥爭的第一線，建設邊疆，保衛祖國。我還可以把打更多的糧食，和支援世界革命聯繫起來。

我成了活學活用毛澤東思想的積極分子，上臺發言，巡迴宣講。

改造思想就是要拋棄良知、滅絕人性、自我鞭撻、自我否定。

我到了走火入魔、成瘋成癲的地步，言必冠革命：革命同志、革命工作、革命友誼，就是談戀愛也是革命的戀愛觀。

我連每星期給父親、母親寫信也洋溢著革命熱情。信首必寫：「首先讓我們敬祝偉大領袖毛主席萬壽無疆！」轉行：「親愛的爸爸媽媽，你們好！」轉行；「全國革命形勢一片大好，我在反修鬥爭的前線，在貧下中農的再教育下，思想覺悟有了很大的提高……」；在抒發完革命豪情後，才會帶一句：「媽媽身體好嗎？爸爸工作忙嗎？我在這裡一切都好，勿念。」最後，收尾寫：「致以崇高的革命的敬禮！」

父親、母親回信也按照我的格式，信首是：「敬祝偉大領袖毛主席萬壽無疆！」緊接著問：「你每天吃什麼啊？吃得飽嗎？」再叮囑「幹活不要拚命，身體是革命的本錢」云云。

我雖然被革命沖昏了頭腦，但孝心未泯，還想著家人。

我每月工資三十六元，食堂吃飯不要錢，看病不要錢，衣服、毛巾、牙刷、牙膏也都是上海帶來的，到黑龍江兵團三個月，竟然沒有用過一分錢。我把父母、奶奶、外婆給我的七十

元錢，連同我三個月的工資一百零八元，都寄回了上海，只留下五元在身邊備用。

收到錢後，母親、奶奶、外婆都哭了一場，連父親也暗自流淚。母親回信說：「我們怎麼忍心用你的錢？都給你存著，等你將來結婚用。」

我回信說：「我知道家裡缺錢，我以後每個月寄三十元回來，其中給奶奶、外婆各五元。我將來就是結婚也是要寄錢給你們的。」

革命不是停留在嘴上的，不是空喊口號，是有實實在在革命對象的，沒有對象也要製造出對象。階級鬥爭一抓就靈，階級鬥爭就像鞭子，抽得越狠，馬跑得越快。

在黑龍江生產建設兵團這塊新開闢的處女地上，同樣需要樹立敵人。

王山民，偽滿時期在哈爾濱當過員警，解放後逃到北大荒，外調中發現歷史問題，定為反革命。

曹二關，鐵道兵某部連長，因為拒絕去朝鮮戰場，開除軍籍，發配北大荒，被定為壞分子。

周少林，開批判會時，把「打倒劉少奇」誤喊成「打倒周恩來」，被定罪反對無產階級司令部。

陳大成，三年自然災害時，偷渡蘇聯，被遣送回來，定為叛國分子。

朱翠花，女職工，上廁所用報紙擦屁股，正好這片紙上有「毛主席」三個字，被定為反革命。

李進選，老職工，私自開墾荒地種菜，超出房前房後二分

地的規定，走資本主義道路，定為壞分子。

張慶勝，偷公家地裡的玉米給孩子吃，還偷公家菜地裡的大白菜，被定為壞分子。

郝俊，和多名有夫之婦發生性關係，搞破鞋，被定為資產階級腐化分子。

對反革命、壞分子實行無產階級專政，連隊每逢開批判會，壞分子就要上臺站成一排，低頭認罪，指導員會領著大家喊：「千萬不要忘記階級鬥爭！」

反革命、壞分子除了和大家一起出工幹活，下班還要監督勞動，刨廁所凍糞，運到菜地裡做基肥，或者上山打石頭，運回連隊鋪路。

我對這些反革命、壞分子產生了興趣，暗地裡逐個接觸、研究，他們是怎樣站到革命對立面去的？毛主席說：「誰是我們的敵人？誰是我們的朋友？這個問題是革命的首要問題。」我應該分析他們的犯罪根源，以後可以對他們做出高水準的批判，發揮我紅衛兵的本領。

王山民聽說他的歷史問題可能要判勞改，上吊自殺了。三九寒冬，王山民掛在房樑上，凍得硬邦邦的，像一段木頭，臉上的淚水和口水結成了冰溜子，眉毛、鬍子結滿了白霜，眼睛未閉。王山民的家屬不敢收屍，民兵把他卸下來，裝上車，扔在連隊七號地邊緣的一塊沼澤地，沒有埋葬。

開春，大地融化了，我開拖拉機作業經過時下車，看到王山民也融化了，臉是黑色的。夏天再經過時，王山民已經只是一攤散亂的骨架。來年開春，只剩下兩隻大頭皮鞋，腳踝骨還

在裡邊。老職工說附近有狼，把骨頭都叼走了。

曹二關主動和我套近乎：「哎，你在上海住哪兒？」我沒有理他。他改用上海話說：「我也是上海人，住在普陀區。」我白了他一眼，繼續走我的路。他追上來，我沒有回頭：「你是逃兵？」「打仗打夠了，我是家裡的獨子，想給曹家留個後，誰知道志願軍不是志願的，想不參加都不行。」他沒有再追上來。

曹二關找了一個女人結婚，老來得子。夫婦二人白天下地幹活，不能請假，把一歲不到的兒子圈在炕上，放個饅頭，饅頭烤乾了咬不動，只能吃自己拉出來的屎。兒子長大了被人叫屎殼郎，父子都遭人欺負。曹二關隨遇而安，每次批鬥上臺，還會主動維持秩序，拉著反革命、壞分子排好隊，連聲說：「站好了，站整齊了。」

周少林是孤兒，一九六〇年，母親闖關東把他帶到北大荒後不久就死了，他沒有讀過書，像野狗一樣活下來了，比我大兩歲。

我到連隊第二天，去團部的郵局往家寄信，卻忘了帶錢。邊上一個高大的男青年遞上兩毛錢，我說：「怎麼還你啊？」他說：「我也是六連的，我叫周少林，不用還。」我回到連隊對指導員說：「周少林住在哪兒？我還他兩毛錢，這人不錯。」

指導員嚴肅起來：「他可是連隊的反革命，他在拉攏革命青年，你們要提高警惕啊！」「啊？」我呆住了。指導員把他的罪行告訴了我。

我想，北大荒竟也臥虎藏龍，此人大有來頭，文革中北京有一派高幹子弟紅衛兵喊打倒周恩來，後來被稱為「五・一六」分子，遭到鎮壓，四散逃亡。

　　我還錢時悄悄問：「你是哪一派的紅衛兵？」周少林說：「我沒有派！」我說：「那你為什麼打倒周恩來？」周少林說：「中央裡邊這麼多人，我哪裡搞得清？」

　　我更覺得周少林深藏不露、莫測高深。

　　直到有一次，連隊開展批林批孔，周少林說：「我早就看出來林彪夥同孔子反對毛主席。」我才知道他不懂裝懂，啥也不是，一個連字都不識的人，哪來政治觀點？

　　陳大成，東北老屯子人。有一次，他和我同在廁所蹲坑，我問：「你去過蘇聯？」「是啊，五十年代隨便過去的。」「你去幹什麼？」「有朋友是二毛子，在那邊。」「你怎麼過去的？」「冬天，封江後，走走過去，半個小時。」「你怎麼回來的？」「不會說俄語，人家以為我是中國特務，關了一個月，被送回來了，又成了蘇聯特務。」

　　至於朱翠花擦屁股、李進選私墾荒、張慶勝偷玉米、郝俊搞破鞋，我沒興趣再研究了。

　　我到兵團後第一個春節，中蘇邊境衝突加劇，兵團進入全面備戰，反革命、壞分子都被關在倉庫裡，由民兵統一看守。

　　珍寶島事件爆發之初，中國軍隊沒有介入，靠兵團職工和蘇聯軍隊對峙，手持木棒，喊著「打倒蘇修」的口號，排成人牆，阻擋蘇聯坦克。蘇軍坦克來回衝撞，有兵團職工躲避不及被碾死。我團工程連民兵上去了，老職工宋連華靈活地和坦克

周旋，像武松打虎一樣，棒打坦克，宋連華活著回來，成了英雄，上了電視。

一九六九年三月十五號，中蘇軍隊在珍寶島正式開戰。

中國政府擔心蘇聯從冰封的黑龍江、烏蘇里江全線向我國進攻，我們團組織了武裝民兵連，全由男知青組成，我當了第一民兵連連長。人手一槍。槍是蘇聯二戰時使用的PPS-43式鐵殼衝鋒槍，折疊式金屬槍托，使用七點六二毫米子彈，三十五發弧形彈匣。每人配備四顆六三式木柄手榴彈。

瀋陽軍區派現役軍人來對我們進行實戰訓練，無非是做些臥倒、躍進、滾進、匍匐前進、瞄準、射擊的單兵作戰動作，學習利用大樹、土墩、土坑做掩體的戰術原則，還學習受傷後自我包紮和相互救助的醫學常識。

最苦的是投彈訓練，一天要扔幾百次，手臂都腫了。投彈標準是三十米，引信點燃後三秒爆炸，殺傷半徑三十米，投不出三十米，就會炸到自己。我開始還能扔出三十五米，到後來，越投越近，有時竟扔不出十米遠。功夫不是一朝一夕練成的。

晚上我們民兵持槍巡邏，在雪地裡兩個人一組，四個小時換班，每天更換口令。我們常常草木皆兵，風聲鶴唳，黑暗中驚跑了樹林草叢中的野生動物，以為是人，慌忙發出警報，全連緊急集合抓特務。

我以為，中蘇戰爭將全面爆發。這可不是耍耍嘴皮的革命運動，是真刀真槍的革命戰爭，考驗我的時候到了，這不正是我追求的生活嗎？我想像著戰爭的場面，想到了我會死，想到我死了以後成為英雄。

父母知道珍寶島戰事爆發，而且知道我做了民兵連連長，急得惶惶不可終日，寫加急信來問，每天看報紙、看電視、關注局勢。我在回信中卻說著為國捐軀的豪言壯語，把母親嚇出一場大病。

　　常備必懈，戰爭老不打，槍械又入庫了。

　　我沒有成為英雄有點遺憾。但是，珍寶島事件在我的心中滋生了對革命的懷疑。中國革命是俄國革命的延續，馬列主義是從俄國十月革命後傳過來的。兩個都自稱信仰馬列主義的國家竟然兵戎相見，大打出手，馬列主義究竟是什麼？

　　很多年以後，我才知道，是美國制止了戰爭的擴大。後來中國倒向美國，蘇聯走向衰落，沒有什麼社會主義和資本主義的原則，更沒有什麼無產階級國際主義和英特納雄耐爾。

1968年9月10日，我去黑龍江前，奶奶、外婆來送我。前排左起：奶奶、外婆。後排左起：小妹、我、母親、大妹。

1969年9月12日，火車從上海北站出發，開往黑龍江。月臺上幾千人同哭。

1969年3月，中蘇在珍寶島開戰後，我當第一民兵連連長，手握PPS-43式
鐵殼衝鋒槍。

十九、貧下中農

　　如果珍寶島事件是我對革命的第一個懷疑，那麼貧下中農就是我對革命的第二個懷疑。

　　根據毛主席的理論，知識青年屬於小資產階級，貧下中農才是革命的主力軍，天生就具有無產階級革命思想。知識青年只有到農村去，接受貧下中農的再教育，經過長期的甚至是痛苦的磨煉，脫胎換骨，才能成為革命者。

　　到了黑龍江生產建設兵團，貧下中農就是當地的老職工，他們大都是闖關東來的貧苦農民。我就和老職工交朋友，拜他們做老師。

　　從衣著形象上，我學他們穿黑布棉襖，不扣紐，腰間繫一根繩子，破了不補、髒了不洗。把上海帶來的中山裝、學生裝都送了人。

　　個人衛生不矯情，不洗澡，不換內衣，身上長滿蝨子，捉住蝨子，放在兩指甲間一磕，發出「嗶剝」一聲。老職工說「蝨多不癢」，果然如此。

　　已經髒到這種程度，幹活就不怕髒了。開拖拉機在田間作業，滿身的塵土，回家只要拍一拍就行了。只是鼻孔裡、牙齒間、頭髮中都是土，洗臉洗手畢竟簡單，哪怕是水溝裡掬一捧水潑在臉上抹抹就行了。播種時滿身的農藥、收割時滿身的草屑，都不在話下了。

開拖拉機每天要加柴油、添機油、打黃油，每星期做車保養，躺著鑽進車底下，放發動機油底殼髒機油，免不了滿身油垢，用土搓一下，衣服表面結成硬殼，就像盔甲，還防雨。這時候就知道腰間繫繩子，很有必要，有紐扣也早就繃掉了。

不但衣著學老職工，飲食上也要學。我學著吃大蔥蘸大醬，一口饅頭，一口大蔥，還剝幾瓣大蒜塞嘴裡，特別下飯，吃慣了還真放不下這一口。整個人都臭了，還怕口臭麼？

學老職工樣，抽煙也是必須的。我會蹲在牆根，從煙袋裡捏出一撮烤煙絲，鋪在用書頁紙裁好的紙片上，捲成喇叭筒，舔一下紙邊黏合，掐頭去尾就成了。煙味濃烈而不嗆，絲毫不比買的香煙差，而且不花一分錢，煙葉都是老職工自己家裡種，只需春天在地裡點播幾粒種子。

學老職工的語言不難，難的是那種革命的霸氣。「我是貧下中農我怕誰？」「我窮我革命！」「我凶我有理！」老職工講話大大咧咧，粗魯豪放，這是革命的形象。毛主席說：「革命不是請客吃飯，不是做文章，不是繪畫繡花，不能那樣雅致，那樣從容不迫，文質彬彬，那樣溫良恭儉讓。」就是這種境界。

我一改以往講話字斟句酌、不緊不慢的小資產階級腔調，開口：「我操！」閉口：「雞巴毛！」或者全套：「我操……」

我甚至學會了老職工的侃大山、說俏皮、埋汰男人、調戲女人、隨地吐痰、就地大小便。

老職工大都孔武有力，喜和知青爭強鬥勝。我本來就喜歡

強身健體，練就一身肌肉，連隊掰腕子比賽，我獲第一名。摔跤比賽，個子矮小的北京知青小安子獲得第一名，我獲第二名。體育比賽中，老職工都排不上名次，可是到幹重活，比如冬天伐木扛木頭、糧食入庫背麻袋、蓋房子搬磚頭，知青都遠遠落後。

我和老職工打成一片以後，還真體察到了老職工的優秀品質：淳樸實在、無知無畏。和大自然貼近，吃得香，睡得著，不讀書，不看報，四肢發達，頭腦簡單，什麼都不想，哪還有什麼資產階級思想？

即使這些都學會了，也僅僅是表面功夫，我要學到老職工的革命覺悟、階級感情，這就比較難以捉摸了。

連隊專門組織知青積極分子和老職工代表開座談會，指導員穿著發白的舊軍裝，不苟言笑，講話帶著官腔，喜歡拖長聲調，夾帶語氣詞。

指導員說：「今天，我們開座談會，老職工呢，講講革命傳統，知青呢，講講學習老職工的體會。毛主席把知青交到我們手裡，我們要搞好傳幫帶，一幫一，一對紅。嗯，大家可以隨便講，啊。」

「我先說兩句，」老職工何胖子站了起來，把嘴裡的煙蒂吐在地上，用鞋底碾了幾下說，「我們剛來北大荒那陣，生活是那個苦啊！沒有房子，我們住在用樹枝搭的三角地棚裡，晚上四周都是狼，但是我們為了革命理想，為了建設邊疆，哪怕犧牲也在所不惜……」

何胖子講完，北京知青小胡畢恭畢敬地站起來說：「我想

談談我接受再教育的體會，來到連隊短短幾個月，學到的東西比我在學校十年學的還多，資產階級教育路線把我們培養成嬌生慣養、患得患失的廢人。看到老職工那種堅定的革命信念、奮發的革命精神，我覺得一輩子都學不完⋯⋯」

我措好詞，剛想接著發言，指導員用手指關節敲打桌子嚷道：「哎，哎，葛痞子，你來講講。」老職工葛痞子坐在角落裡打瞌睡。

葛痞子睜開眼，沒好氣地說：「老職工有什麼好的？整天就知道趴在炕上。」

會場開鍋了，知青們哈哈大笑，老職工嘻嘻竊笑。

葛痞子，最早的墾荒者，拖拉機五級技師。連隊有一臺最先進的德國聯合收割機，只有他會開。他愛打抱不平，敢講實話，口無遮攔，有流氓無產者習氣，人稱葛痞子。

指導員對他也沒辦法，只說了一句：「嚴肅點，人家小青年都沒結婚呢。」

何胖子幫腔說：「你注意點影響，不要給我們老職工丟臉。」

葛痞子火更大了：「都他媽的挑好聽的說，你不就是逃荒來的嗎？吃飽飯就算不錯了，別往革命上扯雞巴蛋。」

老連長說話了：「葛痞子，你又犯渾，我不饒你。」老連長是連隊的農業專家，技術上比葛痞子差不到哪兒，葛痞子服他。

葛痞子不吭聲了，會議也開不下去了。

有一天，我和葛痞子坐在地頭吃午飯，我說：「葛痞子，你說，趴在老婆炕上有什麼錯？」葛痞子說：「你不知道，這

些老職工吃飽飯沒事幹，就想著搞別的女人，沒一個好人。」
「你瞎說！哪有那麼邪乎？」我笑著打了葛痞子一拳。

葛痞子還真沒有說錯。不久，老職工大姜家裡打起來了，姜嫂拿刀要殺大姜，大姜逃出來，找指導員救命。

大姜三十多歲，當拖拉機車長，幹活任勞任怨，每次連隊表彰先進，大姜都是吃苦耐勞、埋頭苦幹的典型。

大姜夫婦倆都是河南人，生有兩個女兒，大的三歲，小的剛滿月。最近小姨子從老家來幫月子，全家睡一個炕，大姜睡炕東，小姨子睡炕西，姜嫂、兩個女兒睡中間。

大姜很久沒有碰女人了，工作再累也壓不住心底的騷動，饞得大姜見到女人就眼睛發直，不過，還沒搭訕臉已紅了，有賊心沒賊膽。

這天，趁著姜嫂下地幹活，大姜偷偷地溜回家，勾引小姨子不成就霸王硬上弓，小姨子死活不從。姜嫂回來要拚命，指導員讓大姜睡連部辦公室，親自上家解決問題，姜嫂要求組織上嚴肅處理。

指導員決定召開批判大會，大姜一米八的大個子，站在臺上手足無措。指導員讓姜嫂上臺揭發，姜嫂身高一米五，跳起來打大姜的耳光，大姜側臉躲過，姜嫂打不到就罵：「你個不要臉的畜生！」卻不肯揭發。

指導員又叫當事人小姨子上臺揭發，小姨子身高一米五二，上臺只是掩面哭泣，不說話，一家三口人同在臺上僵著。

指導員說：「大姜，你自己老實交代吧。」大姜不敢抬頭，偷瞄了一眼指導員，怯懦地說：「我也沒做什麼呀！」

指導員於是向臺下說：「大姜的問題很嚴重，啊，這是破壞無產階級文化大革命的大好形勢，破壞毛主席關於屯墾戍邊的偉大指示，啊，是資產階級腐化分子，我們要把他批臭批倒！」

何胖子第一個站起來，把半截煙狠狠地摔在地上，啐了一口吐沫說：「大姜！你背叛了我們貧下中農，走到了人民的對立面，你這種行為和以前惡霸地主有什麼區別？想弄個三妻四妾是吧？」

北京知青小胡發言：「大姜的這種行為是資產階級自私自利到了極點，為滿足自己的私欲，竟然調戲自己的妻妹，是對廣大婦女的侮辱，也是對革命的犯罪。」

一個女職工站起來說：「大姜啊！平時看你表面老實，內心這麼骯髒、卑鄙，真是人面獸心。」

大姜認真地看著每一個發言的人，感覺問題嚴重了，誠懇地說：「我對不起黨的教育、培養，背叛了革命，我一定改正錯誤，回到革命路線上來。」

指導員說：「你不要避重就輕，啊，要深挖思想根源。」

大姜眼圈紅了，兩眼直瞪瞪地看著指導員，小心地說：「什麼思想根源啊？」

指導員說：「你平時不好好學習毛主席著作，放鬆思想改造，貪圖資產階級的生活方式，這就是思想根源。」

大姜依然傻看著指導員，張著嘴，說不出話。

有老職工在底下喊：「把過程說出來！你是怎麼勾引小姨子的？」臺下群起高喊：「對，對，說過程。」「不要想蒙混

過關！」「你老實交代！」

大姜嚇懵了說：「我，我，我就是對小姨子說：『你黃瓜吃嗎？』她說不吃。」

「然後呢？說！說下去。」臺下不依不饒地喊著。

「我操！揪住不放幹啥？幹就幹了唄，閒著也是閒著！」臺下靜了下來，都扭頭尋找後面說話的人，葛痞子接著說：「思想改造好了就不操屄了嗎？」

人們放肆地大笑，指導員怎麼喊也壓不住，批判會只能結束。

散會後，有幾個男知青不肯散，圍著葛痞子說：「操！小姨子這麼難看，大姜也要啊？」「是啊，要找也找個好看點的呀。」「好看的，人家能要大姜嗎？」

葛痞子說：「男人憋急了，管她好看、難看，就是母豬也要。」

有知青說：「葛痞子，你講不講究好看、難看？」

葛痞子說：「做這種事，好看、難看，關了燈都一樣。」

又是一陣哄笑。這一晚，全連的人都興奮得睡不著，像過年一樣。

大姜加入到了壞分子的行列，白天正常上班，下班後監督勞動。曹二關很高興來了新人，批判會月臺，拉著大姜說：「你個子高，排第一個，態度要好。」

姜嫂後悔了，丟人現眼不算，還成了壞分子家屬。每天大姜監督勞動，她還要去送飯，有時候她要奶孩子，就叫小姨子去送飯，小姨子覺得內疚，還是一口一個「姐夫」。反革命、

壞分子也難得高興，推搡著大姜說：「抱一下，抱一下。」

男知青看到大姜就問：「黃瓜有嗎？」大姜哀求道：「別說了，行嗎？」男知青就裝無辜：「問你要根黃瓜怎麼了？」

男老職工看到女老職工走過去，老遠就當眾大聲喊：「黃瓜吃嗎？」女老職工都回罵：「滾！不要臉。」

女老職工在家罵老公，就會說：「看你那黃瓜樣！」

食堂要是哪天吃黃瓜炒肉片，知青們就奔相走告，歡呼道：「今天吃黃瓜啦！」後來，指導員告訴食堂不要拿黃瓜做菜，不嚴肅。

指導員想淡化大姜事件。

如果說大姜打了指導員的臉，那麼包瘸子簡直就是捅指導員刀子。

包瘸子四十多歲，單身，看糧倉值夜班，熱愛本職工作，也是指導員樹立的典型，為了革命事業沒沒無聞，甘願做革命的螺絲釘。

包瘸子腿雖疾力不虧，走路要是急了，甩開單腿，緊劃著半圓圈，不比常人慢。包瘸子因幫張寡婦家裡幹活，建立了深厚的無產階級革命感情，張寡婦白天下地幹活，女兒小紅和包瘸子在家，外人只當包瘸子在家做飯、洗衣服，都說他人好。

小紅長到十歲，和班裡女同學說，叔叔對她特別好，給她糖吃，還說叔叔抱她騎在腿上顛，很好玩，有水流下來。女同學好奇，到她家裡一起玩，時間一久，就傳開了，老師知道後報案，竟揭發出包瘸子強姦七名幼女大案。

包瘸子直接抓走，判了十年徒刑，在連隊都沒有開過批判

會，許多人還不知道發生什麼事。

幾乎在同時，轉業革命軍人團副政委，姦污多名團機關、團招待所女知青案發，昨天還在會上做報告，今天就退役回老家。

我壓在心頭的疑惑只有和葛痞子可談：「我操，你說得太精闢了，整天就知道趴在屍上的人，不都是貧下中農嗎？我們學他們什麼呀？」

「學個屁！貧下中農連字都不識，懂什麼廉恥？靠這樣的人革命，扯雞巴蛋！」

我環顧左右說：「小聲點，你以後少說兩句，當心被打成反革命。」

葛痞子反而大聲說：「操！我怕什麼？我壞壞在表面，誰都看得見，做壞事的人表面都是好人，這世界上哪有他們說的好人啊？」

二十、知青薄命

　　一九七一年春，連隊又來了一批上海知青，和我們這一批「老上海」相比就稱為「小上海」，說是七十屆初中畢業，其實才讀到小學四年級，文革就開始了，是最沒知識的知青。

　　樂小軍剛滿十六歲，是「小上海」中年齡最小的，在一群哭哭啼啼的隊伍中，他是唯一笑著來到連隊的。

　　樂小軍身材矮胖，穿著嶄新的綠軍裝，像個冬瓜。甫到連隊，樂小軍連行李都顧不上打開，就到處串門，不管是老職工家還是老知青宿舍，甚至不管是男宿舍還是女宿舍，逢人就叫哥哥姐姐、叔叔阿姨。樂小軍口袋裡裝滿了從上海帶來的大白兔奶糖，見面就發一塊，只一天，樂小軍就討得了所有人喜歡，老少都願意逗他玩。

　　然而，樂小軍現在已是兵團戰士了，就不能只顧玩了。

　　樂小軍分到農工排，上班第一天，到菜地鋤草，知青不論男女，每人分得一壟地，用鋤頭鋤草兼鬆土，簡單且枯燥。樂小軍揮舞起鋤頭在頭頂甩了一圈，忽地朝一棵白菜劈下去，嘴裡喊：「妖怪！哪裡跑？吃俺老豬一耙。」把個白菜一劈兩半。知青們停下手裡活，駐鋤叫好。

　　連長把樂小軍拉到一邊說：「樂小軍，別玩了，好好幹活。」樂小軍低頭說：「我不會。」連長和氣地說：「小軍啊，誰天生會呢？明天我教你，一學就會。」樂小軍笑笑說：

「好的。」

第二天，連長果然手把手地教樂小軍，包括雙手拿鋤頭的姿勢、下鋤的力度和角度。樂小軍說學會了，但只沿著地壟幹了十分鐘，便坐在地上拿根樹枝開始挖螞蟻洞。

連長找樂小軍的談話逐漸變成了批評、訓斥、警告，樂小軍每次都是一笑應之，後來乾脆躺在地頭睡覺。

指導員發火了，說：「啊，地富反壞右的子女，也是重在表現，是可以教育好的子女，這樂小軍是什麼來頭？」指導員一查樂小軍的檔案，父母都是軍隊幹部，轉業後，父親在上海市公安局當科長，母親在派出所當戶籍警。

指導員找樂小軍談話的時候態度和藹了：「樂小軍啊，你爸媽都是軍隊幹部，你應該繼承他們的革命傳統，好好鍛鍊，啊，不能給咱解放軍丟臉啊。」

樂小軍眉毛一揚說：「所以啊，我名字叫樂小軍，我是快樂的小解放軍嘛。」

指導員趁機說：「那好！我們明天開始好好幹活，行不行？」

樂小軍低下頭說：「我不想幹活。」

「那可不行，啊，我們知青響應毛主席的號召，來到兵團就是一個光榮的兵團戰士，我們……」指導員苦口婆心地展開了一番政治思想工作，卻看到樂小軍把頭轉向窗外，嘟起嘴在學外邊的鳥叫。

指導員拍桌子吼道：「我就不信把你的小資產階級習氣改不過來。要是在部隊我早就關你禁閉了，你是滾刀肉我也要把

你剁碎了，啊。」

當天晚上，全連開大會，指導員嚴肅地說：「我們有的知青對抗毛主席上山下鄉的指示，拒絕接受貧下中農再教育……」樂小軍坐在臺下，周圍的人都看他，他也看別人，有人說：「說你呢！」樂小軍反譏道：「說你呢！」

指導員喊道：「把樂小軍押上來。」便有兩個民兵推搡著樂小軍上了臺。樂小軍在臺上站著，就像置身自己宿舍裡一樣隨便，一會兒看看屋頂，一會兒看看窗外，一會兒看看底下的人群，要是和誰的眼光對上，還會笑一下，全然沒有聽到批判會對他說什麼。

然而，從這一天起，樂小軍就很難笑出聲了。

指導員把樂小軍交給了幾個男知青，命令每天必須帶著樂小軍勞動，豈料男知青也帶不動樂小軍，不耐煩之下，有人動手打他，樂小軍抱著頭蹲在地上，於是，有人就用腳去踢他。樂小軍就算每天挨打也不勞動，反倒帶他的知青打累了也就索性不管他了。

指導員又把樂小軍交給曹二關，反革命、壞分子是不打人的，樂小軍又恢復了天性，和他們打成一片，有說有笑。曹二關就不肯要樂小軍了，說樂小軍把反革命、壞分子帶壞了，影響幹活進度。

指導員對樂小軍束手無策，只得放任不管。樂小軍從此就不出宿舍門，至多蹲在宿舍門口的地上曬太陽，看著路上來來往往的行人。他常常一天都不挪動一下，像個石獅子，除了去食堂打飯菜。他的碗從來不洗，碗底的飯垢和油膩層層疊疊，

比狗碗還髒。

樂小軍非但不勞動，而且不洗澡、不換衣服，身上已然發臭。

傍晚收工後，樂小軍還是在宿舍門口蹲著，邊上便會圍上一群人，有知青就掩鼻上前拿樹枝挑開他的衣服說：「看看啊，這髒的。」樂小軍的皮膚就像蒙在香榧果上的一層黑衣，往下掉屑。於是，有人拿腳踢踢他，有人拿鋤柄捅捅他。

樂小軍變成人見人欺的對象，誰都可以欺之辱之。這時，個人作惡在群體的掩護下不再稱為惡行，彷彿成了人人可以參與的遊戲。正如勒龐在《烏合之眾》中說：「個人在群體中，就會產生責任意識的放棄。」我痛恨這種行為，但是沒有勇氣上前，我不參與這種遊戲，但同樣是下意識地放棄責任。

葛痞子看到了，就會撥開人群說：「操他媽的，你們打他幹啥玩意？」有知青說：「他該打。」葛痞子會說：「你他媽的才該打！」於是人群才散了。

我把樂小軍推進宿舍，對他說：「你洗個澡吧。」樂小軍梗著脖子不理睬，我揚起手裝著要打他，他才開始脫衣服。我找來了澡盆，倒上熱水，樂小軍坐在澡盆裡，把毛巾捏成團在身上畫圈，顯然，長這麼大沒有獨立洗過澡。

澡盆的水大半已經潑灑到了地上，樂小軍出浴，霧氣中白花花的肥胖身子，就像退了毛的白條豬。

樂小軍洗完澡，舒展了沒幾天，又碰到傷心事了。樂小軍放在褥子底下的一百多元錢被人偷了，這是他幾個月的工資，儘管樂小軍不出工，工資還是照發。指導員和連隊保衛幹事都

出動了，勘察現場，詢問群眾，也沒有結果。

樂小軍蹲在宿舍門口，「嗷──嗷──」地哭嚎，兩手來回抹著眼淚。我鄙視男人不加掩飾、毫無尊嚴地哭，尤其是為了錢。

可憐之人必有可恨之處，漸漸地，我開始討厭樂小軍了，尤其在接下來發生的幾件事後。

一日，樂小軍在食堂排隊打飯菜，悄悄地伸手在前面一個女知青的屁股上摸了一把，女知青回頭說：「你幹什麼？」樂小軍嬉皮笑臉地說：「不當心的呀。」女知青白了他一眼依舊排隊。樂小軍又摸了一把，女知青回頭搧了樂小軍一個耳光，樂小軍竟也回敬了一個耳光，打完，逃走了。

樂小軍居然會調戲女人？還會打人？這出乎所有人的意料，是每一個看似純真的軀殼裡都包含著邪惡的種子？還是本來就沒有絕對好壞的人性，善惡只在一念之間？

我嘗試在心裡為樂小軍開脫，也許他只是被人輕視久了，想找一個機會表現一下，逞強一次？誰規定樂小軍就該永遠受欺負？後來發生的事證明我想錯了。

又一日，樂小軍去一公里外的團部商店買香煙，認識了一個從邊遠連隊來團部玩的女知青，樂小軍又展露出當初來連隊時幼稚可愛的模樣，和女知青聊得很開心，竟跟著女知青連隊的拖拉機去了幾十公里外的邊遠連隊。女知青以為樂小軍只是到他們連隊串個門，晚上可以擠在男宿舍裡過夜，不料，樂小軍卻想和女知青去野外做愛，還要強行動粗，被人家暴打了一頓。

樂小軍幾天以後才回到連隊，衣服破了，臉也腫了，還把

屎拉在褲襠裡，順風臭出百十米。男人可以風流，卻不可以下流，從此，樂小軍失去了我對他的同情和憐憫。

和樂小軍一樣沒有勞動能力的還有左昕。左昕瘦高個，像根筷子，不要說鋤地，就是空拿個鋤頭也吃力。每天撐著和大家一起出工勞動，回到宿舍就癱在炕上，臉色發白，直流虛汗。而且沒有食欲，累了一天還不想吃飯。

左昕身體吃不消，去連隊醫務室看病，可他既不發燒，又不拉肚子，不好開病假條。連長認為左昕吃不起苦，和樂小軍一樣，就對他一頓批判加訓斥。左昕害怕和樂小軍一樣的下場，只得拖著疲憊的身子堅持出工。直到連走路都走不動了，才去團部醫院檢查，發現得了嚴重的肝炎。左昕終於躺倒了。

左昕休息了幾個月，肝炎指標正常了，又開始上班，連長安排左昕在何胖子手下幹活。

何胖子開鐵牛五五輪式拖拉機，掛一個拖斗車，每天上山拉石頭。拖斗車上配備五個知青，拖拉機去山上來回四個小時，加上裝卸石頭一個半小時，這並不是體力很重的活。只是來回坐在拖斗車上，人貨混裝，有安全隱患。

拖拉機白天黑夜兩班人倒班，一個星期一換。裝車的知青喜歡上夜班，因為夜裡在拖斗車上也能蜷著身子打盹，收工時天還沒有亮，還可以睡一會。白天的時間就可以用來玩。

何胖子更喜歡上夜班，開拖拉機不能偷懶，但是在知青裝卸石頭時，他可以在駕駛室裡睡覺，白天何胖子就可以幹家裡的活，家裡的活是幹不完的，割野菜餵豬、自留地種菜、劈柴垛豆秸、地窖貯白菜、苫房抹泥牆，一年到頭，永遠也忙不完。

何胖子一個人忙不過來，也常常叫上夜班的知青幫他。

知青幫何胖子家裡幹活也是和貧下中農相結合，何胖子說：「幹活就是幹革命。」知青說：「舊社會不是也幹活嗎？」何胖子說：「那是給地主幹活，現在給國家幹活就是幹革命，當然幫貧下中農家裡幹活也是幹革命。」而且，何胖子常常在連隊開會發言時表揚幫他幹活的知青。

左昕從不幫何胖子家幹活，他吃不消。何胖子說：「什麼肝炎、腎炎的，就是吃不起苦。出出汗，什麼病都好了。」

知青易剛幫何胖子家幹活最多，常常得到何胖子表揚，可是易剛還是害在何胖子手上。

一天晚上，又上夜班，何胖子開著鐵牛五五上了二龍山。這段路有三十五度坡，何胖子開了無數次，每次都是掛一檔，過了坡頂才換檔。這一次何胖子心裡有點急，想著早點下班，掛著二檔就往上衝。

拖拉機就像瘋牛一樣，「突、突、突」，衝往坡頂，快到坡頂時，拖拉機喘起粗氣，吐著黑煙，眼看要歇火。何胖子踩下離合器想換一檔，慌忙中卻沒有掛上檔，變成了空檔。

拖拉機突然往後滑坡，和拖斗車拗成直角，瞬間就把拖斗車頂翻。易剛機靈，在翻車前跳車，人剛著地，拖斗車正好倒扣下來，壓住了一條腿。左昕和其餘人都被拋出很遠，只受點輕傷。

眾人把拖斗車抬起，救出易剛，何胖子把拖斗車摘了，開了鐵牛五五拖拉機把易剛送到團部醫院，易剛當晚就做手術截肢。

何胖子的違規駕駛使易剛失去了一條腿。貧下中農犯錯誤是

可以原諒的，連長、指導員也沒有說什麼，只有葛痞子氣不過，罵何胖子說：「你他媽的就開會發言行，拖拉機開了十幾年還那屌樣，人家小年輕的一輩子讓你毀了。」何胖子不吭聲。

左昕雖然只受了輕傷，擦破點皮無大礙，但是經過這麼一折騰，肝炎又犯了，而且比上一次更嚴重，團部醫院也治不好，被連隊批准回上海看病。

比左昕病得更嚴重的是樂小軍，自從邊遠連隊回來，人就麻木了，整天裹著被子蹲在宿舍門口，像個死人，連眼睛都不眨一下。到了飯點，都不知道去打飯，曹二關看他可憐，把飯菜打來放在他跟前，他也不吃，直到讓餓狗當著他的面把飯吃了。

有人打他，他都懶得用手去擋。有人喊他，他連眼皮也不抬起。大家都說樂小軍瘋了、傻了。

趁著有知青回上海探親，連長、指導員託他們把樂小軍帶回上海家裡。

易剛也到上海安裝假肢。

過了一段時間，就從上海傳來消息說左昕死了，死於肝癌。樂小軍竟也死了，病因不確定。

這令我十分吃驚，他們不到連隊來就不會死，這不應該是他們本來應有的宿命。

苦難固然可以鍛鍊人的意志，但更多的是對人性的消磨，甚至是摧殘。

二十一、懷疑革命

在兵團的歲月裡，即便勞動再艱苦，我也無一日不讀書。每晚，我獨自一人在大食堂點一盞馬燈苦讀。

我讀書是有計畫、有系統的。不要說以前孃孃要我讀過的中國古典名著、外國文學巨著，也不要說讀過新文化運動紅色作家排名榜中魯、郭、茅，巴、老、曹的小說，更不要說革命者必讀的《毛選》四卷，早已滾瓜爛熟，倒背如流，甚至不要說少有人讀過的艾思奇的《辯證唯物主義歷史唯物主義》、普列漢諾夫的《唯物主義史論叢》、陳伯達的《墨子哲學思想》等哲學叢書。

就是艱澀難懂的馬克思《資本論》我也讀了第一卷，《列寧全集》讀了三十三卷中的十八卷，還有《史達林文選》。

為了弄清馬克思主義的來源，我還讀了黑格爾的《邏輯學》和《法哲學原理》。

葛痞子走進大食堂，拿起桌上黑格爾的書說：「這是什麼雞巴書？」

我正埋頭記筆記，抬起頭說：「哦，這是德國最偉大的哲學家。」

葛痞子放下書，馬燈忽閃一下，他在我對面坐下說：「我操，讀這書有用嗎？」

「可能沒用吧。」我想不出還能說什麼。

葛痞子身子向後仰去，拖長聲調說：「那──你讀它幹啥玩意兒？」

「多明白一些事理唄。」

「明白你能咋地？不還是銹地？」

我一時語塞，突然想到他的名言，說：「──閒著也是閒著嘛。」

我倆「噗嗤」地笑了。葛痞子感到沒趣，站起來往外走，說：「你行！」

讀這些書真的有用嗎？不知道，也許真如孃孃說的，為了探尋世界的真相。真相果然是可怕的、災難的，我開始懷疑革命了。

這些年，我讀馬恩列斯的書，尤其讀了毛主席的書，使我掌握了革命的理論，懂得了辯證地、全面地、一分為二地看問題，學會了透過現象看本質。

我免不了用馬克思主義辯證法來讀馬克思的《資本論》。

馬克思主義有三大組成部分：馬克思政治經濟學、馬克思主義哲學、馬克思科學社會主義。

其一，馬克思的政治經濟學著作主要是《資本論》，《資本論》三卷全部基於剩餘價值的學說。我發現剩餘價值學說並不嚴謹，馬克思說，在資本主義社會中，工人勞動力成了商品。雇用工人每天除了補償自身勞動力價值外，還必須額外工作若干小時，馬克思稱之為剩餘勞動時間，所創造的價值是剩餘價值。從而揭示了資本家剝削的祕密。

剩餘價值並不單是剩餘勞動時間創造的，而主要是由勞動

生產率創造的，勞動生產率是由工具、機器、科技決定的，在一定條件下，工人的勞動力可以忽略不計，一臺德國全自動聯合收割機可以頂一百個工人。而機器是由資本購買的，那麼可不可以說，資本才創造剩餘價值？

如果說工人勞動有剩餘價值，導致資本家剝削，那麼社會主義國家工人勞動的剩餘價值到哪裡去了呢？屬於全民，全民是什麼？什麼也不是！

馬克思說，社會主義社會將消滅剝削，勞動是合理的等量交換。然而，中國的工農業產品價格存在著嚴重的剪刀差，農民每個月收入只有幾塊錢，工人每月工資有幾十元，幹部的工資就更高，在計畫經濟的名義下，造就了人類歷史上最大的不等量交換。

如果剩餘價值的學說不嚴謹，那麼馬克思主義的學說就不嚴謹，無產階級革命的理論就不嚴謹。況且馬克思主義產生在歐洲，在歐洲卻沒有市場，是脫離社會實際的。馬克思主義意外地在蘇聯成功落地，實行了幾十年後，現在蘇聯卻修正了馬克思主義。

其二，馬克思主義哲學是對黑格爾和費爾巴哈理論的繼承和超越，最終擺脫了思辨哲學和抽象的人本學框架，創立了歷史唯物主義和辯證唯物主義。

黑格爾把絕對精神看作是世界的本源，實際上是在探索思維和存在的辯證關係，黑格爾坦承任何思想都是在黑暗中探索和猜想，這是唯心的。但他在《法哲學原理》中說：「存在即合理。」存在才有認識，又是唯物的。

他的《邏輯學》是本體論、認識論、價值論三體合一的體系，概念是存在的本質，存在是概念的外化，在黑格爾那裡，主客觀之間並沒有一條不可逾越的鴻溝，也就是說沒有唯心主義和唯物主義之分。

再說唯心主義真的那麼可怕嗎？叔本華是唯心主義，尼采是唯心主義，都是偉大的哲學家。王陽明就是中國最大的唯心主義，唯心主義強調的是人的精神、人的意志、人的自由。

馬克思把唯物主義說成是科學，把唯心主義說成是謬論，其實根源在於，黑格爾重視人的主體性，認為人必須擁有所有物和財產，否則這個世界就是主觀的、無內容的，所以私有制比公有制更合乎理性。而馬克思主義就是要消滅私有制，根本的分歧在這裡。

其三，馬克思科學社會主義，十九世紀初，法國人莫爾、聖西門、傅利葉創建了空想社會主義的學說，主張建立一個沒有剝削和壓迫的理性社會。馬克思主張無產階級通過暴力革命，推翻資產階級制度，粉碎資產階級專政，建立無產階級專政，並向共產主義過渡。馬克思預言只能依靠無產階級的覺悟和革命才能使空想社會主義變成現實，宣稱這是科學社會主義。馬克思的主張和預言難道不是猜想、空想？

馬克思主義竟然如此漏洞百出，以此產生的共產黨革命理論就更可疑。

無產階級要解放全人類？無產階級的先進性在哪裡？就憑我看到的貧下中農，無產無恆心，無產無教育，無產無道德，無產無價值，無產有什麼值得炫耀？

世界上哪有無產階級？無產階級不是階級，是階段，大舅從無產到有產，又到無產，大舅本來是有產的無產階級，現在是無產的資產階級。這就是革命的真相。

讀書越多越反動。真相果然是可怕的、災難的，我發現我的思想在向孃孃靠攏。

原來，連隊所有的反革命、壞分子都是假的，只有我才是真的。

有一段時間，我不敢讀書了，我告訴自己這是危險的。我可以知道真相，但是，我沒有必要把我知道的真相說出來。

但是不久真相就暴露了。一九七一年九月十三日，林彪出走，摔死在溫都爾汗，無產階級革命司令部內訌，革命的神聖面紗被撕破了。

人民一如既往地相信共產黨，投入到「批林批孔」的運動中，沒有人懷疑革命。羅素說：「無知是天生的，而愚蠢是教育造成的。」

我來到兵團整整三年，一直忙於革命，直到林彪事件後，我才申請探親假回上海。

母親由於勞累和鬱悶，得了高血壓、心臟病，常常臥病在床。自我去了黑龍江生產建設兵團，弟弟小學畢業，分配「一片紅」，強制去了吉林延邊自治州，小妹妹下鄉去了小東河，家裡只有大妹妹一個人照顧。

回到家中，一片淒涼和死寂。

我坐在母親的床沿，拉著母親的手，講兵團的各種生活軼事，當然不會再說讓我們敬祝偉大領袖毛主席萬壽無疆了。母

親精神好了，眼睛發光，聚精會神，像聽書一樣入神。

晚上父親下班回來，也坐在床沿，參加聊天，這是最幸福的時光。

一天，父親吞吞吐吐地問：「你身體有什麼不適嗎？不，有什麼異常嗎？也不是，你有沒有什麼暗病啊？」

我聽不懂父親說什麼，我說：「我身體很好啊！什麼病也沒有，放心吧。」

父親鼓起勇氣說：「你，你能勃起嗎？」

我一臉懵懂。母親說了：「你小時候得過黃疸肝炎，又得小腸氣，開過刀，我們擔心你生不了孩子。」

「噢。這個呀，」我臉一紅，「放心吧，一切正常，保證給你們生孫子。」

我自己都不知道得過這個病，可憐天下父母的心連著兒子身上的每一根神經。

奶奶和外婆來看我了，奶奶端詳了我一會兒說：「這孩子，瘦成這樣，受苦了，你們燉一個老母雞給他補補啊。」母親說：「已經吃掉一個了。」

外婆上來抱住我，伸出手在我的臉上撫摸著說：「大小夥子，真帥啊！」

我給她們每人一包北大荒土產，裡邊有：人參、靈芝、蜂蜜、乾蘑菇、黃花菜。

奶奶、外婆坐下後，我說：「奶奶，你還去看戲嗎？」奶奶說：「還看什麼斷命的戲啊！」父親說：「現在都是樣板戲，奶奶不要看的。」我說：「樣板戲也好聽的，我唱一段

《智取威虎山》給你們聽聽？」外婆說：「好！好！」

我找一件大衣披上，面壁作勢，悠揚激昂的【二黃導板】起唱：「朔風吹——林濤吼——峽谷——震盪。」我緩慢地轉過身，抬手，轉唱【回龍】：「望飛雪，漫天舞，巍巍叢山披銀裝，好一派北國風光——」

曲畢，外婆連連拍手叫好，父親「嘿嘿」乾笑了兩聲，母親卻在擦淚，好像看到了朔風、飛雪的北國寒冬。奶奶點頭說：「嗯，歌唱得好！」我說：「這不是歌，是京劇。」奶奶說：「這哪是京劇啊？又嚼蛆。」我想爭辯，卻不知如何說，正僵持著，外婆說：「是京劇，是的，是的哦！」

大舅知道我回來，叫我去吃飯，許家的人都來了。大舅母和外婆特地按照我的喜好燒了一桌菜：冰糖紅燒蹄膀、油燜竹筍、茄子夾肉、八寶辣醬、蔥烤鯽魚……。外婆每夾一筷子菜給我，都能說出我以前如何喜歡吃這個菜，說出哪一次我吃撐了。原來，每一個菜都有我的故事。

外婆放下筷子說：「你每一次吃菜都會問這個菜多少錢。」

「為什麼要問啊？」我自己都不記得。

母親說：「便宜的，你就說這個菜可以多燒，貴的你就說以後不要燒了。」

「是嗎？」我自己笑了起來。

大舅母端上了一鍋熱氣騰騰的酒釀圓子水果甜羹，全桌人都笑了，我說：「怎麼啦？」母親說：「只有這個甜羹，你不問價錢，再貴也要吃。」

席間，大家談起中華服裝廠，李宗寶當了革命委員會主

任，大舅在文革批鬥後，已經從廠技術科負責人降為一個普通的排版工，在廠裡沒沒無聞。但是，大舅還是出風頭，中華服裝廠常常舉辦象棋比賽，大舅總是得第一名，拿回一本證書，還有一堆獎品：筆記本、毛巾、肥皂。

大舅對我說：「吃完飯，我倆下一盤？」

我說：「我哪裡是你的對手啊。」

小舅說：「他讓你一個『車』好了。」

我說：「那還有什麼意思？」我對小舅說：「要不，我和你下棋吧。」大舅說：「你能讓他一個『車』。」小舅尷尬地笑了。

小舅在大興街的迎春服裝店當營業員，人已經胖到兩百多斤。

我問小舅：「你怎麼這麼胖了？」

小舅說：「也沒有人來買衣服，整天坐著不動。」

我又問：「為什麼沒人買衣服呢？」

小舅說：「店裡只有一個品種，中山裝，只有一個顏色，藏青色，誰會買？」

我去看孃孃，孃孃自打成反革命後，就像被人扔在荒島上，日子反而過得坦然了，每天悠然看書度日。

孃孃見我來了很高興，問我在兵團過得怎麼樣。我告訴她我思想發生了變化。我談了對貧下中農的看法，孃孃說：「不要指望農民有思想，中國的農民幾千年來都是擁護統治階級的，如果日本人統治中國，他們也會擁護的，就像擁護外族人統治的元朝、清朝一樣。中國的農民已經被統治者馴化成圈養

的、待殺的家畜。」

我說我感到悲觀，感到醒來的痛苦。

孃孃說：「讀書讓我們在黑暗中有一雙明亮的眼睛。我是不能接受黑暗而被黑暗吞沒。你不要學我，要接受黑暗，學會在黑暗中生存。」

孃孃要我拋棄悲觀，積極進取，出人頭地。

二十二、嶄露頭角

　　只有十二天的探親假結束了，我又回到了兵團。

　　人在任何環境中，只要你表現得足夠出色，是絕對不會被埋沒的。我受別人不能受之苦，吃別人不肯吃之虧，學別人不願學的技術。

　　很快，我從一名拖拉機手升為拖拉機車長，又破格提升為機務排排長，統管連隊所有的機械：六臺履帶式拖拉機、兩臺輪式拖拉機、五臺聯合收割機、一臺德國全自動聯合收割機，還有幾十臺各種犁地機、耙地機、播種機、中耕機。

　　機務排是吃技術飯的，在五十幾個機務人員中，如果論資排輩是輪不到我當排長的，自然有人不服，拿技術難我。

　　一天，三號聯合收割機要進車棚修理，六七個人正在合力倒推著聯合收割機。何胖子見我走過，叫住我：「排長，看他們推車那麼吃力，你來用拖拉機牽引聯合收割機倒進車棚唄。」

　　聯合收割機有兩層樓房高，長七八米。後部是兩個直徑一人高的鋼圈輪，前部是帶牽引架的可變向的兩個前輪胎。拖拉機牽引這個龐然大物往前走人人都會，往後倒車進車棚，任你技術再好，都鮮有一次成功的把握。

　　我把拖拉機倒過去，掛住聯合收割機，往前走幾米，把聯合收割機的四個輪子和拖拉機的履帶走成一條直線，徑直往後

倒車。此時聯合收割機車身隨意斜對著車棚門，我開始制動拖拉機一邊履帶，原地轉向，使聯合收割機的前後輪方向幾成直角，再倒車推聯合收割機的前輪，使聯合收割機車身和車棚門成直角，再制動拖拉機另一邊履帶原地轉向，直到拖拉機、聯合收割機連成直線並和車棚門成直角後，往後倒車就輕鬆地進了車棚。

何胖子張著嘴說不出話，他這輩子沒有倒成功一次。葛痞子在遠處看著，這時走過來說：「我操，你什麼時候學會的？我都從來沒有一把倒成功過。」

葛痞子服氣了一半，還是想考考我。又一天，五號拖拉機在大修，換發動機的缸套，發動機已經拆散了，葛痞子說：「你能不看結構圖，把發動機裝起來，就服你！」發動機有上千個零件，我其實早已熟讀拖拉機機械原理書和拖拉機修理手冊，對拖拉機結構爛熟於心。我帶了一個助手，無圖紙裝配。裝配過程中，發現壞了曲軸油封、缸蓋銅墊、噴油嘴橡皮圈，叫助手去庫房換來。我花了兩個小時把發動機裝配完畢，然後在工作臺上和地下尋找了一遍，沒有發現多餘的零件，說明裝配正確，如果多一個螺絲釘，就說明發動機的某處少一個螺絲釘。就像開刀醫生手術後要清點器具，如果少一把，可能就是留在病人的體內，是一樣的道理。

其實，裝配發動機只要掌握一個規律就不難，任何轉動的部件都有油封，任何固定部件之間都有墊子，任何活動部件都有卡子或者銷子，一個都不能少。

我叫助手把機體擦乾淨，啟動發動機。我加大油門，圍著

發動機側耳聽了一圈，聲音洪亮，沒有異響。我又把油門調到怠速，吸壓爆排均勻，沒有「早搏」，沒有「缺腿」，沒有「放炮」。我再看尾氣，無色無味，沒有燒機油，確定活塞環和缸套間隙良好。我又拿著螺絲刀頂著缸體，耳朵貼著木柄聽，無「嘎嘎」的活塞敲缸聲，無「啪啪」的活塞環斷裂聲，無「咣咣」的活塞銷鬆動聲，無「噹噹」的曲軸連桿變形聲。其實，這種異響是極其細微的，就像會場上一枚釘子落在地上的聲音；就像下雨天，一滴雨落在傘上、落在地上、落在水裡、落在衣服上，它的聲音是有區別的。

這回，葛痞子服了。實踐經驗固然重要，但是，如果沒有一點文化去消化足夠複雜的機械原理，永遠不可能成為專家。

我在當機務排長的時候，又對農業技術產生了濃厚的興趣，我自學了佳木斯農學院的全部課程。恰逢連隊需要一個農業技術員，我就走馬上任了。

農業技術員等於半個連長，我根據節氣、氣溫、土地墒情，決定什麼時候播種、什麼時候中耕、什麼時候割曬、什麼時候收割、什麼時候翻地、什麼時候耙地，都由我來安排。我還要對連隊的小麥、大豆、玉米三大農作物的種子培育、種植輪作，以及水利建設做出布置和規劃。掌握了農業機械和農業技術，我就是連隊僅次於連長的農業專家，成為連隊舉足輕重的人物。

一九七六年，老連長退休，我毫無爭議地接替了連長的位置。幾乎同時指導員退休，一時沒有新的指導員到位，我成了連隊的最高領導。

這一年，我二十七歲，是二十三團最年輕的連長，最懂農業機械和農業技術的專家型連長。

我對連隊做了長遠規劃，從農田基本建設著手，深耕改良土壤，粉碎秸稈還田，培育良種試驗田，排水防澇修水渠，植樹造林防風沙。

我又組建了基建排，自建小磚窯，搞磚瓦建設，改土坯房為磚瓦房，蓋知青新宿舍。同時擴大畜牧業，養豬，養馬，養奶牛。

我一心想把連隊建設成共產主義新農村。

我以為這就是我當連長的全部責任，沒有想到還有比生產建設更重大的政治責任。指導員臨走前把連隊檔案室的鑰匙交給我，這把鑰匙掌握了全連三百多人的命運。檔案記錄著個人的家庭出身、個人經歷、領導結論、外調材料、獎勵和處分……

檔案本人是永遠看不到的，卻像影子一樣走到哪跟到哪。我的檔案已經調到團部，同樣，我本人是看不到的。

我們每個人就像木偶一樣，有一根線永遠攥在組織手裡，不能亂說亂動。

能夠看連隊檔案的只有指導員和連長，連隊文書雖然有鑰匙，只是保管，不能打開檔案看。

我像初次做賊一樣緊張地窺視著別人的隱私。

王山民人早死了，檔案卻沒有銷毀。王山民檔案裡有一份自述經歷，說解放前在哈爾濱道里區的一家商行裡當職員。而農場文革時的外調材料中，道里區革委會有一份證言，說王山

民當過一年國民黨員警。就是這份材料要了王山民的命。

曹二關的檔案裡有他在部隊升遷和立功受獎的材料，但是最後一份被部隊開除軍籍的結論，決定了曹二關一輩子壞分子的命運。

就連大姜的檔案裡也有小姨子含糊其詞的筆錄，和大會批鬥的決定。

有的知青檔案裡記載著某一次打架留下的警告處分，有的知青曾經偷食堂的飯菜票記大過處分。我擔心這些紀錄會影響他們一輩子，我想把材料扔了，但是，我不敢，我於是在檔案裡加一紙評語，說該知青已經改過自新。直到現在，我都為自己當初不敢作為的行為自責。

我駕駛著連隊的列車行進在社會主義的軌道上，只能沿著既定的道路走，不得越軌，也不得變軌。

不過，我也做了一件大膽的事情，解除了反革命、壞分子的監督勞動，把他們作為正常人分到各個排，我希望他們能夠被群眾接納；但是，群眾還是改變不了對他們固有的歧視，階級鬥爭的意識已經在人們頭腦中深深扎根，形成了思維定勢和行為慣性。

曹二關分到農工排。幹完一天活收工了，就有人叫曹二關把大家的鐵鍬沖洗乾淨，曹二關不幹，只沖洗自己的鐵鍬。有人就打罵曹二關：「你他媽的壞分子囂張了？」曹二關沒有還手。

我和曹二關談話，團部要求各連抽人調去新建連隊，我說：「你去新的地方吧，那裡沒有人歧視你。」「我不怕歧視。」曹二關看了一下左右沒有人，低聲說，「當初，我的戰

友去朝鮮都死了，只有我活著，現在受點委屈算什麼？」

　　我一驚，面露慍色，他偷瞄了我一眼說：「如果，你明明知道去送死，你會去嗎？」我沒有回答也無法回答。

　　曹二關調去了新建連隊，檔案隨著去了，是我封起來，蓋的騎縫章。

　　一九七六年九月九日，廣播電臺沉痛地播放了毛主席逝世的消息，全國人民嚇壞了，沒想到萬歲也會死？我和大家一樣痛哭了一場。有人是嚇哭的，有人是跟哭的，有人是假哭的。我是真哭的，倒不因為他是黨和國家的領袖，更不因為他是偉大的馬克思主義者。他是對我一生影響最大的人，是我思想的啟蒙者。

　　我聽了他的話，參加文化大革命、上山下鄉，我從中鍛鍊了自己，成為生活的強者。我讀了他的書，雖沒有成為馬克思主義者，但我學會了全面地、辯證地、一分為二地看問題，具備了組織和領導的能力。毛主席成就了我，雖然我並不全認同他的做法。

　　任何人的死亡都不會阻止歷史前進的腳步，毛主席一死，一個時代結束了，政治氣候也開始發生變化。四人幫的倒臺和上層政治局面的潛變且不說，全國上山下鄉的知青情緒已經波動，黑龍江生產建設兵團要求基層連隊開展扎根邊疆一輩子的活動。

　　一九七七年底，我組織了連隊誓師大會，《兵團戰士報》來現場採訪，我首先做表態：「我熱愛這片土地，我決心把我的一生貢獻給邊疆，建設邊疆，保衛邊疆，絕不返城！」眾人

鼓掌。

大會發言，一個接一個。

北京知青小胡咬破了指頭寫下血書：「扎根！」

哈爾濱知青小林當場宣布和當地人小英子結婚，明天就去領結婚證。

佳木斯知青小鄧撕掉了經過群眾評選和推薦拿到的雞西煤礦學校的入學通知書。

大會群情激奮，發言變成了逐個表態，每個人都高喊「扎根邊疆一輩子」，就連正在辦病退的知青表起態來也一點不含糊。

會後知青寫的決心書，貼滿了大食堂，就像文革初期的大字報。

《兵團戰士報》的採訪文章和照片發到每個連隊，整個兵團的知青都成了堅定的扎根派。

群體在某種高尚的精神鼓動下，很容易激發出崇高的犧牲精神和不計後果的衝動，並且它所能達到的崇高程度，是孤立的個人絕對望塵莫及的。

一切誓言都是寫在水上的。扎根邊疆的鏗鏘誓言剛落下，一九七九年一月，中央領導在雲南知青要求返城的赴京上訪後，決定允許符合條件的知青返城。口子一開，就如山洪決堤，勢不可擋。

我母親在廠裡當即辦理退休頂替手續，我符合了返城條件。突然，在我的面前出現了一條回上海的路，重返故鄉和親人團聚，這種吸引力足以讓人放棄一切信仰，違背自己的承諾和誓言。

我扎根邊疆的誓言是真心的，既然回不了城，留在兵團也可圖發展。現在政策允許返城，合理合法，並沒有人來計較你曾經說過的誓言。

　　信仰和命運相比太微不足道。

　　我去團部很順利地辦理了返城手續。就像我當初帶頭喊扎根邊疆一樣，在我之後，北京知青小胡也辦理了返城手續，哈爾濱知青小林已經辦了離婚手續，佳木斯知青小鄧慶幸沒去雞西煤礦學校，辦了病退。

　　符合條件的知青返城，不符合條件的知青在創造條件返城。兵團領導在知青返城的滾滾洪流中已經阻攔不住。

　　群體的行為是天然合理的，這一次，群體的背叛不是背叛，是覺醒。

　　我走的前一天，葛痞子來送我。葛痞子眼睛受了傷，包成了獨眼龍。

　　我說：「你怎麼了？」

　　「幹活碎鐵屑濺到眼睛裡了，出點血，沒事。」葛痞子不以為然。

　　「你得上醫院看啊！」

　　「看它幹啥，哪那麼嬌氣，慢慢會好的。」

　　我倆沉默了一會，葛痞子說：「我操，你當連長的都走了。」又歎了口氣：「嗨——畢竟父母在嘛。」我竟有點鼻酸，說：「我有一頂猻頭帽留給你。」這是我最值錢的東西。

　　我買了最早的到建三江的長途汽車票，當天夜裡，月光格外地明亮，我圍著連隊的生活區走了一圈。月色灑在積雪上泛

出耀眼的銀光，拖拉機是銀色的，房屋是銀色的，道路是銀色的，冰河是銀色的，就連遠處的草甸子也是銀色的。我從來沒有發覺北大荒的夜晚是如此之美，美得讓人心疼。

其實，這月光之夜和平時沒有兩樣，當我感覺到它美，卻是最後一夜了。

我並無愧疚感，有的只是對這片我奮鬥過的土地的唏噓和感慨。我也無留戀情，故鄉的誘惑是不可理喻的，父母的召喚是不可抗拒的。

雖然北大荒也是我第二個故鄉，但真正的故鄉是你童年的地方，故鄉和口音一樣是無法改變的。

我駕駛東方紅75拖拉機，牽引聯合收割機，收割小麥。

我在修拖拉機。

我戴猱頭帽。

二十三、返城學徒

一九七九年二月，我回到了上海。

人也許真的有宿命，跳不出自己命中的藩籬。我回到了我的出生地——當初的華美服裝廠，公私合營後改名中華服裝廠，現在改名上海人民服裝廠。上海人民服裝廠歸屬於上海市服裝公司，上海市服裝公司又歸屬於上海市手工業局。不管它怎麼改名，都改變不了許家的血統，少不了見證我出生的老員工。

這一年，我二十九歲，卻要和十八歲剛從職校畢業的學生一樣，進廠當一名學徒工。儘管我全家人都是服裝工人，在我眼裡就是個小裁縫，幹的是婆婆媽媽的針線活，哪裡比得上我在黑龍江生產建設兵團幹的現代農業那麼氣派？況且我是農業專家、機械專家，又是一連之長，何等的威風！

一切從頭開始也就算了，我從小獨立慣的，並不怕什麼。但是要和家人在一起工作，而且還是靠著家人的退休頂替關係才進的工廠，這讓我極傷自尊。

家人看出了我的失落，開了個家庭會議，也算是慶祝我回上海。

家庭會議是在阜民路五十七號——以前的華美服裝廠舊址，現在大舅和外婆家的住址召開的。

大舅見我這不羈之民都投奔上海人民服裝廠來了，多少有些得意，不免擺出老前輩的架子教訓起來：「我跟你說，你不

要用老眼光看問題，現在的服裝行業可是輕工業之首。服裝技術的名堂多了，比你的農業技術要深奧。服裝按種類分有男裝、女裝、童裝，按式樣分有中式、西式，按織法分有梭織、針織，按面料分有布服裝、呢絨服裝、絲綢服裝、襯衫服裝，還有繡花、印花工藝。你十年可以成為一個農業專家，你十年不一定可以成為一個服裝專家。」大舅說完，抿著嘴嚴肅地點著頭，看著我。

我覺得大舅故作玄虛，聽了更煩，不停地搔頭摸耳。

母親知道我的心思，歎道：「沒想到兒子最後還是做服裝，不過話要說回來，還有什麼比回上海好的呢？」顯然母親沒有忘記我兩歲那年小手虎口被縫紉機針刺破那次發誓說過的話，「我的兒子以後絕不做服裝。」現在時過境遷了，母親認為做服裝固然辛苦，但是，上海人民服裝廠畢竟是全民單位，是鐵飯碗。

母親還沉浸在我回上海的喜悅之中，這種喜悅甚至比三十多年前，她自己從小東河逃難到上海，還要強烈。

「就是啊，回上海好！」外婆生怕我一不高興又要回黑龍江生產建設兵團似的。外婆喜極而悲，竟掉下兩滴淚，繼續說，「我夢裡不知笑醒多少回了，再說回到我們家的廠。」

「夢嘔！」大舅母學著外婆的口頭語笑謔道，「什麼年代的事了，還我們家的廠？」

「怎麼？沒有我們家的廠，哪來今天的上海人民服裝廠？」外婆和人說話很少固執己見，現在看到我回上海便興奮得忘乎所以了。

王家貴今天也來了。王家貴原本是小東河許家的佃農，又是最早的華美服裝廠老員工，許家把他當成家庭的一員，我也從小叫他舅舅。

　　說起華美服裝廠，王家貴就笑個不停，問我道：「你小時候調皮站牆頭，還記得吧？」說著指向廚房和飯廳間的矮牆。

　　外婆淚下道：「可憐呢，你爸那時打你，還就虧王家貴護著。你小舅最不是東西，還幸災樂禍的。」外婆破涕為笑，問我道：「你還記得啊？」

　　「我哪裡記得。」我淡然說道。家人以我為題談笑著，我卻好像是題外人。

　　父親在邊上喜得只是笑，對我說：「說正經的哦，我聽廠長在打聽你什麼時候上班報到，說你是連長，要培養你呢。」

　　小舅搶著說：「廠長有什麼了不起的，我們連長比廠長級別高好吧！」

　　我嗆小舅：「你亂說什麼？」遂回父親道：「下星期去。」

　　父親說：「你到廠裡跟我學機修吧，這是技術活，輕鬆。再說和你的機械是相通的。」

　　母親反駁道：「要學就學大舅的製版、排版，這是服裝最高級的技術。」

　　王家貴對我說：「你小時候就聰明，學什麼都快。服裝沒有那麼難的。」

　　我說：「聽廠裡安排就行了。」

　　大舅母、小舅母、小姨都一邊附和著說笑，一邊在準備晚飯。

我出門想抽支煙，小舅跟了出來，在我的耳旁說：「你不在上海的時候，我被人欺負苦了。」並用手掌撥開額頭的頭髮說：「你看，都縫了兩針，被他們用木棒打的。」我大驚，說：「誰啊？」小舅說：「鄰居，一家人打我。」

第二天，我帶了兩個從黑龍江一起回來的戰友去小舅家，找鄰居討說法。小舅一家三口已經搬到王家碼頭路，一個弄堂板房的底層，小舅家的牆面和鄰居家的牆面呈直角。經小舅指認，我們三人直闖鄰居家裡，這家人有一對中年夫婦，和小舅同齡，一雙兒女，男孩十八歲，女孩十五歲，並沒有看到我想像的強橫之徒。看著被我們堵在屋裡瑟瑟發抖的一家人，我無法下手。

我在鄰居家的椅子上坐下，聽中年夫婦訴說。原來問題就出在兩家交界處，兩家都把刷完待乾的馬桶，以及痰盂、煤爐、煤餅、掃帚、畚箕、垃圾桶等雜物放在自家靠牆處，偏偏交界處是直角。八年來小舅獨占了直角，一起爭執，小舅就動手打人，現在小男孩長大了，父子倆報仇，把小舅打了一頓。

派出所和里委會多次介入調解，也曾經在牆角處用油漆劃分了四十五度角的「三八線」，但是鄰居家的人回家進房要經過小舅家門口，這又涉及小舅家門口的「領地」範圍，小舅硬說鄰居侵犯了他的「領地」。如此，雙方結成了深仇。

我一看這事沒法解決，就把小舅叫來說：「你就不能謙讓一點嗎？這樣打下去什麼時候是個頭啊？」小舅指著對方說：「我是讓的呀，他們不讓啊！」對方馬上七嘴八舌地爭辯道：「我們一直在讓你好伐。」又吵了起來。

這時候，派出所來了兩個員警，怕事情鬧大，就把闖進鄰居家的我們三個年輕人和小舅一起帶到了董家渡派出所員警指責我們私闖民宅，我說沒有動手，只是講理，於是爭吵起來，惹怒了員警，把我們三個人留置在派出所過夜，把小舅放走了。

小舅出門時對員警點頭哈腰，連說謝謝，這和以前的小舅完全不同。解放初，小舅大鬧蓬萊分局，說：「這裡吃飯不要錢，蠻好。」看來，小舅現在明白了，公安局可不是鬧著玩的地方，雖然不要錢但是會要命。小舅終於被共產黨教育過來，向強權低了頭。

馮家、許家只有孃孃一個人不向強權低頭，終生沒有妥協。

我到上海人民服裝廠報到，這是一棟有七層樓新廠房和全套日本重機設備的現代服裝廠，和我小時候看到腳踏縫紉機的華美服裝廠有著天壤之別。廠長直接把我安排到大舅手下當一名學徒工，沒有按例讓我先從最底層的縫紉工或者裁剪工開始做起。我不知道是因為大舅的要求，還是因為我是連長的原因。

服裝工序，越靠前道越重要，技術含量越高。

整燙工和包裝工是最後工序，技術含量低，那就是出死力的活，老實肯幹就行，易學上手快。

縫紉工是最辛苦的工序，上班手腳不停，一針不去一針不來，基本功要求扎實，止口整齊劃一，針腳平整均勻。

裁剪工細分多工段，有驗布、拖布、電剪、編號、分包。比縫紉工輕鬆，但責任心強，一旦出錯，一拖布就是幾百件。

服裝技術含量最高的就是製版，其次是排版。此等技術非一日之功，也非光靠勤奮可致，要看個人之天分，且技術水準

永無止境，強中更有強中手。

通俗來講，製版就是量體裁衣，衣服合身在於版型。我這個服裝門外漢學製版就從「紙上談兵」開始，就像優秀的軍事家不一定都要從士兵當起，軍校畢業生反而更有資格。我自認有些天分，又肯學善鑽，可以一蹴而就。

大舅從人體、測量、縮放量等基礎開始教學。很快我發現製版其實離不開數學、幾何。比如做褲子，量一個人的臀圍是九十公分，加上人的活動幅度放出十四公分，褲子一百零四公分，除以四，每個褲片的臀圍是二十六公分，再量腰圍，量腳口，都除以四。所有數字出來以後，將每個尺寸點連成弧線，褲子製版就成了，再把前後縫製的縫頭加在後片紙版上就大功告成了。

我觸類旁通，買來各種裁剪書，裁剪書也可謂是諸子百家，各有千秋，但萬變不離其宗，我各取所長，融會貫通。我看的裁剪書竟比大舅這輩子看的還多。

我自己發明了一套簡化的公式，可以快速製版，甚至嘗試目測人體製版，不量尺寸。人家靠經驗積累要幾年甚至一輩子的時間才能掌握的技術，我靠研究總結和強化實踐，只一年時間就已經基本掌握。

人都說我出自名門世家，名師出高徒，我就飄飄然起來，以為製版不過如此，便開始幫人家量體裁衣。廠裡職工以前需要裁衣服都是找老師傅，這些老師傅架子大，雖然不付工錢，送禮還是要的。到我這裡裁衣服一律免禮，一到中午休息時間，我就擺攤，現場量體，鋪開布料，一把竹尺，一塊劃粉，

畫出版樣，剪出裁片。

　　大舅教我量體裁衣要略寬鬆一些，衣服可以改小卻不可以改大。我卻沒這麼保守，覺得略緊身一些，樣子好看。我還學會了趕時髦，什麼小褲腳、喇叭褲、直筒褲、銅盆領、小方領、套鼓袖、泡泡袖……，來者不拒，花樣百出。一時間，我名聲大噪，大家都說我裁的衣服樣子好。

　　就這樣，我搶了所有老師傅的「生意」。每次我裁衣服時，後面都有人排隊，中午休息來不及裁的，下班後還要加班。

　　可是，我狂妄了沒有多久。一天，碰到廠裡一個特殊體型的胖子要裁褲子，他的腰圍比臀圍大，我還是按照老方法裁剪。結果，胖子褲子做好了，褲腰勒在凸肚的下坡處掛不住，褲子往下掉，不能穿。無奈，我賠了布料，找大舅幫忙。

　　大舅在前片前檔上鼓出二公分，後片後翹上加高二公分，直檔長出三公分，腰頭改成弧形，褲子就穿上去了，還滿有樣子。這種立體裁剪法，書上是沒有教過，我才知道我學的只是表面功夫。

　　我又跟大舅學排版。排版就是把製好的紙版緊密地排在布上，最大限度地發揮布面利用率。就像玩七巧板一樣，紙板的線條直貼直，彎套彎。排版在理論上可以有無限種搭配，但是必須遵守布料的經緯方向，也就是衣服褲子的長度必須和布的經度平行，術語叫絲縷直。好的排版幾乎不浪費布，裁剪下來找不到手指大的碎布，可稱巧奪天工，天衣無縫。

　　大舅的排版已經到了出神入化的地步，但是，大舅能夠教我的也就是「節約」二字。排版只可意會，難以言傳。我只能

靠自己悟道，我除了看大舅排版，就是在排版臺前擺紙板。

　　大舅在人民服裝廠眾多師傅中排版水準數第一，就是在上海市布服裝行業的中山裝排版比賽中也是穩拿第一名。我學排版一年以後就小有成績，已經把一般的老師傅比下去了。我就想著挑戰大舅。

　　一次大舅做了一個西褲的排版，五幅三條排版，九十公分門幅，單耗一點八三米。我一個通宵不睡覺，在大舅排版的基礎上反覆改進，終於有了突破，達到單耗一點八米，早上上班，我興奮地告訴大舅，我又節約了三公分。

　　「嗯，不錯，有進步！」大舅看新的排版，嘴上誇我卻鎖緊眉頭。我思忖：「師傅被徒弟超過也是早晚的事，況且我是你的外甥，應該高興才對啊！」大舅叫我把排版縮小圖留存，按排版先做一條褲子。等褲子做好後，我發現褲子的腿縫前後片有明顯的色差。

　　原來，光看我的排版版面是沒有毛病的，經緯絲縷也達到要求。但是，前片的腿縫和後片的腿縫沒有放在同一經度，而是分別在兩個邊道。印染廠染布時兩邊道吃色不同有色差，這種色差是微小的漸變，光看布面很難分辨，但是做成褲子立馬顯示色差。

　　幸虧只有一條褲子報廢。如果拿去裁剪車間生產，一拖布色差，就是幾百條褲子的報廢。

　　我和大舅的第二次較量又失敗了。「懂了吧？」大舅並沒有給我難堪，而讓我自己體會，我更無地自容。我跟大舅學徒只有兩年，就想和大舅較量，真是班門弄斧。

大舅跟小麻皮學徒就六年，前後四十年的苦心鑽研，技術早已爐火純青，絕非凡人能夠超越。

　　大舅的技術其實是遠超小麻皮的，可是大舅對小麻皮還是「一日為師終身為父」。大舅每個月都去看師傅小麻皮，小麻皮在公私合營後，生活一直拮据，靠大舅接濟，直到小麻皮去世，就連小麻皮的後事都是大舅操辦的。

　　在大舅的傳授下，我的技術突飛猛進。廠長看我是可造之材，把我調到裁剪車間當車間主任，我便脫離了大舅。

二十四、奶奶之死

　　我到上海兩年後，一日，我接到一封從黑龍江的來信，是葛痞子的老婆寫的，說葛痞子死了。葛痞子自眼睛受傷以後，一直不去看，直到眼睛發炎，引起腦炎，再去看時已經沒救了。

　　信中附了一封葛痞子給我的沒有發出的信，信上倒沒有寫什麼，只是寥寥幾行字，說問好想念之類的客套話，希望我在上海一切都好，有空回北大荒玩云云。可能是葛痞子覺得信過於簡單，不成文，沒有寄出。葛痞子死後，他老婆發現了這封信，才完成了他的遺願。

　　不想這封信竟成了葛痞子的絕筆，我著實難過了一陣，在唏噓命運無常之餘無比懷念起和葛痞子交往的日子。一時間竟像害了相思病，想念何胖子、大姜，甚至曹二關，想念拖拉機、聯合收割機，想念那廣袤的黑土地，恍惚中竟有些後悔離開北大荒。

　　上海人民服裝廠的產品「長城牌」中山裝從大舅的華美服裝廠算起已經三十年了，成為中國老字號的馳名品牌。

　　一九八四年，鄧小平到上海，想做一件中山裝出鏡。這個任務自然落到人民服裝廠頭上，大舅被上海市委辦的車接到了西郊賓館四號樓。

　　鄧小平還有卓琳、鄧林、鄧榕、小孫子，一家人其樂融融。上海市委辦的幾個人躬身站立邊上，時刻保持著微笑。大

舅手拿皮尺走近鄧小平，真人比電視中更蒼老一些，鄧小平抬眼看了一下大舅，並沒有打招呼，這已經是很給面子了，邊上畢恭畢敬地站了很久的市委辦的人都沒有和鄧小平對上眼。

　　來之前，大舅已經想像到鄧小平的身材是買不到現成的衣服的，矮胖不要緊，麻煩的是頭頸短，這樣的身材是不可以穿中山裝的。中山裝的領子是立領，外領盤貼著內領盤，挺括地豎起來，扣上風紀扣，再加上墊高的肩墊，加寬了肩膀，人頓時顯得偉岸，中國歷屆領導人的標準像都是選中山裝作為黃袍加身的。大舅想勸鄧小平改做西裝可以避開這個缺陷，當然，他知道自己是不可以說話的。

　　大舅決定降低內領盤，讓外領盤稍微張開一點，呈八字形。中山裝前身有四個口袋，排列不下，只能縮小袋高的尺寸。

　　室內並不熱，但大舅還是出汗了。

　　市委辦的人看大舅忙完了，挺直身子對大舅說，鄧林也要做一身套裝。鄧林朝大舅點了點頭，笑了一下，大舅立馬感到了領導的平易近人。大舅覺得可以講幾句話，勸鄧林上衣做西裝領的兩用衫，兩側配斜插袋，布料選直條子毛滌布。因為鄧林的身材和鄧小平一樣，直條子可以顯得瘦些，衣服沒有貼袋顯得簡潔修長。

　　量完尺寸，鄧林說了聲謝謝，大舅受寵若驚，轉身對市委辦的人說：「鄧榕是不是也要做一件？」他不敢直接問鄧榕。鄧榕此刻正背對著大家，低頭在看一本香港時裝雜誌，頭也沒有抬，只把手在腦後使勁擺了擺說：「不要，不要！」

　　鄧榕在鄧家是身材最好的美女，自然可以買到標準的世界級

的品牌服裝。大舅還以為鄧榕不想再增添工廠的麻煩，這是何等的廉潔啊！大舅感動之餘，對著鄧榕的背影說：「沒關係的，上面來我們廠做衣服的人多了去了！」市委辦的人的笑臉像摺扇一樣「唰」地收攏了，瞪了大舅一眼：「走吧。」大舅離開時，並沒有收到像唱片之類的什麼紀念品，當然更沒有簽名。

廠長組織了幾個技術最好的工人連夜把鄧小平和鄧林的衣服做好了。鄧林第二天到人民服裝廠來拿衣服，交了五塊錢，廠長陪同鄧林參觀了工廠的流水線，大舅沒有陪同。

鄧小平穿上這件中山裝，正是他進行改革開放的時候。

改革開放使中國發生了翻天覆地的變化，這是中國的第二次解放，實質是把既得利益者從道德的禁錮下解放出來，走上了先富起來的道路，完成了黨內分封制。同時把工人階級從鐵飯碗的看護下解放出來，走上了下崗再就業的道路，從而卸掉了國家的包袱。

馮、許兩家陸續有人下崗，社會上的貧富差距開始拉大。他們終於成為新生的澈底的無產階級，他們將獲得資格在下一輪革命中去搶奪富人的財富，當然還得扯起馬克思的「剝奪剝奪者」的旗幟。

人生最大的悲哀是老來貧困，奶奶到了晚年沒了房子，沒了財產，沒了信仰，沒了希望，到了臥病在床的時候就成了陷入貧困的子女的沉重負擔。

我們家換房搬到縣左街四十九號，這是多戶雜居的弄堂房子，我們家有兩間二樓房間，一間八平方米，讓我結婚，房間開門見床，再放一個五斗櫥和一個馬桶就再無立足之地。還有一間

十二平方米的房間，搭了八平方米的閣樓，父母和兩個妹妹每晚搬出竹梯爬上去睡地鋪。下面放一張八仙桌，還有奶奶、弟弟睡的兩張單人床、一個馬桶，吃飯時床板代替凳子坐。

白天，我們都出去上班，留下母親照顧奶奶。奶奶日夜顛倒，常常夜裡哭鬧，踢掉被子，扯去衣服，拍床板大叫：「我的金條呢？我的房契呢？」父親、母親日夜輪流陪著。時間一長，父親就向大伯、孃孃提出分擔要求，最終達成協議，每家照顧奶奶一個星期。

大伯家住房條件比我們還差，大伯母除了照顧奶奶，還要照顧時常犯病的大伯，三個子女還沒結婚，白天上班，晚上六張床全鋪開來就像醫院的急診室。

孃孃家房子比較大，但是孃孃剛恢復工作，在一所中學做英文老師，輪到照顧奶奶的日子，就只能請假在家，要扣工資。

奶奶每個星期都要去醫院看病，這個擔子就落到我和堂哥的身上，每次都是我倆騎三輪車送奶奶去醫院。

久病無孝子。大伯家最先違反協議，到了規定日期不來接奶奶。父親和大伯家開始爭吵，後來又達成了新的協定。我家獨擔兩週，大伯、孃孃家各領一週，一月一輪。奶奶再去大伯家的日子，大伯母也不如以前盡職了。奶奶漸漸地不吵不鬧了，直到一天傍晚發現奶奶去世時，身體早已冰涼多時了。奶奶殞年九十一歲。

人在擁有的時候並不懂得珍惜，失去了才痛悔莫及。

奶奶一死，大伯捶胸頓足，以頭撞牆，撞得頭破牆裂。父親沒完沒了地哭了三天三夜，嗓子一個月說不出話。孃孃哭得

暈過去，送醫院。我對他們的表現極其反感，早知今日何不在奶奶活著的時候多盡孝心？但，我又想，也許是貧困摧毀了他們的意志，人窮志短。這一點在辦奶奶後事的時候證實了。

我和堂哥張羅完追悼會，去浦東的黃樓找了一塊單穴墓地，二千元。馮家開了幾次家庭會議，達不成墓地費的分攤方案，大伯、孃孃和父親也確實湊不齊這筆錢。

我在黑龍江生產建設兵團時，每月工資是三十六元，返回上海，在人民服裝廠每月工資是五十元。我平時對物質並無欲望，沒什麼開銷，將近二十年積蓄了八千五百元。我決定由我一人承擔這二千元，馮家所有的人聽到這個決定都默不作聲也別無選擇。

在買墓地的時候，我一時傷感，想到我外婆，還有我父母，將來去世都需要墓地，不如一併買了吧。他們是我最愛的人，為了他們，我願意付出。於是，我買了四個相鄰的墓地，這是我全部的積蓄。

奶奶去世後的第一個冬至日，馮家的所有人齊集去墓地為奶奶舉辦了隆重的入葬儀式。奶奶入土為安，眾人心安理得。

當天晚上，我們全家早早就寢了。

午夜時分，只聽得木板樓梯發出清晰的勻速聲響：「噠──噠──噠……」聲音由下而上直達房門口。父親、母親驚醒了，以為是樓裡的其他夜歸人，聲音似與平時不同，正屏息靜待誰人進自己家的開門、關門聲。然而，一切又歸於寂靜。父親跳起來大聲說：「不好，來賊了！」等亮燈開門一看，卻空無一人。母親也起來了，說：「別是媽回來了？」樓裡另外

四家鄰居都起來了，聽說是亡靈回來了，各自又緊閉房門。

第二天，一到午夜，我們全家人都在床上躺著等待這一刻，也包括樓裡其他四家鄰居。同樣的聲音如期而至，父親、母親由此斷定是奶奶回來了，趕緊起來，把撤掉的靈堂重新設立起來，燒香點蠟燭，臉盆燃錫箔，房間裡頓時濃煙滾滾，錫箔燒後的黃色灰燼隨煙飛舞。

母親把我們四兄妹一個一個拉過來磕頭，對著奶奶的遺像說：「奶奶啊！你就不要嚇你的孫子吧，你孫子對你這麼好，你的墓地還是孫子買的呢。」父親說：「媽，兒子不孝，你原諒兒子吧。」

樓裡有一家鄰居嚇得哭著連夜搬走了。大伯和孃孃聽說奶奶顯靈了，帶著兒女都來我家磕頭。大伯說要去定做一個紙糊的石庫門房子燒給奶奶，大伯母提醒說：「門牌號碼要寫上，要不奶奶找不到，還要燒把鎖，要不餓鬼要搶房。」

牆上掛著奶奶的遺像，是一張在勞太太洋房前拍的半身像，有點像宋慶齡的晚年像，奶奶的笑容像解不透的蒙娜麗莎的神祕微笑，看著人間。奶奶第一次被人如此重視，如此敬畏。

我為奶奶悲哀，輕生重死是國人的劣根性，我決意反其道而行，在長輩生前善待厚養。

這以後，夜裡樓板再也沒有響過，父親、母親都說奶奶安心地走了。我卻不信這一套，請來了房管所的管理員來家中找原因，管理員進門一看樓梯就說：「噢！這是去年夏天房管所統一新換的樓梯板，到冬天冷縮導致的。其實白天也會響，不過你們聽不到，換過樓梯板的人家都這樣。」

奶奶去世以後，母親就想著出去掙錢，每月五十元的退休工資難免捉襟見肘。其時，大舅從上海人民服裝廠退休，幾家私人服裝廠老闆爭相出高價聘用，大舅決定去安徽牛頭山的一家服裝廠當廠長，每月工資三百元。母親跟著大舅去這家廠當技術員，每月工資一百五十元。大舅和母親就住在離上海五百公里的廠裡，每個月回家一次。

　　大舅說人家老闆出這麼高的工資，就要幫人家賺錢。大舅重新規劃了服裝廠，又聯繫了上海的業務關係，就像當初組建自己的華美服裝廠一樣認真。這家只有一百多人的服裝廠在短期內擴展到五百人的規模。廠老闆乾脆當甩手掌櫃，每天的工作就是下班陪大舅喝酒。

　　父親也從上海人民服裝廠退休，去了上海郊區一家私人服裝廠當機修工，每月工資一百六十元，每天早出晚歸。

　　小舅從上海南市區迎春服裝店退休，去一家私人服裝店站櫃臺，每月工資八十元。但是小舅並沒做多久就和老闆吵翻了。一個顧客要買一件掛牌三十元的羊毛衫，砍價到十八元成交了，顧客又不買了。小舅罵顧客是瘪三，還追出門打人，小舅被抓進了派出所。老闆把小舅炒了，還扣了他半個月工資。小舅一氣之下從店裡拿了三件羊毛衫回家，老闆沒辦法，只能到小舅家用扣去的工資換回羊毛衫。

　　小舅想去大舅做廠長的牛頭山服裝廠打工，大舅不肯，怕他和老闆吵架。

　　改革開放就是八仙過海，各顯神通，只要你有技術，肯吃苦，到處都可以掙到錢。但是我對於掙錢卻不以為然，人不能光

為了掙錢而活著，上班是一份事業，不是謀生，錢夠用就行。

我在上海人民服裝廠上班再忙也沒有放棄讀書，回上海的第二年，恰逢上海市南市區工人業餘大學招生，我輕鬆地考了進去。學制四年，學的是復旦大學中文系的課程和教材：古漢語、現代漢語、古典文學、現代文學、外國文學、哲學、邏輯學……

業餘大學就是用業餘時間上學，我用了全部的晚上時間和休息天。在家做作業，為了不影響家人睡覺，我就在公共廚房搭出活動桌凳寫字，過著苦行僧的生活。

在我看來讀書才是活著的意義，書就如營養一樣維繫著人的生命。

業餘大學畢業後，我又讀了復旦大學英文系的夜大課程，結束後我還讀了復旦大學新聞系的夜大課程，讀書永無止境。

二十五、我當廠長

在上海人民服裝廠，我從服裝外行變成了內行，加上工作上的熱情和管理上的經驗，很快，我在工人中脫穎而出，一年一個臺階，從車間主任、計畫科長，直至提升為廠長。

我當廠長可把許家人高興壞了，就好像人民服裝廠又回到許家手裡一樣。

外婆在文革中被人民服裝廠的造反派定為逃亡地主，開除公職，停發工資。文革後，母親一直為外婆平反的事找廠領導，幾年都沒有下文。

我決定和人事科趙科長談一下，瞭解外婆的案子。

趙科長一進門，我指著辦公桌前的椅子說：「坐，趙科長。」趙科長惴惴然用半個屁股坐下。我把身體往椅背上靠去，說：「怎麼樣？人事科工作忙得過來嗎？」

趙科長以為我是新官上任，關心科室工作，便緩過神來：「我們又不是生產部門，有什麼忙不過來的？」說著屁股挪滿了椅子。

我接著他的話頭說：「是啊，最近生產車間很忙，要不你們抽人下去幫幫忙？」

趙科長身體僵硬了，幾秒鐘後才說：「那，當然聽廠長的。」

「好！有這個態度就好。」我剛說完，桌上電話響了，是

車間有事要我下去處理。我站起來說：「今天先到這裡吧。」

趙科長應了聲好，跟著我出門。我回過頭問：「趙科長在人事科做了幾年了？」

「快十年……」

我沒等他說完，突然問：「哎，聽說我外婆姚惠芬以前也是這個廠的？」

趙科長突然醒悟過來，大步走上來說：「是的，外婆的平反報告送上去很久了，可是，你知道的，上級公司這些人占著茅坑不拉屎。」趙科長邊說邊擋到了我前面，拍胸說：「你放心，明天開始，兄弟我坐到他們辦公室去。」

聽得出來，趙科長語稱「外婆」，沒有說「你外婆」，又自稱兄弟，討好意圖明顯。我在趙科長的臂膀上用力拍了兩下，以示認可。我本想說聲謝謝，開口卻還帶著官腔：「不管是誰，平反都要抓緊，人死了平反有什麼用？」

落實政策這種事，事在人為，要辦馬上可以辦，不辦，可以有很多理由，哪怕最簡單的理由，說「研究一下」，便石沉大海。

事情竟簡單到讓人不敢相信，不到一個星期，上海市服裝公司對外婆的平反文件下來了，補發二十年的工資及享受退休待遇。外婆一下子領到一萬多元錢，每月還有退休工資，看病有勞保。這一下，把許家歡喜得哭了好幾天，都說朝中有人好辦事。

外婆一定要謝我，我拗不過便說：「那就買一斤你給我小時候吃的蜜棗。」蜜棗買來了，我卻吃不出小時候的味道了。

外婆平反以後，又遇到一件好事。一天，家中來了兩男一女，女的是南市區統戰部部長，一個男的是上海市統戰部副部長，另一個男的是中央統戰部的處長。

三人一進門就圍著外婆說：「姚奶奶，你好啊！」

外婆見到當官的就點頭哈腰。上海男說：「姚奶奶，你有兩個侄子在臺灣，一個叫吳遠，一個叫吳近，是吧？」

外婆如電到一般，顫抖著說：「我和他們沒關係，我們沒有聯繫過。」

中央男說：「不要怕，我們就是要叫你聯繫他們，你寫一封信，叫他們回到祖國來。」

外婆說：「我不會寫信，我不識字的。」

上海男說：「沒關係，我們已經幫你寫好了，你照唸就行。」上海男拿出信來唸，外婆跟，整整排練了一下午，才錄音成功。

女的上前攙著外婆說：「你年紀大了，我們幫你找了一個保姆，服侍你，由政府出錢。」果然，第二天開始就有一個四十多歲的女傭到家裡做保姆，對外婆無微不至，外婆受寵若驚，把保姆當成政府，一個勁地說「謝謝」。

外婆的富安口音在廈門對臺廣播每天定時播出：「吳遠、吳近侄兒，你們好！我是你們的小姨姚惠芬。我現在生活很好，都有政府照顧，就是想念你們兩個侄兒，只盼在有生之年能看到你們，希望你們回到家鄉來看看⋯⋯」

其時，吳遠已經是臺灣防空司令部中將司令，廈門對臺廣播半年以後，吳遠、吳近也沒有回來，外婆剛適應有保姆照顧

的生活，保姆卻又撤了，外婆又回到了原來的生活。

八十年代中後期，中國的服裝製造走向世界，迎來了空前的大發展。我們廠接到了來自日本、香港、臺灣、美國、歐洲的訂單，要完成這些天量的訂單，我們廠發展了十幾家外省市的鄉鎮服裝廠，為我們加工。

上海人民服裝廠的產能擴大了幾倍，和哪家外商做生意，加工訂單發給哪家外發廠做，都由我決定，我自然成了外商和鄉鎮企業老闆公關的對象。

世界上沒有攻不下的堡壘，賄賂是於無聲中循序漸進的，變質是不知不覺中潛移默化的。

香港達利洋行是最早和我們廠做生意的外商公司，一日，老闆林先生和我們談完生意後問：「我可以抽煙嗎？」

我說：「可以，我們男人都抽煙。」我從口袋裡拿出三毛五分錢一包的「大前門」香煙，率先點上，技術科張科長抽出一包兩毛八分錢的「飛馬牌」香煙，技術員老李摸出一包兩毛二分錢的「勞動牌」香煙，林先生從手提包裡擺出一包「健牌」美國香煙。

騰雲駕霧中，林先生拿起我的「大前門」端詳一會說：「我嘗嘗？」

我說：「你抽吧。」林先生把他的「健牌」香煙扔過來：「你們也嘗嘗我的。」

這是我第一次抽「健牌」香煙，入喉滑潤，濃而不嗆。夾在手指，潔白修長，如箭似鏢。林先生看出我喜歡「健牌」香煙，就給我留了一包，我把它拆開分了。

林先生再來的時候就給了我一條「健牌」香煙，這一條煙頂我半個月的工資，這算不算受賄？我想，香煙你來我往，煙消雲散，任何部門都不可能認定這是受賄。再以後林先生送兩條、五條、十條，我便心安理得了，甚至抽不完，把香煙賣給小販，每月有固定的幾百元收入。

　　一天，林先生請我在錦江飯店吃飯，大冬天，飯店溫暖如春。服務員把林先生脫下的風衣、西裝拿走，掛在衣帽間，我脫下厚重的棉襪、兩件毛衣，把我邊上的椅子堆得小山一樣高。林先生的襯衣挺括輕盈，我皺巴的襯衣裡還有一件棉毛衫。完全不同的生活境況，把我打入窘迫和自卑的境地。吃完飯，林先生給了我一塊歐米茄手錶，再三推託後，我收下了，這塊錶相當於我好幾年的工資。

　　到了下一次談生意，林先生開門見山地說：「上次兩萬條西褲，價錢是四點二五美元一條，這次有五萬條，你的價錢要下來點，四美元一條吧。」

　　我說：「那不行，已經談好的價錢不能動。」

　　林先生說：「你總得讓我賺點錢吧？你別看我老闆大，開銷更大，我到上海來，乘飛機、住賓館費用不小，再說，我有一大家子要養，不賺錢不行啊。」

　　我說：「這個廠是國家的，如果是我個人的，我肯定讓你。」

　　林先生說：「我不是和你們一家廠做生意，你不讓步，我就給別的工廠做，也是國家的工廠。」

　　整個談判過程中絲毫沒有談到他給予我的好處，甚至連暗

示也沒有，但是這層關係在我和他心裡都是存在的。最終我讓了一步，確定價錢是四點零五美元，他多賺了一萬美元，把給我的東西十倍地要了回去。不過，我安慰自己，即使我沒有收受他的東西，這種讓價也在理上。

和外商這種「水到渠成」式行賄相比，鄉鎮企業老闆的行賄簡直就是暴力行賄了。

昆山花橋鄉服裝廠是我們廠最大的協作工廠。喬老闆本是一個菜農，有一副鐵肩膀，挑起大糞擔子，行走如飛。後來，不幸腰扭傷了，就組織了鄉裡三十多個農婦，把各自家中的腳踏縫紉機帶到他家的草房裡，辦起了一個服裝廠。經我們廠職工介紹認識了我，我第一次去考察他們廠是坐長途汽車到鎮上，他搖著小舢板來接我，連路都沒通。

對這樣的廠我不感興趣，於是，他讓我廠職工帶路，提著兩隻雞就直接找上門來，在我家殺雞做飯、做家務，歲數比我大還硬叫我大哥。我心一軟，就發一點活讓他廠做吧，從此一發不可收，也算他有本事，幾年間，發展到一千多個工人，在公路邊蓋起了兩萬平方米的現代化廠房，喬老闆成了當地一霸。

剛開始，一到過節，喬老闆開著卡車往我家送東西，青魚、黃魚、甲魚、豬腿、牛腿、火腿、雞鴨鵝、煙酒糖。弄得我家不得安生，不是雞飛了，就是甲魚爬到床底下。我只能請親朋好友、鄰居街坊幫我分享。一到過年，很多廠一起送年貨，我家農副產品堆得像菜場一樣。

到後來，行賄升級了，喬老闆夏天到我家一坐，馬上說太熱了，裝個空調吧，不幾天，空調就裝好了。老式空調機體積

大，功率大，那時候，整條街坊就我家一臺空調。常常，我的空調一開，一個弄堂跳電，最後，由供電局為我家專門拉了一條工業用電線路。

我母親生病住院，喬老闆到醫院看我母親，扔下一萬元就走，那時買一輛夏利轎車才八千元，我母親這輩子沒見過這麼多錢，嚇得血壓升高。我翻了臉，逼喬老闆把錢拿回去，喬老闆改成派人常駐醫院隨時付帳，叫醫生進口藥儘管用，打生長激素，打免疫球蛋白，弄得我母親興奮得幾天不睡，要瘋了，說寧願血壓升高。

喬老闆說，沒有我就沒有他的今天，不能他富了，我還窮，他提出以後按照我給他的業務量提成，付現金。我知道，他想在我們眾多的協作工廠中一家獨大。

林先生也提出讓我再把價錢降下來，這再降價的部分是給我的，他幫我把錢存進香港銀行，絕對安全。

對於喬老闆和林先生提出的拿回扣方式我斷然回絕。常在河邊走哪有不濕鞋？我是濕鞋不濕身，我死守著「不拿錢」這條自欺欺人的底線。

國營企業工人的工資是按照工齡計算的，做多做少一個樣，全憑本人覺悟。我打破了這種大鍋飯的管理方式，從外發工廠的加工費中返回一部分現金作為小金庫，建立起獎金制度，做得好和不好在獎金上體現出來，調動了工人積極性。廠裡效益上去了，人員精簡了，我派出了十幾個師傅去管理外發加工廠。

人民服裝廠以前每年的利潤只有一百萬，我當廠長以後利

潤翻了三番。我受到上海市服裝公司的表揚，被評為一九八七年度上海市優秀黨員，登了報紙。

為了避嫌，我不插手廠裡財務，並且，我個人不拿廠裡的一分錢獎金，廠裡沒有人不服我。當然，沒人知道我每個月香煙賣掉都有幾百元收入，遠比工人的工資獎金要高。

我幫外婆平反，補發的一萬元並沒有給外婆帶來好運。它猶如一顆深水炸彈投入到平靜如水的家庭中，爆炸後的衝擊波一波又一波地沖刷著親情紐帶。

公私合營以後，我們家、小舅家、小姨家，都相繼搬出去單過了。外婆和大舅家一起生活，大舅、大舅母生有一子，三代四口人，夫唱婦隨，母慈子孝。母親、小舅、小姨，每星期都去看望外婆，大家族言合意順，和氣致祥。

家庭的和睦就像積水成淵一般順勢而就，如果對結構做一點改變，原來的水準就不復存在了。許家四兄妹中，大舅家底厚實，我們家居中，小舅、小姨成家晚，條件差。按例四子女每月各貼外婆五元，外婆有了一萬元錢就暗地裡倒過來貼小舅、小姨。

大舅母發現了這個祕密，就忍不住問外婆：「媽，我平時對你怎麼樣？」

外婆說：「那還用說，再好沒有了！」

大舅母說：「我做得再好也換不來你的心，你的心裡只有弟弟、妹妹，哪有你這樣偏心的？」外婆不語。

小姨知道外婆受了氣，就來幫外婆出氣，質問大舅母：「我媽自己的錢還不能做主啊？又沒有用你家的錢。」

大舅母說：「你們平時說是來看媽，還不是看中媽的錢？」

小姨說：「你說這個話，說明你自己想著媽的錢。」

大舅看到小姨頂撞大舅母，就把小姨罵哭了，小舅看到小姨受欺負就出來和大舅吵。大舅招架不住叫母親出來評理，母親各打五十大板，說外婆搬話不對，又說大舅護老婆也不對，當然也順帶說小舅、小姨也不對。

四方大戰的結果是外婆在大舅家待不下去了，外婆就到我家、小舅家、小姨家輪流過。外婆從此鬱鬱寡歡，只有我去看她的時候，她才露出驚喜的笑容，抓住我的手，不斷地在我的手背上摩挲著說：「嗯，我的外孫最好！」

一年以後，外婆中風癱瘓，在醫院急診室搶救後醒來，看著圍在邊上的許家人，說：「我要回家！回自己的家。」大舅和大舅母湊近外婆大聲說：「好的！我們帶你回家。」可是外婆再也回不去了，外婆第二天就去世了，殞年九十一歲。

辦完外婆的喪事，許家開了一個會，大舅把外婆的一萬元存摺放在桌上，其實外婆只用去了一點零頭錢，一萬元還在，人卻不在了。我突然感到我拿回的這一萬元改變了許家太多太多……

外婆這一生猶如過山車似的大起大落。年輕時嫁了個大地主，本以為衣食無憂，不料土改，外公逃走，留下外婆上臺挨批鬥。逃亡到上海，兒子創業成功，當上了資本家的娘，不料公私合營一場空，文革又上臺挨批鬥。我幫外婆平反拿到一萬元鉅款，不料被捲入家庭冷戰，親情裂隙比挨批鬥還難過。

外婆不像奶奶那樣有怨氣、有反抗，而是像木偶一樣聽任命運的擺布，逆來順受，但是老天依舊沒有憐憫她。

二十六、弟弟先富

　　在我回到上海的第二年，弟弟也從插隊落戶的吉林「病退」回到上海，剛到上海沒有工作，跟大舅學過裁衣服。後來，上海第九服裝廠招聘技術員，弟弟通過考試錄取了。一九八四年，弟弟辭職，辦了個體商戶的執照，在方浜中路一百二十號開了恆達服裝店，恆達服裝店竟然和三十八年前大舅在四牌樓路的許記服裝店相隔不足百米。家族不甘平庸的遺傳基因在血液中流淌，一有氣候就會冒險。

　　恆達服裝店開始只是從廣州批發一些港式女裝，上海女人住著棚戶房子，吃著泡飯鹹菜，燒著煤爐，拎著馬桶，但出門必穿時髦衣服，要是買到新潮衣服且價錢便宜便連飯也可以不吃。恆達服裝店生意做瘋了，進多少賣多少，弟弟每個月都能賺一萬多元，而在上海第九服裝廠每月工資只有四十八元。

　　恆達服裝店的生意忙不過來，父親、母親、兩個妹妹都到店裡幫忙，弟弟不斷去廣州進貨。快時尚，消亡也快，不久整條方浜中路都是港式女裝，上海女人雖愛時裝，但走到馬路上到處撞衫是萬不肯再穿的。

　　弟弟開始做男裝，恰上海男人煩透了中山裝，苦無替代款式，弟弟請大舅出山設計西裝。正宗的西裝面料必定是毛料，且手工製作，需要拔燙、歸攏、手撬，產量低，成本高，故價格昂貴，不適合批量銷售。大舅設計簡便西裝，採用收褶、吃

勢，三角針撬邊，適合流水線生產，面料選用毛滌混紡，中長纖維全滌條子布，降低了價格。我又利用職權，把簡便西裝放到我們廠的外發廠生產，簡便西裝一上市就供不應求，不但上海人喜歡，全國各地的批發商都到店裡拿貨，一時風頭無兩。

然好景不長，男人倒不怕撞衫，看到別人穿得好會照樣買一件，滿大街西裝本不可怕，外國領導人開會個個都穿深色西裝。可要是一年四季都穿西裝就不一樣了，男人們夏天穿短袖圓領衫外邊套西裝，冬天穿三件毛衣外邊還套西裝，活生生把西裝庸俗化了，甚至收廢品的人穿西裝戴袖套、繫圍裙。

西裝做坍了，正逢我們廠做出口日本服裝，日本人設計的男裝夾克衫，引領世界潮流，且用國人從未用過的水洗細布，色彩別致，輕盈飄逸，夾克衫生產全部出口，一件不留。我利用廠長職權把日本人的全套樣板用於恆達服裝店，同樣用水洗細布，日本市場上有什麼款式，恆達服裝店就有什麼款式，和日本同步，一度獨領風騷。

弟弟的生意已經不滿足一個服裝店的規模，向貿易商發展，面向全國，弟弟在黃家闕路辦了上海恆達紡織品公司，批發服裝和面料。當時社會上還在崇尚萬元戶的時候，弟弟已經有幾十萬元，成為巨富。家裡的三洋四喇叭、東芝電視機、雅馬哈摩托車自不用說，光轎車就買了兩輛，一輛伏爾加，一輛波羅乃茲，牌照是滬X0008和滬X0009。那時上海計程車稀少，且車型雜，收費貴，弟弟的兩輛轎車用來做黑出租，每月能賺一萬多元。

私營經濟的出現在中國是個新「物種」，市場管理無章可

循，稅收政策還照搬國有企業老辦法。私營企業面臨現金收支和銷售回扣的大坑，很少有人不掉進去。弟弟的企業就有一部分現金收入沒有入帳，形成隱患。

恆達紡織品公司有一個銷售業務員叫張橫，在和東北一家公司的業務往來中藏匿部分銷售款，貪污了五千元，被弟弟發現，叫他退賠。張橫錢早用完，還不了錢逃跑了。國家給弟弟挖了個大坑，弟弟又給張橫挖了個大坑。弟弟派人坐到張橫的家裡，對張橫的老婆說不還錢就別想過日子。

張橫走投無路去了南市區稅務局舉報，根據張橫經手的業務帳目，弟弟偷逃稅款三萬元，這個案子是南市區稅務局遇到的第一大案，弟弟可判三年徒刑。很快檢察院介入，並且開出了逮捕令。

弟弟有一個同學叫李達，在南市區公安局當科長，無意中看到了弟弟的逮捕令，私下通知弟弟，弟弟連夜攜帶帳冊，躲到一個朋友家裡。檢察院第二天查封了恆達服裝店和恆達紡織品公司，抓不到弟弟，把公司的經理和財務帶走了。

檢察院的譚科長帶了三個員警到我家裡找帳冊不獲，向父親、母親要弟弟的去向，說如果知情不報要坐牢，父親、母親確實不知道。

譚科長親自到我的廠裡找我，在會議室入座，祕書倒茶後離開。我抽出一支「健牌」香煙遞過去，譚科長說：「我抽不慣外煙。」說著，從口袋摸出「牡丹牌」香煙自己點上。譚科長穿八三式橄欖綠警服，大蓋帽掛國徽，不怒自威，譚科長把檢察院的介紹信往我面前一推，徐徐吐出一縷白煙說：「我今

天找你是為了你弟弟案子，希望你配合。」

我說：「一定配合，你說吧。」我也吐出了濃濃的白煙，擋在兩人之間。

譚科長用力吹散了我們中間的迷霧：「你弟弟的案子你也知道，我希望你勸他出來，講清楚就好了嘛！有什麼大不了的事情呢？」

我知道他必是先哄騙後恫嚇，說：「我真不知道，弟弟如果和我聯繫，我一定叫他來自首。」

譚科長冷下臉說：「你是廠長，如果知情不報，會對你有影響的。」

我說：「這個我懂，大義滅親嘛，哎！個體戶偷稅逃稅總是免不了的，查稅一般都是稅務局查，這次怎麼你們檢察院都出動了？涉及金額大嗎？」

譚科長說：「你不應該打聽。」

話不投機半句多，雙方僵持著，我把香煙按滅在煙灰缸裡，看了一下手錶說：「譚科長，不好意思，我下面還有一個會，要不我有弟弟消息再找你？」

譚科長只能站起來，悻悻離開。

檢察院又去了大舅家、大伯家、孃孃家，發出通緝令，上海的報紙上也登了查封恆達服裝店和恆達紡織品公司的消息。

父親陪母親去醫院看病，也有便衣員警跟蹤，里委會的「大媽」每天來找父親、母親做工作。

我們家天塌了，我每天一下班就回到家裡陪父母，家裡幾天都不做飯，只是去點心攤買幾碗餛飩回來吃。一天晚間，一

家人呆坐，母親考慮半晌說：「去問問譚科長，自首、補稅能不能寬大？不判刑？」

我說：「自首就得把帳冊拿出去，恐怕判得更重！」

母親說：「檢察院這麼個找法，總有一天會找到的，怕是躲不過去啊！」

我說：「媽，我會想辦法，你放心。」其實我並無辦法。

父親終於承受不了了，說：「這個赤佬！槍斃才好呢，倒省心了，從小就是打架、翹課，沒有一天太平過，做生意還做成這樣。」

母親迅速看了我一眼，在我的眼神裡看到了堅定，便白了父親一眼沒吭聲。

父親仍在火頭上：「好好的工作又辭掉了，以後吃飯怎麼辦？」

母親忍不住嗆道：「我養他，怎麼啦？你個沒良心的東西，只顧自己。」

我伸出兩手掌頻頻下壓，說：「不吵，不吵，吵有什麼用？」父母停戰了，卻都哭開了。

母親的擔心是有道理的，弟弟必須馬上離開上海。

我在人民服裝廠當廠長，和一家香港公司做生意，認識一個呂老闆。呂老闆有一段傳奇的經歷，六十年代偷渡去香港，正遇香港政府大赦，拿到香港身分證，他從打工做起，十幾年時間，做成了大老闆。聽他說過現在偷渡有新的方式，辦假護照過去，但是現在沒有大赦了。我找呂老闆要了辦假護照的蛇頭聯繫方式。

我找弟弟的朋友傳話，讓弟弟從嘉善坐火車去深圳，那時坐火車不需要身分證。我則坐飛機到深圳，在火車站接到弟弟，和蛇頭見面，交了兩萬元，當天就拿到別人名字、弟弟照片的假護照。蛇頭又幫弟弟買了從香港啟德機場飛往紐西蘭的往返機票，可以在香港過境停留七天。當天晚上我住在羅湖賓館，弟弟住在蛇頭安排的房子。

　　一九八五年八月一號，這一天是弟弟的企業被查封的第五天，中午十二點，弟弟準備出境，蛇頭說這個時間邊防警吃飯換班比較鬆弛。

　　我和弟弟走近羅湖口岸，大陸和香港之間隔著一條深圳河，河這邊是中國邊防，河那邊是香港邊防，中間隔著羅湖橋。香港沿著深圳河建起三米多高的鐵絲網，企圖阻止偷渡人，但是深圳河蜿蜒一百多公里，三十年來共有百萬人偷渡香港，而真正逃港成功的人只有一半，有多少人淹死河裡，被邊防軍槍殺，或者被捉坐牢，是沒法統計的。

　　深圳河是中華民族的血淚河，羅湖橋是中華民族的恥辱橋。

　　民間傳說人死後在黃泉路上有一條忘川河，河上有一座奈何橋，只有過了奈何橋，喝一碗孟婆湯，忘記前世的記憶，才能投胎重新做人。而且善人才能過橋，惡人被打入血河，不能投胎。

　　深圳河也是忘川河，羅湖橋就是奈何橋。

　　弟弟背一個雙肩包向邊防大廳走去，我看著弟弟的背影，在離別的時候，我和弟弟竟然沒有說一句話，覺得講任何話都是多餘。弟弟過中國邊防時，會不會因為通緝令上的照片被邊

防警認出來？弟弟手裡的假護照會不會被邊防警識破？過了羅湖橋還要過香港邊防，香港邊防識別假護照的能力比大陸更強，弟弟如果落網，還是會被遣返回大陸。弟弟就算能過關，到了香港，如何活下去我們都無法預料，我只塞給弟弟一張小紙條，寫著羅湖賓館電話和房間號。

這種冒險凶多吉少，我甚至覺得我的決定太過草率，送弟弟入了虎口，還不如像大多數偷渡人一樣，晚上從蛇口游泳過河，弟弟的水性也不錯。但現在木已成舟，此去奈何？生死奈何？

其實，我還是有話說，心底暗道：「逃出去吧，你回不來了，重新投胎做人吧。」我沉浸在「風蕭蕭兮易水寒，壯士一去兮不復還」的悲壯情緒中。

按照時間推算通過中國邊防和香港邊防正常需要兩個小時，坐火車到香港市區要一個小時，三個小時應該夠了。

送走弟弟，我回到房間等電話。三個小時過去了，四個小時過去了，五個小時過去了，六個小時過去了，我在房間裡踱步的速度越來越快，頭腦在高速運轉，開始總往好地方想——也許哪一個環節耽誤了？隨著時間的推遲，我不得不往壞的地方想——果然出事了？我的腦袋發燙了，要爆炸了，任憑我不自主地踱步都不能把沸騰的血液從腦袋引向身體，讓頭腦稍微冷卻一點。

「嘀鈴鈴……」我飛快地撲過去抓起電話。「先生，小姐要嗎？」「去你媽的！」我狠狠地掛下電話，跌坐在地上，幾乎要哭出來，是我害了弟弟。

「嘀鈴鈴……」我起來坐到了床沿。「嘀鈴鈴……」我膽

怯地拿起電話。「哥！我到了——」「你安全了嗎？你怎麼這麼長時間？你在哪裡？」我一連串地問道。

弟弟說今天過關的人特別多，口岸直通車又沒有趕上，等下一班，到了香港在旺角找了一個便宜的家庭旅館，又去替換店換港幣。弟弟辯解道：「我一分鐘也沒有耽誤啊，我都一天沒吃飯呢。」

就是耽誤也不重要了。我沒有對弟弟說一句「注意事項」，如果他要靠我提醒，他在香港是活不下去的，再說他也不會聽我的，我是不肯講一句廢話的。

掛下電話，隔斷了弟弟的聲音，我終於放聲大哭起來，足哭了二十分鐘，頭腦才覺冷卻了。

我也一天沒有吃飯啊！突然感到肚子餓了，我要傾囊所有去吃頓好的。出門時，我回望電話機：如果現在小姐來電話，我就要了，我要把積聚在身體裡的緊張、恐懼都發洩掉，管他什麼法律和道德！人活著就不錯了！

後來通過公安朋友瞭解到弟弟的邊防布控通知是在兩天以後到達羅湖口岸的。三個月以後，弟弟在香港交了一個朋友叫阿冰，來上海找我，我才知道弟弟混在香港的地盤工中間。地盤工通常都是黑社會控制的，我想，人不死就行。

二十七、古剎密會

　　一九八七年，弟弟在香港已經兩年了，這期間我只見過香港人阿冰兩次。弟弟帶信說他混得很好，還認識了電影《霍元甲》裡陳真的演員，叫家裡放心。儘管我知道弟弟定是報喜不報憂，但起碼知道他還活著。我每次再誇大喜訊告訴父母，然過猶不及，反弄巧成拙。

　　母親想過弟弟最壞的結果就是被檢察院捉去，但坐牢是可以探監的，只見我總拿話語哄她，那一定是比這個結果更壞。以前她也認為外公會回來的，可都四十年了，外公不枉死也老死了。母親認定弟弟和外公一樣客死他鄉了。

　　母親病了，終日恍惚，頻現幻覺，半夜驚醒說看到血光，或稱弟弟敲門，要去開門，早上起來，淚濕枕巾。我知道必須讓母親相信弟弟活著。

　　弟弟是不能打電話的，家裡的電話有監聽，會暴露弟弟的蹤跡。我開始設計母親和弟弟的見面，況我認為弟弟長期非法滯留香港也早晚會出事。我靜等阿冰的再次出現。

　　阿冰終於又來了，我把方案告訴阿冰，見面時間選定觀音菩薩生日農曆二月十九日，西曆三月十八日，星期三下午六點整，特意強調：「過時不候！」

　　里委會的「大媽」和派出所的員警常常不定時來看望母親，旁敲側擊「關心」弟弟的消息。我和母親在三月十七日早

上坐火車去杭州，故作不經意地告訴鄰居說母親身體一直不好，去燒燒香。當天，我們到杭州住下賓館。

次日下午三點，我帶母親坐車到靈隱寺。大門外黃牆上四個大字：「咫尺西天」，告訴世人只需要跨一步邁入靈隱寺，就是到了西天佛國，然我卻感覺咫尺地獄的危險。

古剎香火鼎盛，香客摩肩接踵，我幫母親買了三炷高香，攙扶著母親跨進天王殿，巨型四大金剛分立兩側，凶神惡煞般怒視著我們，我頓感渺小，不寒而慄，沒想到佛國世界也有員警把門。

跨過天王殿，是一方庭院，有參天古樹、千年石塔、法幢香鼎、燭爐香池。善男信女們焚香膜拜，煙霧瀰漫處人影綽綽。母親把高香在火燭上點燃，吹了口氣，待火苗躥出，方高舉頭頂作揖後插進燒香池。我環顧四周，警惕每一個可疑的人，特別是和我一樣沒有燒香的人，或可能化裝成和尚閒蕩的人。

香後，我和母親進入大雄寶殿，母親跪倒在釋迦牟尼佛前的拜墊上，三叩九拜，高山般的佛祖頷首俯視著芸芸眾生，令人生畏。我暗問：「佛你果能主持因果報應的話，該念我奶奶、外婆、母親兩代人信佛積善的份上，助我母親、弟弟見上一面。」我挨著母親，長跪不起。

禱畢，我扶著母親從後殿出門，越過中庭院，往藥師殿走去。然後在藥師殿前的滴水簷下閃身折去右邊的偏殿，進了濟公殿，我直接拉著母親快速逛到後殿門。母親說：「去哪裡？」我厲聲說：「聽我的，不要問。」出殿跑出十幾步遠，從黃色院牆的小門出了靈隱寺，母親說：「到底去哪裡？」我

背起母親沿石板小路狂跑，偏過頭對母親說：「有好事！」

這是一條通往北高峰的路，這個季節鮮有人上山，跑了一百多米在一個拐角處，我把母親放下來坐在石凳上。這時是五點半，我看著來路，坐了十分鐘，確信沒人跟蹤，我才拉起母親往上山的路走去。母親生了氣說：「你不說清楚，我不走了。」我說：「見一個大師，說人到病除。」我不敢說見弟弟，一個月前通知弟弟，我不能保證沒有意外，萬一說了見不到，母親更確信弟弟不在人世了。

在確定見面地點之前我來踩過點，為確保不誤，算好路上時間。這是一片針、闊混交林，有樟樹、柏樹、榕樹、南京椴、浙江楠、臺灣杉、核桃楸……。樹木無序地爭向天空，遮天蔽日，然樹高者風必摧之，和人類社會是一樣的法則。

林莽蒼涼，寒風蕭瑟，如入「野豬林」。此刻五點五十分，落日銜山，乍暗還明，上山的路只有一條三十度斜坡的石級路，左邊是溝壑，右邊是陡壁。我對母親說：「媽，你一直往前走，有人等你。」我在山腳立定，萬一有員警來，我可以阻擋一陣，只需大叫一聲，弟弟即可隱身山林。

母親拾級而上，這段石階路大約一百米，走到疑似無路處拐過一棵三人抱的沉水樟，彎道豁然眼前。弟弟從樹後跳出，撲通跪倒，雙手撐地，叫道：「媽，兒子對不起你！」母親一驚，拉起弟弟說：「老二啊，是你嗎？」母親哆嗦的手把弟弟從頭摸到手，弟弟抽泣不住，母親沒顧上哭，回頭看向在山腳站崗的我，才明白了我一路的神祕。母親一把推開弟弟說：「走！走得遠遠的，不要回來。」

母親毅然轉身下山，我和弟弟揮揮手，母親走到我跟前回身看時，弟弟已經不見了。母親喜極而泣，癱坐地上，我欲背母親，母親站起來堅定地說：「我自己走！」

　　弟弟繼續逃亡，不過這次連我也不知道弟弟的去向，心裡到底不踏實。雖然我相信弟弟有超強的生存能力，能找到藏身的地方，但是大陸畢竟不如香港安全。

　　一天晚上，家裡來了個陌生人，自稱叫李振林，說上海松江話。李振林逐個確認了父親、母親、妹妹和我的身分，當確信沒有外人，才拿出了弟弟的親筆信，說弟弟藏在他們家。原來，弟弟讀中學時去松江下鄉勞動半個月就住在貧下中農李振林家裡。我們又驚又喜，這是連我們都想不到的地方。

　　李振林就當了我們和弟弟之間的信使，每次信件看完即燒，就像當年黨的地下工作者。

　　忽一日，李振林匆匆趕來，面容失色，說松江公安局開始普查人口，挨家挨戶上門登記，弟弟準備轉移。家中頓時愁雲密布，失了方寸。

　　「去小東河！」母親決然道。

　　「小東河也要普查人口，到哪都一樣。」父親立即反對。

　　我咬牙說：「不行再偷渡香港，或者澳門。」

　　母親沒有理會，馬上提筆寫信給小東河許家的許學禮、許學義這兩位同父異母的哥哥。

　　「學禮啊？」父親看著信說，「他以前就背叛家庭，參加解放軍，做了營長，轉業到小東河當了幹部，你怎麼能相信他啊？真是婦人之見啊！你以為小東河就不是共產黨的天下

了？」

母親說：「小東河的人都姓許，不管是共產黨、國民黨，許家人說了算！」母親把信折起交給李振林，繼續說：「小東河歷來就是許家的，我就不相信許家不能保護我的兒子！」母親的話把我們震懾住了。

弟弟星夜趕往小東河。

富安鎮往北一公里就進入小東河的地界，許家宗親爭相帶弟弟去住，唯恐落後，弟弟甚至還被富安鎮的姻親吳家接去小住。弟弟受到的款待自不必說，就是員警來捉弟弟也休想把人從小東河帶走。

母親對小東河的信心不但是因為許家宗親的紐帶，更重要的是母親在合作化運動和三年自然災害時對許家的接濟和照顧，母親對許家人從來不吝施情。

弟弟雖然無恙，不過老這麼躲著終究不是長久之計，我開始策畫新的方案。

一九八八年元旦後第一天上班，放炮仗殘留的紅紙屑散落在街上，空氣中瀰漫的硫磺味還沒有散去，人們求財的祈福令生活有了暖氣，政治氣候漸漸顯露出可喜的變化。

我獨自一人走進檢察院，辦公室極其簡陋，多張辦公桌集體辦公，顯得凌亂但是親民。我在譚科長的辦公桌前坐下，另一位員警坐在辦公桌的橫頭拿著鋼筆，翻開筆記本。

「我是──」我剛要自我介紹。

譚科長打斷我說：「我怎麼會不認識你呢？馮廠長！」

我笑了一下，說：「今天，我來和你談談我弟弟的案子，

怎麼樣？」

「嗯。」譚科長只從喉嚨中哼出一個字，沒有張嘴，臉上卻有一絲喜色。

我接著說：「我知道我弟弟在哪。我想勸他來自首、補稅。」

「好啊，我們歡迎，這就對了嘛，黨的政策是——」譚科長驚喜地說著。

「慢！」我打斷譚科長，「我的條件是我弟弟免於刑事處分。兩年多了，你們捉不到我弟弟，也結不了案，對你們不利。我弟弟在香港，混得不錯，他也不想回來。」

譚科長和邊上的員警交換了一下眼色說：「這是大案，法不容情，你弟弟是不是會刑事處分要由法院來判，不過，我們會充分考慮自首的情節。」

「算了吧！三萬元算什麼大案，現在你們辦的案子中三十萬都不算大案。」

我踏進檢察院之前已經摸清了現在的稅法和檢察院的立案標準，由於這兩年嚴重的通貨膨脹導致貨幣貶值，我弟弟當時的巨富身價放在現在也就算個小富。

我繼續說：「當然，我弟弟的案子在當時是大案，但是，這畢竟已經是陳年舊案。」

「即使是舊案，我們還是可以按照事發時標準來辦，還是來自首吧，你弟弟總不見得一輩子躲在外邊？」譚科長沉吟了一會兒說，「這樣，我們請示上級。」

「可以，我等你消息。」

譚科長送我出去，我看著譚科長說：「你們八三式警服不好看，就是中山裝染成綠色，多了個肩攀。不過穿在你身上還是很威風，你是個好檢察官！」

譚科長說：「馬上要換警服了，辦公室也要換了——你們兄弟情義滿深的嘛。」

我和譚科長握手道別時說：「你也有兄弟姐妹吧？」譚科長笑了。

譚科長第二天就打電話給我說上級同意我的建議，不過補稅還要加罰款。

我找了弟弟的同學公安局李達科長，把譚科長約出來私下見面，我要譚科長保證這不是誘捕。我不能相信譚科長，李達相信譚科長，我相信李達，否則他當初也不會通風報信。

我確信萬無一失，帶弟弟走進了檢察院。還是這間辦公室，弟弟站在譚科長辦公桌前，垂手而立，我站在弟弟的邊上，辦公室裡的員警都來圍觀抓捕兩年半沒有歸案的弟弟。

譚科長正襟危坐，義正詞嚴地訓斥：「你偷稅、逃稅，觸犯了國家的刑法，不管你逃到天涯海角，我們都會把你抓捕歸案。但是，我們黨的政策歷來是『坦白從寬，抗拒從嚴』，你今天投案自首，我們還是歡迎的……」

弟弟反覆說著：「是的，是的……」

譚科長接著說：「你今天可以回去，但是，我們要你隨叫隨到。」

弟弟說：「一定，一定。」

譚科長拿出一張清單，上面列出欠稅金額和罰款金額，一

共四萬多元，讓弟弟簽字後說：「去把欠稅款和罰款交了。」我和弟弟去財務科把錢交完，換回一張收據。譚科長又讓弟弟在一份取保候審的文件上簽字後，我和弟弟走出了檢察院，弟弟的案子就此了結，再無麻煩。

一九八八年的春節是我們家最美好的春節。

二十八、辭職下海

弟弟回到家的第一件事就是想著復仇，找舉報他、害他逃亡多年的張橫算帳。弟弟帶著兩個人到張橫家裡，一進門就把鍋碗瓢盆砸了，揪住張橫就打。

我得到消息趕過去，把弟弟拉到一邊說：「你怎麼不考慮後果？報復舉報人要受法律制裁的，況且你還在取保候審期間。」

弟弟嚎叫著說：「他把我害成這樣，我和他拚了！」

「你再鬧出事，就害死媽媽了，知道嗎！」我使勁搖晃著弟弟。一提到母親，弟弟才冷靜下來，再說人也打了，方肯甘休。

我穩住張橫說：「只要你不報警，我賠償你家裡的損失，並保證弟弟不會再來。」張橫自知理虧，也接受了。

弟弟當初公司突然被封，有許多應收款沒有收，現在都成了死帳，而當初的應付款卻賴不掉，債主見弟弟回來，紛紛上門討債。

弟弟想重振生意，但是生意一旦停下來，就像一臺發動機生了鏽，是發動不了的。況且生意上時隔三年就是隔了一個時代，弟弟已經落伍，用老方法做生意行不通了。弟弟把一些庫存衣服拿出去，想多少賣幾個錢，結果連白送都沒人要。就算弟弟公司不被查封，到現在也必定被淘汰，和弟弟同時興起的個體戶都不約而同消失了。個體戶的時代過去了，就像當初上海第一批摩托

車車手不是死就是殘，都不見了。時間是殘酷的。

　　雖然弟弟的生意沒有了，但是，母親認為一家人在一起，就是過著清貧的生活也是好的，平安是福。我們四兄妹對父母的孝順是遠近聞名的，尤其對母親更是照顧有加。不要說我和兩個妹妹，就是天不怕、地不怕的弟弟偶爾敢對父親回嘴，在母親面前也是服服帖帖，這是母親用自己的生命哺育我們換來的。

　　生活總是不圓滿，這一年母親六十二歲，得了鼻咽癌，這對我們猶如晴天霹靂。癌症意味著死亡，但是我們希望母親是個例外，我們要給母親最好的治療和照顧。

　　母親住進了上海腫瘤醫院，我們四兄妹輪流陪護，一天二十四小時不斷人，保證母親天天能看到我們，這對母親是一種精神上的支持。我們排出菜譜，飯菜天天不重樣。我當廠長白天要上班，就值夜班。

　　母親在醫院進行放射治療，反應強烈，頭髮掉光了，口腔、鼻腔都潰爛了，我們調整菜譜，買了食物粉碎機，做成流質。

　　一年以後，母親奇蹟般地康復了，母親住的病房有八個病人，只有母親一個人還活著。

　　母親雖然康復了，我們家卻因病返貧，不要說用昂貴的進口藥，就是每天的營養費都是一筆不小的開支，我們兄妹都用光了各自的積蓄，兜裡沒錢，不免心慌。

　　我第一次覺得錢很重要，母親需要長期看病。醫生分析母親得病的原因是我們家住在老式里弄房子的三層閣樓，樓下五家公共廚房的油煙向上聚積，長期薰陶所致。母親必須改變住房條件。

為讓母親過上好日子，我動了掙錢的念頭。如果弟弟的生意不敗，我還可以安心地當我的廠長。當然，我當廠長拿回扣和受賄，也可以來錢，但是，這種方式太危險，早晚把自己送進監獄。

我生出掙錢的念頭並不是突發奇想、心血來潮，有一條掙錢的路徑在我面前早就成形了。我當廠長這幾年，人民服裝廠的中山裝逐漸式微，開始生產出口訂單，而這些訂單都是轉發到各家鄉鎮企業的服裝廠，人民服裝廠從中賺取了訂單的大部分利潤。從這種模式中，我看到了服裝生意的商機和賺錢的模式。

在生產的過程中，我又接觸了不同的外商，從他們身上我看到了一個完全不同的人生。我決心要成為一個和香港、澳門、臺灣，甚至美國商人一樣的人，這樣的人生才有價值。

這十年來，我苦學了服裝技術和生產管理，我還苦讀了中文系、英文系、新聞系的課程。這十年來，我每一天都沒有閒著，這種積累似乎就在等某一天的機會。

我把我的想法對父母說了，父親從椅子上跳了起來：「你、你瘋了，好好的廠、廠長不做，去做個體戶？你弟弟的教訓還沒有吸取嗎？」父親結巴起來。

我理解父親的驚訝，沒有接他的話茬，轉而看向躺在床上的母親。母親只是兩道眉毛蹙緊，望著我，並沒有說話。

父親覺得我既然開了金口，有可能阻擋不了我，就打電話叫孃孃來做我工作，因為我和孃孃平時思想上交流比較多。這天正好大舅和小舅來看望母親，眾人不期而遇，一番寒暄。

坐定後，父親就當他們的面說了我的打算。

大舅吃了一驚，頓時嚴肅起來，對我說：「你想得出來的，人民服裝廠現在就靠你了，你倒打算辭職？再說上級領導也不會同意你辭職。」

　　我說：「你當年不是也自己創業嗎？」

　　大舅說：「那是什麼年代？那時候沒有人管，現在是共產黨領導，你本事再大大得過共產黨？」

　　「就是啊。」父親得到大舅支持，又看向小舅，「你說是吧？」想造成人多勢眾的壓力。小舅向後躲著身子，頻頻搖手說：「你不要問我，我不懂的。」

　　父親又轉向孃孃求援，孃孃卻看向我說：「其實，你是個有思想的人，不會因循守舊，你這種性格和國營企業是格格不入的，今後要吃苦頭的。我倒覺得你出來創業也沒有什麼不好，現在是機會。」

　　我興奮地說：「是啊，現在改革開放，國家鼓勵私有經濟。」

　　孃孃接著說：「不要這麼樂觀，改革開放只是權宜之計，趁著現在的機會就做。但是，要麼不做，做就要走出國門，把財產留在外邊，共產黨早晚要算帳，土改、公私合營還會來的。」

　　父親沒想到孃孃會支持我，就嚷著趕孃孃走：「走，走，你在幫倒忙。」

　　母親說：「不要吵啊！兒子大了還要你管？你比兒子行嗎？你行怎麼沒見你當廠長？」母親知道我在黑龍江生產建設兵團和上海人民服裝廠的表現，尤其是看到我在處理弟弟的問

題上，遇事不慌、處變不驚的非凡能力，選擇相信我。母親依然沒有說話，眼睛裡流露出來的是信任，還有隱隱的擔憂。

在我辭職這件事上，家裡男人反對，女人支持，也可見男人理性，女人感性。

香港達利洋行的老闆林先生在和我們廠合作的時候，多次說過要請我到他們香港的公司看看，我決定在辭職前去香港看一下。去香港的旅遊費用需要一千元，相當於我一年半的工資，我是拿不出來的，我的全部存款買了四塊墓地，這一千元由林先生出資。

我在香港參觀了林先生的公司，辦公室有四十幾個員工，打電話的打電話，埋頭寫字的寫字，一片忙碌景象，林先生單獨的辦公室用玻璃房隔開，既遠離繁雜又可監視員工。我看到私人公司裡員工替老闆打工的工作氣氛，規矩、有序、務實，比我們國營單位要好得多。

林先生熱情地接待我，他並不知道我已經打算辭職。在林先生的安排下，我遊覽了海洋公園、太平山、尖沙咀、銅鑼灣……。我看到了香港的繁榮昌盛，人民的安逸富足。我無法想像，香港人沒有國家大鍋飯，沒有上級領導，沒有黨團組織，都能生活得這麼好！

香港有跑馬場，有夜總會，有妓院，有豪宅，有遊艇，處處充滿著誘惑，香港是男人的天堂。

這是一個完全不同的世界，我喜歡上了香港，我要成為香港人，我要像林先生一樣自己做老闆。

我回到上海即向上海市服裝公司遞交了辭職報告，報告上

交到康總經理手裡。康總是解放戰爭南下的幹部，他的老首長是上海市的領導，雖然他不懂業務，但是共產黨幹部的任命就是一種分封制，康總到上海市服裝公司就是來當土皇帝的，下屬百十家國營服裝廠就是他的領地，幾萬工人就是他的子民，幾百個幹部就是他的大臣。

我在接待室裡等待康總的接見，康總用牙籤剔著牙齒走出來，「怎麼？想辭職？小馮啊。」說著坐到沙發上去了。

「是的，我想去做生意。」我小心地回答。在中國，一切都要經過組織批准，包括辭職。

「你工作還是不錯的，你想做生意，我們有開發公司，我把你調到公司來吧。」康總想留住我，像我這樣能把工廠的利潤翻三番的廠長是不多的。

「不了，我已經決定了，謝謝康總。」我不想在辭職這件事上有討論的餘地。

康總屈尊接見我，他以為我會受寵若驚，沒想到我竟然不給面子，有點惱火，說：「那你等公司審計完了再說！」康總站起來就走，把我一個人扔在會議室。

公司審計組一到人民服裝廠，立刻就滿城風雨了，廠裡有人說我問題嚴重所以上面來查了！有人說我拿夠了想跑了！如果我一天不到廠裡，馬上就有人說我抓進去了！

審計組在廠裡查了一個月，首先發覺了私設的小金庫。小金庫是違反財務規定的，歷時幾年，累計有幾萬元。但是財務帳目清楚，每一個領取獎金的幹部、工人都有簽字，唯獨我沒有領取。小金庫是公開的祕密，哪一家廠沒有呢？審計組請示

公司領導，領導也沒有處理意見。

　　審計組找工人一個一個談，發動群眾揭發我，有人說我肯定拿了外商的回扣，也有人說我肯定拿了外發工廠的賄賂，但是，都是推測，沒有證據。唯一有證據的就是我拿了外發廠的雞鴨、魚肉、香煙、老酒，確實，我家葷菜吃不了，還送人，我抽煙從來沒有自己買過，還通過小販賣掉。不但是我，廠裡的每一個科室幹部都有，就是工人沒有，工人們看在眼裡怎能沒有意見？中國經濟體制中公私混合並存的局面，給各種「尋租」行為大開方便之門。而且，服裝公司下屬各國營工廠為了業務開展的便利，也要置辦更高級的禮物孝敬公司的領導和科室幹部，他們到工廠來做衣服也從來不付錢，廠裡的財務將這些費用作為招待費公開列支入帳。這種腐敗雖然可恨，但是和以後中國各級官員的貪腐相比，真是九牛一毛。

　　審計組要把我這些年收到的雞鴨、魚肉、香煙、老酒估算和作價，算作我貪污受賄。我對他們說：「我們廠送給公司的禮物都有記錄，我把它公布出來，包括你們在座的每一位。」我又指著審計組長嘴上叼著的「萬寶路」香煙說：「你的工資多少？這香煙你買得起嗎？」

　　審計就此結束了。我沒想到，要辭職都這麼難，最後把我搞臭了才讓走。

　　還是孃孃有遠見，說我的性格和國營單位是格格不入的，我不按常規走路，早晚是要栽跟斗的，功勞再大也沒有用。

　　開公司做生意，靠我一個人肯定不行，起碼要有幾個幫手。在我辭職之前，我私底下和廠裡技術員蘇浩然、供銷科長

龔平江、面料採購員張超談過，說：「如果我出來開公司，你們跟我出來嗎？」這三個人是我最好的朋友。

龔平江拍胸說：「廠長，我跟定你了，你走到哪我跟到哪。」張超說：「沒問題，大家都是兄弟。」只有蘇浩然低聲說了三個字：「好的呀。」我感動得差點流淚，握住他們的手說不出話來，心裡發誓以後絕不虧待他們：「有我吃的就有你們吃的，我沒有吃的也要保證你們有吃的。」

可是，真到我出來以後，尤其在審計組查我的情況下，龔平江和張超就躲得遠遠的，不再和我見面，只有蘇浩然辦理了辭職手續。我又找了當教師的姨父洪家豪，我們三個人成立了上海金豐公司。

公司成立要有業務，在我辭職之前，我和香港達利洋行老闆林先生談過：「你把給人民服裝廠的訂單給我，我把訂單放在喬老闆的花橋服裝廠做，人民服裝廠的利潤我們三方均分。」林先生和喬老闆都答應了。

我記住孃孃的話，做生意，就要先改變身分，我決定到香港成立公司。

我的朋友焦立均做生意已經兩年了，沒資金卻做房地產，憑關係拿地皮，再找人合作開發項目。焦立均到處誇海口說自己生意做得大，大家就叫他焦大佬。焦大佬也想改變身分，改變身分最快的途徑就是花錢買本外國護照。焦大佬約我一起去東加買護照，要一萬美元，我身無分文，弟弟把自己兩輛轎車連牌照賣了，幫我湊夠了這筆錢。

二十九、東加護照

　　東加是南太平洋中間的一個島國，我和焦大佬從香港起飛經過紐西蘭、斐濟，轉機到東加的首都努瓜婁發。東加是個世外桃源，白沙灘、椰子樹、茅草屋，尤其是清澈見底的海水，珊瑚魚伸手可得。我一下子愛上了這個地方，我想等我賺夠了錢，一定要回到這個地方定居，才人生無憾。

　　我們到了移民局，拿護照並不複雜，填寫護照、貼上照片、蓋上鋼印，黑人局長在護照上簽字就成了。我護照上的英文名字叫Kenny。

　　東加屬於英聯邦，東加護照在英聯邦國家通行無阻，我試了去新加坡、馬來西亞、泰國，都不要簽證，我再進香港果然也不要簽證。我看著手裡綠皮燙金字的東加護照，心中哂笑道：「我這就成外國人了？」焦大佬自嘲道：「做中國人難，做外國人更難，做假洋鬼子難上加難！」

　　一九八八年底，我用東加護照的身分在香港註冊了香港金豐公司，焦大佬註冊了香港龍騰國際聯合公司，我說：「國際？你名字起得夠大的，有幾個國家？」焦大佬拍著胸脯說：「就我一個人！但是在中國做生意就要在氣勢上嚇倒人家，我以後生意肯定會發展到香港、澳門、新加坡、美國……，做生意要有魄力的呀！」

　　我倆在香港銅鑼灣京士頓大廈合租了一間民宿做辦公室，

在香港BCCI銀行開設了帳戶，請了一個香港人伍學軍做公司經理。

我們兩個「大老闆」把錢都花在了護照上，早已囊中羞澀，我們到超市買十元一袋十個裝的麵包，可以吃一天，偶爾買一個十五元的盒飯都是奢侈的。可是，焦大佬說，飯可以不吃，女人是不可以不玩的，「走，找女人去！」焦大佬吞下手裡最後一口麵包。

焦大佬帶我到旺角砵蘭街，旺角的夜晚五光十色，閃動的霓虹燈光把人照得光怪陸離。砵蘭街的色情店鋪一家挨一家，燈光廣告箱上標著本地妹、臺灣妹、南洋妹、東洋妹、西洋妹……，各妹明碼標價。

我們選定了一家「翡翠閣」，沿著狹窄的樓梯一直走到四樓，老闆已在視頻裡見到我們上樓，人到門開，老闆把我們迎進玄關客廳。

老闆說：「有沒中意的？」以為我們是回頭客找老相識。

焦大佬熟門熟路：「本地妹。」

「三百蚊啦。」

「我們兩個人，二百五十蚊一個人。」焦大佬出了個團購價。

老闆遲疑了一下，說：「好啦，好啦。」

老闆去後面引出五個小姐一字排開，小姐環肥燕瘦，搔首弄姿。焦大佬的眼光像手電筒一樣在每個人身上照了一遍，朝老闆說：「有沒有再好點的？」

老闆頭向前伸得老長，誠懇地說：「這不是找老婆，來這

裡是尋開心，要找功夫好的。」

焦大佬說：「我怎麼知道誰功夫好呢？」

老闆一挺胸說：「我介紹給你啊。」說著指向一個，「這個，坐上位功夫好。」又順著指，「這個，吹簫一流。」「這個，波大腰細。」「這個，新入場的……」

焦大佬找了「波大腰細」的，替我挑了個「新入場」的。

進了房間，「新入場」熟練地在人造革的床上鋪好浴巾，去淋浴房撳開水龍頭，試好水溫，一邊脫衣服一邊問：「老闆，食咗飯咩？」我說：「食咗啦。」

「新入場」繼續聯絡感情，不忘建立熟客：「你邊度人吶？」

我的眼光早已被兩個關鍵點吸引住了，忙不迭上下其手。

我的忠貞被廉價地剝奪了。

我和焦大佬從翡翠閣出來時已經筋疲力盡，但是卻精神抖擻。

焦大佬發覺了一個省錢之道，翡翠閣過了凌晨兩點客人就不多了，有一部分房間空出來租給人家過夜，焦大佬和老闆談好價錢三十元一晚，我們退了八十元一晚的家庭旅館，搬到翡翠閣，在萬人滾的炮房床上睡覺。

我得自己在人造革床上鋪床單，不過到了早上還是睡在冰涼滑膩的人造革上，床單早滑到一邊去了。

香港金豐公司成立了，我得趕快找到第一筆生意，只有賺到錢才能活下去。按照我和香港達利洋行老闆林先生的約定，我出來以後可以去找他，他說過他之所以和人民服裝廠做生意

是因為認準我這個人，我相信了，這也是我敢於辭職的底氣。

我打電話給林先生，說我到香港了，想明天和他見面，林先生在電話中說了聲「好的」便掛了，一點也沒有要見到我這個好朋友的喜悅，我想人家大老闆也許正忙著。

我按時到了達利洋行，女經理溫蒂把我領進會議室，拿一次性紙杯給我倒了礦泉水。溫蒂嬌小身材凹凸有致，一頭燙髮，妝容精緻，是典型的香港美女。

溫蒂會講國語，說：「馮廠長，不好意思啊，我們老闆突然有要緊事出去了，他說你有什麼事情可以對我說。」她叫我馮廠長說明以前就知道我，林先生失約也許真的突然有事，但是，他問我有什麼事情卻不是明知故問嗎？我心中不爽，但是求人家辦事也沒辦法。

「他什麼時候回來，我可以等他。」我沒有死心。

溫蒂用手掩住嘴笑了一下：「你真老實，老闆今天不會回來了。」

我站起來出門時說：「你對你們老闆說，我明天再打電話來。」

溫蒂拿了一張紙叫我寫下我香港公司的電話號碼。

我連續幾天打電話找林先生，祕書都說他不在公司。我終於明白林先生不想見我，氣憤之餘，平下心來想，也難怪林先生，他憑什麼放棄人民服裝廠，而相信我這樣一個既無背景，又身無分文的人呢？

我踏入生意場的第一堂課讓我懂得了，生意上只有利益沒有朋友，怪不得溫蒂笑我太老實了。

本以為林先生是我的靠山，現在靠不住了，我只能把筆記本拿出來，找到以前和人民服裝廠有過聯繫的香港公司，一家一家打電話。他們大都和林先生的態度一樣，只有一家香港偉力公司，老闆湯先生願意見我。

香港偉力公司規模不大，除了老闆，只有兩三個雇員。老闆湯先生讓我坐在他辦公桌前的椅子上，拿出一條牛仔褲，讓我報價。我根據規格表算了用料，報了一個低位的價錢。湯先生把我的價錢打了九折，問我可不可以做。這個價錢已經低到極限，但是，我不能失去這個難得的機會，咬牙說：「好，我做。」

湯先生晃動著老闆椅，看了我好一會，說：「我憑什麼相信你呢？你萬一把我的單子做壞了怎麼辦？」

「不會，我有經驗，我會全力以赴做好你的單子。」

「你有廠嗎？你以為你還是人民服裝廠的廠長嗎？」湯先生無端生了氣。

「我把你的單子放在花橋服裝廠做，廠長喬老闆是我兄弟。」

「我也可以找花橋服裝廠做啊，為什麼要經過你的手？」湯先生站了起來，往自己的茶杯裡添水，我才發現他連水都沒有幫我倒，哪怕是用一次性杯子。

我明白了，他不相信我是假，報復我是真。我突然想起以前湯先生找我人民服裝廠做生意，我也是看他公司小，不相信他，而且，好像我也說過這些話。

從香港偉力公司出來已經是下午兩點了，我早上匆忙吃了

一個麵包，沒想到談生意錯過了午飯，餓過了頭，又被人羞辱一頓，不免悶氣鬱積。

香港的冬天雖不會結冰下雪，但是只因為衣服穿得少，也感覺到冷，一旦刮起西北風便會把人的熱量很快帶走。我蜷縮著身子沿著大樓的牆角走，想買點吃的，走著走著就覺得腳步輕浮，眼前發黑，胸悶氣短，冷汗直冒，這是低血糖的表現。我看到街邊綠地的一個木板長椅，便倒頭躺倒，再也無力起來。我感覺我的靈魂在離開我的軀體。

不知道昏睡了多少時間，有人叫醒我，我睜眼看到周圍站滿了人，一個員警蹲下來問我：「你怎麼了？」我想掙扎著坐起來，但是不能。我說可能是低血糖，員警讓我躺著，幫我去買了一塊巧克力讓我吃下去，又幫我拿了一杯熱水，這才逐漸有了感覺。

低血糖說好就好，可是，我在冷風裡睡著，受涼感冒了，發燒、嗓子疼，一連幾天，我只能趴在辦公室的桌子上休息。

桌子上電話響了，我接起電話，是女經理溫蒂。我一激靈，難道是達利洋行老闆林先生回心轉意了？溫蒂說她跳槽到美國H公司香港分公司了，美國H公司的老闆亞伯特到香港，她把我介紹給了亞伯特，亞伯特表示要見我。

美國H公司是美國進口商，專做童裝有幾十年歷史。亞伯特原本訂單都是給香港的幾家服裝公司，他想逐步拋開中間商直接找中國大陸的供應商做生意。溫蒂在香港達利洋行見我時是最後一天上班，她便有心留下了我的電話。

亞伯特是個精明的猶太商人，留著大鬍子，戴著小黑帽。

我和亞伯特握手問好，亞伯特的眼光像X光一樣在我身上掃描，想看透我的內心。我自信地直視著亞伯特，我都在他的眸子裡看到我的影子。亞伯特做生意閱人無數，也許這一瞥就奠定了對我的信任。

亞伯特拿出一件牛仔女童襯衫讓我報價，我拿出當廠長時掌握的專業素養和本領，當場核算了面輔料、加工費、341種類配額價錢，加上我的利潤。我的價錢肯定比香港供應商要低，經過兩輪象徵性的討價還價，價錢就確認了。亞伯特又考了我一些牛仔酵素水洗的專業知識，最後告訴我這個訂單有六千件，並告誡我必須做好，他只給我一次機會。

六千件牛仔女童襯衫可以賺三千美金，錢雖然不多，卻是我公司成立的第一單生意，成敗在此一舉。

我決定馬上回上海，和蘇浩然、洪家豪商量怎樣做好這第一個訂單。焦大佬打算和我一起回上海，我們拿著東加護照去香港中旅社辦理入境中國的簽證，因為東加和中國沒有外交關係，所以簽證並不是貼在護照上，而是給了一張另紙簽證。

我們坐上了香港飛上海的飛機，沒有想到此去竟是自投羅網。一下飛機，上海市公安局出入境管理處的處長親自在邊檢把我們的護照收繳後放我們入境，我們在上海變成無國籍人士，不免心慌起來。

焦大佬回到上海就被檢察院扣留，他在上海做房地產生意，向土地管理局領導行賄，領導在其他案件上東窗事發，牽出焦大佬。

因為焦大佬持有東加護照，上海警方怕引起國際糾紛，就

把我們兩本東加護照寄去北京公安部請示。經鑑定護照是真的，但是，我們花錢買護照是不是合法，因為沒有先例，一時無法決定，就把護照還給我們，另紙簽證沒收，沒有另紙簽證就沒法離開中國。我是受了焦大佬的連累，如果我不和焦大佬一起回上海，我就沒事。

我把護照事情放一邊，開始操作訂單要緊，我坐長途汽車到花橋服裝廠找喬老闆。在我辭職之前，喬老闆說過：「你是大哥，你怎麼說，我怎麼做！」現在我接到第一個六千件牛仔女童襯衫的訂單，就放在他的廠裡做。

「馮先生，大駕光臨！」喬老闆穿著皺巴巴的滌綸西裝，上來和我握手還是一如往常地熱情，卻改了稱呼，不叫大哥了。我還沒反應過來，喬老闆嚷道：「你現在是外商了，不得了啊！」這種調侃式的恭維使我不舒服，但是，現在是我求他。我佯裝生氣說：「少來這一套，把我的訂單做好。」

我們在會議室坐下，喬老闆給我泡了茶，寒暄了一會兒，喬老闆看了牛仔女童襯衫樣衣，抬頭問：「你的訂單什麼時候交貨啊？」

「三月要交貨的。」我說。

喬老闆撓著頭說：「嘖，麻煩了，我接了人民服裝廠的訂單也是三月要交貨。」

「那四月呢？」因為客戶交貨有個窗口期，我交了底。

喬老闆一愣，說：「哎呀，四月也滿了呀。」

我對花橋服裝廠的產能瞭若指掌，生產計畫就是再滿，兩個月時間內也是可以調節的，喬老闆明顯是不肯做。喬老闆還

是以前那個送農副產品到我家和到醫院搶著幫我母親付醫藥費的人嗎？我呆在那裡。

喬老闆站起來說：「我要開一個生產會議，你坐一會，晚上我們一起吃飯。」

喬老闆一走，我便不辭而別，離開了花橋服裝廠。

花橋服裝廠不行，我又找了上海襯衫廠的周廠長，我和他以前在上海市服裝公司開會時認識，交情一般，沒想到，周廠長一口答應。工廠落實了，我讓蘇浩然和洪家豪操作訂單，落實面輔料採購和技術打樣工作。

美國H公司將開信用證到香港金豐公司，我需要用信用證向銀行貸款來解決資金問題，我必須去香港，可是，沒有了另紙簽證，我出不去中國。

我怎麼出去呢？只有一條路——偷渡，我的朋友鄒寧說認識蛇頭，可以從海上偷渡澳門。只要出得去中國，東加護照進澳門、香港都不要簽證，到了香港又可以重新簽證進中國，護照就活了。

三十、拱北賓館

一九八九年一月五日我獨自一人來到珠海，我沒有帶任何行李，也沒有帶替換衣服。

按照鄒寧的囑咐，我只要在拱北賓館二○三房等著，有人會來和我接頭。拱北賓館是仿皇城宮殿的中西式建築，是當時中國最好的五星級酒店。我敲開了二○三房間的門，這是一個標房，兩張床夾一個床頭櫃，兩張沙發椅帶一個茶几，矮櫃上放一個電視機。房間內已經有三個年輕女孩等在那兒：阿珍、莉莉、蒙娜。由於我的到來，阿珍和莉莉兩個人擠在靠廁所的床上，我則一個人占了靠窗的床。蒙娜不住二○三房，她住在三○五房，是一個長包房。我們不知道什麼時候出發，也許今天，也許明天……。我們白天在房間裡坐著，晚上就和衣睡在床上。

當天晚上，吃過晚飯，我上街閒逛，看到一家用巨大的霓虹燈顯示店名的「南國歌舞廳」，便走了進去。門票二十元，歌舞廳談不上奢華，但音響不錯，大廳裡煙霧繚繞，擺放著幾十張八仙桌。我進去時節目已經開始了，我要了一張桌子，點了一杯茶和一碟瓜子。遠處臺上是一位女歌手在唱〈萬水千山總是情〉，我第一次聽粵語歌就被吸引了，它既有歌曲的優美旋律又有戲曲的委婉韻味。我發現，聽真人唱歌居然是一種難得的享受。我正意猶未盡，女歌手鞠了個躬，下去了。

這時又上來一位男歌手，打扮新潮，挎著吉他，「晚上好！我是阿宏，感謝大家來到南國歌舞廳。」下邊已經響起了一陣掌聲，看來阿宏是很受歡迎的駐場歌手。「我今天獻給大家一首〈一無所有〉。」還未等他開唱，吉他、貝斯、架子鼓、電子琴的重金屬交響已經灌滿了整個大廳的空間，空氣在顫動。

　　「我曾經問個不休，你何時跟我走？可你卻總是笑我，一無所有……」這也是我第一次聽到搖滾樂，如此蒼涼激越，如此振聾發聵。歌手用那嘶啞的嗓音吼出一串排比句：「一無所有───一無所有───一無所有……」

　　就在這一刻，我被喚醒了。我這半生走過的路猶如幻燈片瞬間清晰地展示在我的眼前：我在文化大革命中當上了紅衛兵司令，對校長、老師進行批鬥、抄家；我聽了黨的話，自以為投身革命，現在想來所謂革命竟是對別人人性的摧殘和對自己人格的扭曲；我又聽了黨的話，上山下鄉去了黑龍江生產建設兵團，十年，我從一個拖拉機手做到連長；返城後，我頂替我母親進了上海人民服裝廠，又是十年，我從一個工人做到廠長。

　　我這一生都在拚搏，然而，到了本應「四十不惑」的年齡，我卻疑惑地發現，我怎麼會一無所有？我空灑了這一腔熱血。

　　歌手在聲嘶力竭地吶喊：「一無所有───一無所有───一無所有……」這時，我再也無法控制自己的感情，淚如泉湧。我聽憑淚水打濕衣襟，卻沒有用手去擦一下。

　　我已不記得，我是如何離開歌舞廳的，反正，這一晚我徹夜未眠。

一月六日，下午。鄒寧陪泰哥來二○三房間看我，這是我第一次見到泰哥，三十多歲，中等身材。穿一件淺灰色的水洗帆布西裝，白襯衫的領子翻出來蓋住西裝領，一條鵝黃色的圍巾從脖子兩邊對稱地掛下來，就像哈達。戴一副金絲邊眼鏡。一頭短髮上了髮膠，濕漉漉的，像剛洗完沒乾，隨意地散亂著。

　　「泰哥，您好！」我大步跨上去用雙手有力地握住他的一隻手。他的全名叫陳文泰，按我在東北的習慣應該叫陳哥，按上海的稱呼叫文泰。然而，我跟著鄒寧叫泰哥，還真有點江湖味道，頓時拉近了雙方的距離。

　　「儂好，儂好。」他用純正的上海話跟我說。鄒寧告訴我，泰哥的祖上是服裝世家，他父親在四十年代把服裝廠從上海遷到澳門，在家庭內部都是講上海話。如今泰哥子承父業，依然經營著服裝廠。

　　我對泰哥的恭敬，不僅是他那風流倜儻的外表讓我突然明白男人也靠衣裝，也不僅是我今天把自己的命運交給一個同齡卻不同命的人手裡，更是因為鄒寧對我說過泰哥的一段故事：「一次，泰哥駕車莫名被澳門員警攔了下來，員警出言不遜，雙方拉扯以致推搡。員警後退一步，拔出手槍對準泰哥，此時泰哥飛起一腳，把槍踢飛。槍掉在地上，員警彎腰伸手抓槍的一刻，泰哥一個掃堂腿把槍踢開，同時撲上去，把員警按倒在地……，當然泰哥為此坐了一個月的牢。」

　　我無法把他如此敏捷的身手和他文靜的外表聯繫在一起。在我眼裡他簡直就是上海灘裡的許文強。

　　泰哥對我說，這次偷渡的費用是八千元。「現在風聲緊，

價錢上去了。」他臉露歉意。「沒事，我知道的……」我急忙表態，我當場點好錢交給泰哥。

泰哥此刻環顧房間裡的人，「你哋都喺去對面的？」他用廣東話問道。

阿珍用廣東話回道：「嗨啊。」莉莉沒有聽懂。

鄒寧和蒙娜則靠在門口的牆邊在聊天。蒙娜抽出一支「摩爾」薄荷香煙，鄒寧適時遞過打火機幫她點著，還小心地張開另一隻手掌圈住火苗，佯作擋風。我有點驚訝，他們第一次見面也可以聊得這麼投機？

泰哥要走了，我送他下樓。他開一輛皇冠轎車，車上掛著兩塊車牌，一塊是澳門的白牌照，一塊是外商在珠海的黑牌照。我目送他駛向拱北關口。

我回到房間，鄒寧和蒙娜不知去哪兒了。我躺在床上，想看一會兒書。阿珍蹭過來坐在我的床邊，怯怯地說：「大哥，剛才那個泰哥是你的朋友啊？」「是啊。」她一聲「大哥」叫得我很受用，我連忙坐了起來。阿珍壓低了聲音說：「他收你八千元太貴了，你以後要再去澳門，我直接介紹你認識蛇頭，只要三千元。」「是嗎？」我開始認真地看著阿珍。

看來，阿珍已經是多次偷渡了，對這一行很熟。阿珍剪了個老式的童花頭，不施粉黛，像個村姑。她不算漂亮，但不失端莊。她穿一件麻灰色一字領的絨布套頭衫，異常寬大，卻依然藏不住春色，時時感覺到她胸前的顫動，猶如關在布袋裡兩隻跳動的兔子。阿珍的老家在九寨溝，父母種地為生，她有一個弟弟在讀大學，全靠她每月往家寄錢。

說起九寨溝，阿珍興奮起來，「你去過嗎？」她睜大眼睛。

「沒有，我很嚮往。」我隨口回答。

「我可以帶你去，我從小在山溝裡玩，我是最好的導遊。」她一臉真誠地說，「你可以住在我家，我讓我媽做洋芋糍粑給你吃，還有酥油茶……」

我覺得她的真誠近乎天真，我打斷她說：「你媽沒有催你結婚嗎？」

「催！我想賺夠錢幫我家蓋新房子，也等我弟弟大學畢業——我再做兩年……」

「你多大了？」我問道。

「你猜？」她調皮了起來。

「十八。」我違心地往低了說，女人都喜歡聽好話。

「哪裡啦！」她趁機裝作下意識地用手在我大腿上拍了一下，嬌嗔地說，「人家都二十二啦！」她果然笑得很開心。

「是嗎？看不出來。」我故作驚訝。

她挪過身來，用肩膀頂了我一下，直接說：「大哥，你有三十了吧？」她居然出口比我還狠。

「四十。」我沒有笑。她仔細端詳著我，若有所思地說：「我爸和你一樣大，不過比你可老多了。」

我們正聊得無聊，外邊有人敲門，我去開了門，鄒寧站在門外沒有進來。他狡黠地笑了笑說：「我把蒙娜弄掉了！」我錯愕道：「你們不是剛認識嗎？」「是呀。」「人家不是有老公的嗎？」我緊接著問。「那有啥搭界？」鄒寧得意地一甩頭，示意我跟他走，「吃宵夜去」。

鄒寧比我小幾歲，但出道很早。他成立了一家貿易公司，前幾年倒賣批文，弄點配額，後來做禮品，把香港的一些新奇的辦公用品弄進來，賣給那些沒見過世面的國營公司做送禮用。有時他也做服裝生意，不過他只是把訂單轉給別的公司，拿差價了事，自己絕不投入。鄒寧人脈很廣，三教九流都有朋友，為人海派，出手大方。平時看他並不忙，然而錢卻用不完。我自忖我永遠也達不到他這種境界。

　　我們來到賓館對面的排檔，剛坐定，蒙娜也過來了。她穿著蕾絲連衣裙，晚上還不忘塗上口紅，長波浪梳成清湯掛麵。蒙娜天生明星相，人見人追，然而，她在我眼裡猶如畫中人般不真實。蒙娜坐在我正對面卻始終沒拿正眼看過我，也許在她眼裡，我這個男人去澳門無非是做一個建築工人。蒙娜低著頭，幫我們把碗碟、茶盅、筷子逐一沖洗了一遍，倒上茶，手法熟練。蒙娜是珠海當地人，在拱北一家海鮮大酒樓當迎賓小姐，被常來吃飯的一個澳門員警、葡萄牙人看上了。這個員警說要娶她，並在拱北賓館開了一個長包房。如今蒙娜剛懷孕兩個月，她急切地要去澳門投奔這個員警。蒙娜點了適合夜宵的菜式：薑蔥炒蜆和白灼生菜、豉油炒麵和每日例湯，還叫了兩瓶啤酒。她用握住瓶口的手指做支架，拿筷子竟能撬開瓶蓋。她還能用瓶口勾住杯沿，啤酒順著斜坡徐徐流入杯子而不起泡沫。蒙娜挨著鄒寧坐著，親熱而不輕佻，不時給鄒寧夾菜，儼然老夫老妻。

　　一月七日，從下午開始，大家都等在二〇三房。我躺在床上看書，蒙娜和莉莉坐在沙發椅上看電視，阿珍側身朝著牆睡

得很熟，電視聲也吵不醒她。

這時有個男人來找阿珍，看上去像澳門人。阿珍坐起來，用手捋了捋頭髮。阿珍和男人並排坐在床沿，用廣東話聊得很高興。

坐了一會，阿珍拉著男人進了廁所。過了不久，裡邊傳出一陣碰撞聲，接著傳出女人的喘叫聲：「嗷，嗷，嗷——嗷……」叫聲中帶著哭腔和因窒息帶來的抽氣聲，阿珍肆無忌憚地狂叫，聲浪一陣高過一陣。我們被這叫聲震住了，大家面面相覷。蒙娜走過去，拍了幾下廁所的門，她說怕這叫聲引起人家注意，影響我們的偷渡大計。但是，拍門聲並沒有能夠阻止阿珍的叫聲。莉莉則斜著白眼，對我說：「不要面孔的，做雞做到房間來了。」我在胡思亂想：「他們在馬桶上？還是在臺盆上？要麼在地上？似乎都伸展不開，浴缸就更不行了！」

大約過了二十分鐘，他們出來了。男人有點羞怯，阿珍卻若無其事，濕頭髮黏在額頭上，臉上泛著紅暈。他們也不看大家，男人拉著阿珍吃晚飯去了。

晚上十點多鐘，看來今天不會有行動了。我決定到海邊去散散心，我對房間裡的阿珍和莉莉說了我的去向。

「我跟儂去，」莉莉起身跟我出了門，莉莉依然忿忿不平地說，「跟一隻雞睏一隻床，齷齪死了。」

「都是天涯淪落人，何必呢？」我勸說道。我對阿珍並不反感，可能是緣於她的一份天真。

拱北賓館的後面是一條濱海大道，叫情侶南路。沿著這條路走下去兩公里就是拱北邊防關口，過了中國邊防就是澳門關

閘。遠望大海，一片漆黑，只有路燈照到的近處，才看到海浪拍打著堤岸。在這靜謐的環境中，人是很容易敞開心扉的。我和莉莉靜靜地走在堤岸上。莉莉是上海人，一頭復古小捲髮攏在耳後，有些凌亂。穿一件色織布兩用衫。上海人發明的兩用衫，夏天可以當襯衫穿，春秋天可以當外套穿，裡邊用假襯衫領子翻出來，足見上海人的精明，愛面子。

　　然而莉莉卻不必要精打細算，她原本有一個很好的家境，屬於先富起來的人家。她打開了話匣子：「我老公在方浜中路開了一家服裝店，專做絨線衫。後來又做馬海毛，從早到夜顧客不斷，每天還有北方人過來批發，我老公每禮拜都要去廣東進馬海毛。」莉莉話語中有一種無法掩蓋的優越感，她繼續說：「我們賺了鈔票，在田林新村買了兩套商品房，把我爸媽接過來住。我們有一個五歲的兒子，交給保姆帶。我整天就是白相，搓麻將。經常和小姐妹去希爾頓酒店的『滬江特快』飲茶，或者到錦江飯店北樓一層的咖啡廳坐一下午。夜裡去淮海中路弄堂裡的『夜上海』吃飯，和姚老闆都很熟的……」

　　「你們家的店在方浜中路幾號？」我極有興趣地打斷她。

　　「一〇九號。」

　　「我阿弟也開過一家服裝店在方浜中路一百二十號，專做童裝。」

　　「真的啊？」莉莉驚叫起來，「喔——我曉得了，就在我家店斜對面。」莉莉用手指著我，越說越激動：「儂阿弟以前經常到我們店裡來的，我老公叫阿王，你可以去問儂阿弟。」

　　我們好像一下子變成了故交。這時莉莉的臉色卻陰沉了下

來，沉默了片刻，她長歎了一口氣：「斷命的稅務局說我們偷稅、逃稅，還有走私，把我們的店封掉了。我老公只好逃出去，買了一本東加護照，居住在澳門，幫人家弄東加簽證。沒想到被澳門員警捉去了，講他做假證件，關在澳門路環監獄。我這次就是去看他的……」我沒有告訴她，我弟弟的店也被稅務局查封了。

海浪不斷地拍打著堤岸，不時有浪花隨風飄到我們身上，莉莉開始激烈地抽泣著。「你抱抱我好嗎？」莉莉突然面對我，用乞求的口吻說道，「我怕！」

我沒有猶豫，從後面抱住莉莉，我感覺她的身體在不停地顫抖。我想安慰她幾句，或者鼓勵她堅強一些。但是，我實在找不出什麼合適的話語，因為她面對的是無法預料的結果，其實也包括我。

三十一、偷渡澳門

　　一月八號，下午。蛇頭來電話說晚上十點出發，讓我們在房間裡等。這一天終於來了，我的心裡忐忑起來，原本希望這一刻早點來，現在卻希望晚點來。

　　晚上九點剛過，所有的人都在房間裡等著了，蒙娜也退了長包房，我這才發現所有人都沒有隨身物品。

　　然而，一直到晚上十一點，電話才響起，阿珍拿起話筒，我們竟然都聽到了話筒裡傳出的蛇頭命令：「下來吧！」大家同時站起身。

　　我們到了賓館門口，只有一輛破舊的豐田麵包車等在那裡。蛇頭搖下窗戶，向我們招了一下手，我們便魚貫而入。

　　車子行駛在柏油馬路上，憑方向我判斷是往香洲灣去的。一路上誰也沒有說話，車廂內死一般寂靜。大約二十分鐘以後，車停在了一個漁港碼頭邊。蛇頭把我們帶上了一艘捕魚的舢板木船，十幾米長，沒有船艙，沒有駕駛艙。船老大已經發動掛在船尾的引擎，蛇頭數完錢給了船老大，便上岸了。

　　船帶著「突突突」的馬達聲，離開了碼頭。這晚一點月亮也沒有，船上也沒有點燈，我們好像蓋在一塊黑布下面，我甚至看不到在船尾把舵的船老大。海上風浪很大，也不知道是下雨，還是船頭濺起的浪花，不一會，我們的衣服就被打濕了。我這才明白，蛇頭就是在等這月黑風高夜，這樣的天氣，中國

邊防軍是不會出來巡邏的。

　　船馳離了岸線，伶仃洋風急浪大，木船劇烈地顛簸。我開始意識到了危險，我擔心船隨時會顛覆，若是翻了船，水性再好也是無法生還的。即便有救生衣，在十度以下的水溫中，也會凍死人。

　　這時三個女人都已吐完了胃裡的食物，躺在地板上，聽憑風浪不斷把她們拋起、摔下，就像廚師炒鍋裡的菜。唯獨我沒有暈船，獨自坐在船的中央，兩手抓住底板上的漁網。先是莉莉爬過來把頭枕在我的左腿上，接著蒙娜也坐過來，用背靠在我背上。一會兒，阿珍也挪過來，把頭搭在我的右腿上。這時我們四個人形成一個支撐體，猶如三腳架，增加了穩定性。我挺直了身板，好比船的桅杆一般。在這種情況下，我被激發起了男人的責任感，忘記了身處的危險。

　　阿珍似乎感覺好了些，掙扎著撲到我的懷裡，緊緊地抱住我，我們相互感覺到了對方的體溫。她仰起臉直視我的眼睛，我忍不住憐憫地用手抹去她臉上的水珠。突然，她抓住我的手引向她的懷裡。我貼近她的臉說：「你那天叫得真好聽。」我不知道為什麼想告訴她。她大聲說：「我想要你！」在馬達轟鳴聲和風浪聲中，說話聲只有我倆能聽到。

　　船行駛了兩個多小時，漸漸看到了遠處岸邊的燈光。風浪小了，進入了澳門的內港。

　　「你們看，這是澳門的葡京賭場。」蒙娜直起身，指著那片燈光。莉莉也坐了起來，抓住船舷。阿珍只是扭頭看了一眼，依然緊抱著我不鬆手。

我推開了阿珍說：「我的腿麻了，對不起。」我覺得要做些準備。葡京越來越近了，我沒有想到我們會在如此繁華的地方登陸。漸漸地，我已經看到了葡京那圓柱形的鳥籠式建築，聽人說過，葡京老闆要把賭客像鳥一樣關在籠子裡。我並且看到葡京前面馬路上行駛的汽車。

大約離岸邊還有五百米的時候，「跳下去！」船老大第一次說話然而卻是不容置疑的。幾乎同時，我們都跳下了水，莉莉是被船老大推下去的。立定之後，發現水只到大腿根部，然而雙腳已經深陷淤泥中，足有一尺深。當我拔出腿時，一個鞋子已經不見了。我回頭看時，船早已遠去，連馬達聲也聽不見了。

我們向岸邊靠近，這段路走得十分艱難，每一步都要用力拔出腳。到了離岸邊還有一百米，這是一片退潮露出水面的沙灘和岩石地。阿珍拉著我撲倒在一塊大岩石後邊，蒙娜和莉莉跟在我們身後。阿珍說，這條馬路上是有員警巡邏的，也許他們就藏在暗處，我們不能上去，必須看到員警出現並且走遠了才能上。我暗自慶幸阿珍具有偷渡經驗。

果不其然，兩名軍裝員警沿著海邊的馬路梭巡而來，又在我們注視下漸漸走遠。我們起身衝向堤岸，攀著臺階上了馬路。我們以百米衝刺的速度越過這條雙車道的二十米寬的蘇亞利斯博士大馬路，鑽進兩棟大樓之間的小巷，又快速穿過兩條小馬路。

此時天色已現魚肚白，我們截停了一輛黑色的計程車，司機看到全身濕透的一男三女並不驚訝，阿珍用廣東話對司機說：「唔該，雲德大廈。」並同時遞上去二百葡幣。從我們上

車到目的地也就十幾分鐘，通常車資也就十幾元。

雲德大廈只是蛇頭安排的臨時落腳點，我在屋裡洗了個澡，換了一身借來的衣服。這時天已大亮，泰哥開車來接我去飲早茶。這是新馬路上的陶然居酒樓，沒有拱北賓館的餐廳大卻很精緻。雖也同樣人聲鼎沸、霧氣瀰漫，但卻多了一份隨和、安逸。我在這裡飲茶，和澳門人無異，誰也看不出我是剛上岸的。然而我卻自覺比他們多了一分自卑和壓抑。

飲完茶，我又特地來到蘇亞利斯博士大馬路——我們上岸的地方。馬路上並沒有留下什麼痕跡，我站在欄杆邊，這時海水已經漲潮，完全淹沒了沙灘和岩石。

我人到澳門了，但是我託泰哥帶進來的東加護照上卻沒有澳門的入境章，這樣就出不去澳門。我反向走進澳門關閘邊檢站，那時候的澳門邊檢站只有一棟小木屋，沒有隔離柵，也沒有電腦紀錄。我在護照裡夾了三千元葡幣，瞅準空檔插上去，從窗口遞入護照說：「我忘了在你這兒蓋章了。」邊防警抬起頭：「怎麼可能？你……」我朝護照努努嘴，邊防警翻開護照一怔，忙把錢塞進口袋，蓋完章還吹了吹。

我的東加護照啟動了，當天晚上我就順利地離開了澳門，又順利地到達了香港。我在香港BCCI銀行把美國H公司的信用證轉到上海中國銀行，事情辦完，我又去香港中旅社辦理了入境中國的另紙簽證，拿東加護照重新進入上海。

美國H公司給我的第一個訂單，在我和蘇浩然、洪家豪的努力下，保質保量地交了貨，從而獲得了亞伯特的信任。美國H公司又接二連三地下了幾個訂單，生意做起來了。

我經常往來滬、港之間，東加護照由於買的人多，便用濫了，引起了中國公安部門的注意，每次入境中國盤查很嚴，我決定放棄東加護照。我又花了一萬八千美元去貝里斯買了護照，並且用貝里斯護照在香港辦理了外國人居留。過了一年拿到香港身分證，我向香港移民局聲明放棄貝里斯護照，換取了香港護照和中國大陸回鄉證。

　　在辦理香港入籍過程中，我需要填寫一份我的個人簡歷、家庭成員、社會關係的表格，這事如果在大陸就做不了假，因為有戶口、單位、組織關係的人身管控，現在，我一個來歷不明的人入籍香港，移民局對我的情況無法核實，又不可能去外調，於是叫我去社區中心宣誓，自證真實。

　　我到了上環一棟大樓的一〇四房間，十幾平方米的房間門口靠牆放著四個連體塑膠椅子，中間一張寫字臺。牆上有一張兒童打疫苗的通知，還有一張招聘員警的宣傳廣告。一個中年婦女廢話不說，叫我面對同樣在牆上的一張英女王半身像，英女王頭戴皇冠，慈祥地微笑著。我舉起右手掌，照著宣誓紙唸道：「我向英女王宣誓，我填寫的表格都是真實的……」寥寥三五句話就完了。

　　這種宣誓也太沒有儀式感了，一點也不莊嚴。再說，宣誓就能保證真實嗎？這世界上睜眼說瞎話的人多了，當然，我是真實的。

　　中年婦女在我的表格上蓋了格式文字章，證明我在英女王面前宣誓了，監督人簽了名，我在宣誓人冒號後面簽上我的名字。這份表格就可以交給移民局存檔了。

從此，我的身分合法了，我如願以償地成為一個香港商人。

在我偷渡澳門兩年以後，我用香港身分證再去澳門時多少有點衣錦還鄉的感覺。我約了泰哥，還去那家陶然居酒樓。我先到酒樓坐了位，泰哥姍姍來遲，他一進門我便認出了他。我快步迎上去，張開雙臂本想擁抱他一下，卻沒有得到回應，便順勢擺了個虛抱的美國式歡迎姿勢。

泰哥明顯老了很多，或許是鬍子沒有刮的緣故。他還穿著那件淺灰色的帆布西裝，不過皺褶很多。頭髮沒有上髮膠，脖子上也沒有掛圍巾，金絲邊眼鏡的架子腳用膠布裹著。來之前，我從鄒寧處已經得知泰哥的工廠倒閉了，並且也知道他整天泡在葡京賭場，欠了很多債。但是我依然沒有料到他會如此落魄。

我為泰哥倒上茶，寒暄道：「你還好嗎？」話剛出口，我馬上覺得不妥。他低頭呷了口茶，囁嚅地說：「還那樣，嗯⋯⋯」他抬起頭，眼鏡玻璃蒙了一層霧。他開始看著我說：「聽說你混得不錯，有什麼可以幫幫兄弟？」我頓時語塞：「沒——沒有，做點服裝而已，不過，可以看看大家怎麼去做。」我知道這搪塞太過明顯，我也知道泰哥只是隨口一說，但，我還是不免語無倫次。

我覺得應該馬上改變話題：「泰哥，多謝你當年幫我出來，我一直沒有忘記。」沒等他介面，我又話鋒一轉：「阿珍、莉莉、蒙娜，她們怎麼樣？」這是我最關心的事情。泰哥有些遲鈍，他托了一下眼鏡架緩緩地說：「阿珍、莉莉，我一直沒有碰到過。蒙娜後來沒有和葡國員警結婚，她生下了一個混血兒子，

拿到了身分證。」泰哥顯得輕鬆起來，說話也連貫了。

「在哪裡可以見到蒙娜？」我急切地問。

「她在葡京上班，做發牌手。」他遲疑了一下，急忙補充道，「如果你去找她，不要說和我見過面。」

「為什麼？」

「咳，當初我和蒙娜同居過一段時間，後來她提出來要和我結婚……」

我倆會心地一笑。他見機岔開話題，怕我再談蒙娜：「你這次從美國回來見過鄒寧嗎？聽說他出事了？」

「沒有。」我矢口否認。其實我知道鄒寧出事了，因為合同詐騙罪被上海南市區法院判了四年徒刑。他和一家國營公司合作到香港上市，結果市沒上成，活動資金用完了。國營公司沒法交差，把他告了。如果上市成功，鄒寧可能一不小心就當一回上海首富。我來澳門前去了上海，我去探監時，鄒寧告訴了我有關泰哥的事，我也向他打聽起蒙娜，鄒寧竟然一時想不起來這個人。我在泰哥面前否認見過鄒寧，是怕泰哥知道我瞭解他的近況而尷尬。

看看時間差不多了，我叫了買單。泰哥突然問我：「借點鈔票有伐？調調頭寸，工人發工資。」我從包裡拿出兩萬元，這是我本來就準備好給他的。他接過錢說：「下個月還給你。」我知道他借了很多人的錢沒還，甚至還借了高利貸。

我們出了門，泰哥上了一輛計程車，我聽到他對司機說：「葡京。」

隔了一會，我也去了葡京，我在二十一點牌桌上找到了蒙

娜。等她換手休息的空檔，我們來到葡京一樓的茶餐廳。剛坐下，一個五十多歲的制服男侍應殷勤地走過來：「娜姐，今日要啲嘛嘢？」蒙娜已是一個地道的澳門人，她瞥了一眼侍應：「兩杯凍咖啡。」我也用廣東話說：「我唔飲咖啡，凍水就得。」我和蒙娜見面雙方都有些拘束，儘管她已經從畫中走下來，她穿著賭場的制服，頭髮也改成了盤頭。蒙娜開始用正眼看我，我卻反而感到不自在，我避開她審視的目光，我也不敢貿然開口，生怕不小心觸及鄒寧或者泰哥的話引子。

倒是蒙娜先開了口，她又改講國語：「你知道嗎？阿珍死了！」

「什麼？死——了？」我懷疑她廣東國語發音的歧義。

「是的。」蒙娜語調有些顫抖，「阿珍在葡京接客，迷上了二十一點。開始倒還有輸有贏，只是後來不知怎麼搞的，輸大了，借了高利貸，被黑社會弄了去。這期間有一個馬仔來找過我，說阿珍說的，我可以幫她還債。我哪裡有錢？再後來，我看報紙，說在黑沙環發現一具女屍，我從照片上看到那童花頭，才認出是阿珍，真是作孽……」蒙娜用紙巾擦著眼睛。

我怔在那裡回不過神來。蒙娜又告訴我，她倒經常看到莉莉，莉莉走了阿珍的老路，也在葡京接客。莉莉的老公在監獄關了一年，因證據不足被釋放了，遣返回了大陸，又進了大陸的監獄。

我和蒙娜分手，走出茶餐廳時，我警惕地掃視人群，生怕在走廊上碰到莉莉拉客。

我幾乎是逃出葡京的，胸口像被壓了一塊大石頭喘不過氣

來，欲哭而無淚。我又來到當初我們上岸的地方，我在那裡站了很久，這片海灘還和以前一樣，但是在不遠處的孫逸仙大馬路外的海灘已經填海蓋了幾棟大樓。

偷渡澳門上岸的地方

三十二、第一桶金

　　按理說，萬事開頭難。公司開張最困難的時期我都熬過來了，而且，美國H公司的訂單接二連三地下來，公司理應可以高枕無憂了。但是，世事總是事與願違，尤其是在生意上。

　　我認真地對待每一個訂單，賺到了預期的利潤，我把錢全部存在香港BCCI銀行，存款已經高達八萬美金。我打算利用這筆錢幫父母買一套房子，還準備在上海興辦一個服裝廠，還準備……

　　就在這時候，BCCI銀行毫無徵兆地倒閉了，BCCI銀行全稱是國際商業信貸銀行，是大型跨國銀行，大股東是阿布達比王室家族，總部設在倫敦。因為涉及洗錢等一系列犯罪活動，一九九一年七月，英國中央銀行宣布關閉BCCI銀行。

　　雖然BCCI銀行清算以後還可以歸還一部分錢，可眼前，我突然變成了身無分文的窮光蛋，甚至還欠了一身債，因為出運的貨物還沒收錢，布廠、服裝廠的貨款就要付了。工廠開始逼款，在走投無路的情況下，我向喬老闆借錢想渡過難關，錢沒有借到反遭喬老闆譏諷：「好好的廠長不做，去做什麼生意啊！」

　　我又從零開始做起，好在，我和美國H公司的生意越做越大，我用了兩年時間才站穩腳跟，並且賺足了第一個一百萬美金。

我用這第一桶金，買了一棟帶花園的老洋房，我的購房標準隨著財富也水漲船高，我要讓父母住進上海最好的房子，這棟老洋房就在解放前勞倫斯的洋房附近。爺爺說過要幫奶奶買一棟洋房，沒有實現，我圓了他們的夢，我把爺爺、奶奶的相片掛在了老洋房的客廳裡。馮、許兩家幾代人對財富的追求，難道都是為了錢嗎？不，這是對生活的追求，對自由的嚮往。

　　我的生意快速地發展起來，上海金豐公司和香港金豐公司不斷擴充人員，規模達到一百多個員工，我又建立了自己的工廠，有幾百個工人。

　　但是，我並不滿足於生意的現狀，一九九三年底，我隻身飛往紐約。我和美國H公司做了幾年生意，還是第一次拜訪他們公司，美國H公司就在曼哈頓。

　　到了曼哈頓卻發現像H公司這樣的服裝進口商有幾千家，分布在第六、第七大道夾二十九街到三十九街的區域內，而童裝集中在三十街到三十四街。全美國兩億多人的服裝消耗量是中國十三億人的服裝消耗量的十倍，都是從這個區域批發出去的，我發現了一座金山。

　　我馬上叫我香港金豐公司的經理伍學軍飛來紐約，我在地圖上畫了一個圈，就在這個區域找辦公室，招聘員工，成立美國金豐公司，我則回到了香港。

　　一九九四年春節以後，我第二次飛紐約，就直接到第七大道的四百八十八號10H的辦公室上班了。

　　公司員工有：銷售員亞當，德國裔；報關員尼克，英國裔；設計師愛琳娜，猶太裔。亞當以前是在J. C. Penney商場當採購

員，認識很多進口商，我給他的任務是一年內找十家新公司。

四百八十八號大樓是公寓改成的辦公樓，每個房間都保留了廚房和廁所，我們租了一個套房，外間是辦公室，裡間是會客廳。這裡白天是辦公室，晚上就是我睡覺的地方。

我每天都會安排上午、下午兩次談生意，有時中午還要加一次，就沒時間吃午飯了。下班前回到公司，和員工商量明天的安排，以及督查每天的送貨、收款等好多事情。

員工下班以後，我要自己做飯，為了保證足夠的營養和旺盛的精力，吃飯我是絕不馬虎的。

我會一鍋煮：在鍋裡同時放入水餃、湯圓、午餐肉，打一個雞蛋，再撕幾片不用洗的捲心菜；或一鍋蒸：肉包、菜包、三鮮包、八寶飯、一根香腸、一碗蒸蛋、一個山芋；或煮一鍋米飯，下一鍋麵條，開一個鳳尾魚罐頭、一個紅燒牛肉罐頭，外加一個水果罐頭。

開飯時，還要配上各種輔食：肉鬆、鹹蛋、皮蛋、醬菜、腐乳、辣醬。

我一鍋煮，就一鍋吃，基本不用碗，吃完只洗一個鍋，節省時間。

吃完飯，又要工作了，因為上海、香港上班了，這兩地和紐約相差十二小時，我要用傳真和電話回覆他們的請示，布置我每天成交的訂單。一直忙到上海、香港員工吃午飯時，我也該睡覺了。我會把會客廳的桌子移開，把兩用沙發打開變成床，調好鬧鐘，睡覺。早上八點起床，十分鐘內洗漱完畢，把會客廳恢復原狀，員工就要來上班了。

有很多時候，上海公司生產上的突發情況，或者解決不了的問題，會打電話把我叫醒討論，這種情況下，我只能睡三四個小時，但第二天約好的談生意是不能更改的。

我強迫自己變成了一部機器，必須完成每天的工作，必須吃好、睡好，必須保持旺盛的精力，不能高興，不能沮喪，不能生病，甚至不能有任何情緒上的波動。

我找到了很多像H公司這樣做童裝的公司，還發展了男裝和女裝的客戶，生意成倍地翻上去。

我的生意突飛猛進，每年能做到三千多萬美金，服裝訂單光靠我們自己工廠的產能已經遠遠不夠，我又在中國發展了幾十家服裝廠長期為我們加工，每年的產量有一千多萬件，是上海人民服裝廠的十倍。

如同這古板的中山裝款式一樣，體制僵硬的國營企業也陷入了窮途末路。人民服裝廠最終倒閉了。

人民服裝廠幾十個技術人員便到我的金豐公司上班，包括當初華美服裝店的老人，馮家和許家的眾多的家庭成員也在我的公司擔任要職，我聘請了大舅到公司當總經理。

大舅發揮了他排版的專長，公司接到一個美國沃爾瑪的訂單，七十萬套。按程序，先由技術部出紙板，排樣，核定用料三點八米一套。然後面料部準備採購，三點八米乘以七十萬套等於二百六十六萬米，乘以十一元等於二千九百二十六萬元。大舅下令停止採購，他決定親自核定用料，到技術部關門研究了一夜，發現了一種最佳的排樣排列，只要把褲子的前片減少一公分，後片增加一公分，完全不影響服裝外觀，也不影響規

格測量，核定用料就變成三點六二米，可省下零點一八米一套。採購面料節約一百三十九萬元。

大舅的加入使我的公司如虎添翼，每個訂單都能賺到超額的利潤，大舅還把服裝上的工藝進行改進，加快了工廠生產的進度，就可以接更多的訂單。

我對大舅的信任和放手，把大舅在人民服裝廠被壓抑的潛能都釋放了出來，大舅沒日沒夜地在公司上班，大舅說能發揮他的技能是對他最大的尊重。

王家貴剛退休，到金豐公司上班，被派往工廠檢查品質，凡是看到有工廠達不到要求，立即拉下電閘，停產整頓，不給任何人面子。他時常說沒有許家就沒有他今天，也時常說自己在華美服裝店時就已經未卜先知預見到今天的局面，那次在我父親打我當下，他就情不自禁脫口而出了一句驚人之語：「將來馮家、許家都得靠他……」

李宗寶也退休了，他聽說王家貴在金豐公司上班，比在廠裡的工資還高，便也想來上班。他買了水果來看望我父母，父親把水果扔出去說：「你這個忘恩負義的東西，還有臉來？」母親對父親說：「兒子以前也是紅衛兵，批鬥老師，政府也沒有追究，還讓當廠長，得饒人處且饒人吧。」母親要我收下了李宗寶。

小舅也退休了，找到我說要到金豐公司的服裝廠去看門。我說：「你是我舅，怎麼可以去看門？」

小舅頂真起來：「看門這個工作就是要自家人，有人把廠裡東西偷出去怎麼辦？外邊的人進來偷東西怎麼辦？車間下班

了燈不關怎麼辦？」他一連說了多個「怎麼辦」。

我說：「你別去了，每月工資我照發你。」

「那怎麼行？你把我小舅看成什麼人了？我不也是要出一份力嗎？」

「我考慮一下，行嗎？」我想敷衍一下。

小舅看穿了我的意圖，頭一擰，脾氣上來了：「不行，告訴你吧，是姐姐叫我來的。」他把我母親搬出來是我對付不了的，我只能答應他。

他上班以後，我去看過他。剛到廠門口，一輛布廠的卡車堵在門口，小舅一把揪住駕駛員的衣襟，駕駛員雙手努力掰開小舅的手，討饒說：「舅舅，我一直來送貨，你又不是不認識我，我把車停進來再登記不行嗎？」

「不行，不登記就是不能進，認識也不行。」小舅一輩子讓別人管，好不容易有資格管別人，便如同當廠長一般神氣。

等卡車登記好進去後，我走進門房說：「小舅，我先登記一下吧。」

小舅看到我，訕笑道：「你不用登記的。」

我指了指進去的卡車說：「你也不能揪人家衣服啊。」

小舅不服氣說：「他硬要往裡衝，我不揪住他怎麼辦？」

正是吃午飯的時候，我看到小舅的桌上一碗米飯、一碗紫菜醬油湯，還有一個瓶，裡邊有像醃製的黃瓜，我拿起瓶在看。

小舅說：「這是我醃製的西瓜皮。」

我說：「你怎麼吃這個？」

小舅說：「西瓜皮好，清火，爽口。」

我埋怨說：「你就不能吃得好一點，錢不用幹什麼？」

小舅笑笑說：「年紀大了，喜歡吃素淨點的，真不是為了節約。」小舅的錢就是這樣積攢下來的，他喜歡去銀行，現金滿一千元存活期，滿一萬元轉死期。

小舅在門房工作兩年後，有一天，他毫無預兆地暈倒了，送去醫院，診斷腦癌晚期，很快就進入彌留狀態。當他醒來，小舅母和女兒問他：「這麼多年的存摺在哪裡？」小舅掙扎著坐起來：「你們是不是希望我早點死呀？」

存摺在哪？小舅打死都不說。

小舅母求助於我，我去看小舅。小舅用手指著門外，說：「不行，不行，小鬼把我的錢搶走了！」我回頭看了一下門外，把他的手按下說：「哪有什麼小鬼啊？」

小舅迷離的眼神在我臉上盯了半天才聚焦成功，「你來了？」小舅回過神來，「我這個月的工資發了嗎？」

「發了，發了，你放心吧。」我說。

小舅突然動了情，有眼淚從眼眶裡溢出，說：「我託你一件事好嗎？我死了以後，你幫我在媽媽邊上買一塊墓地，我要和媽媽在一起，我有錢！」

我貼近他說：「好的，現在邊上沒人，你告訴我你的存摺在哪裡？」

小舅聽到「存摺」兩個字，眼睛一亮，警惕地看著我，直到眼神慢慢黯淡下去，喉嚨「咕咚」一聲，便不動了。我一摸鼻息，已經沒氣了，我替他合上眼睛。

眾人進來大哭，在幫他換衣服的時候，脫下最裡面的襯衣

時，發覺襯衣胸前的口袋用手工縫得嚴嚴實實，拆開一看，所有的活期、死期存摺都在，還帶著微溫。清點下來足有十多萬，足夠買一套房子了。存摺最早是一九五四年的，最晚是兩個月前的。

小舅去世了，殞年七十一歲，我沒有完成他的遺願。小舅母把小舅的骨灰安葬在蘇州，說墓地在山上，風景好，最主要是墓地便宜。

美國公司門口。

三十三、美國入籍

自從美國金豐公司成立以後，我的生意不斷地發展，打進了美國各個商場，我們有了自己的品牌、自己的設計、自己的銷售網絡、自己的物流配送，我的金豐公司已經成了美國進口商、批發商，和美國H公司處在商業鏈上同等地位。

馮家和許家歷史上的遭遇，始終是我的前車之鑑，孃孃說：「土改、公私合營、文化大革命一定會捲土重來，共產黨是不會忘記消滅私有制的初心的。要做生意先移民，把財產留在外邊。」

隨著在香港居留滿七年，我拿到了香港永久居民身分證和特區護照，又隨著獲得美國綠卡滿五年且居住時間過半，還通過了嚴格的入籍考試，我在一九九九年加入了美國國籍。

美國入籍是有神聖的儀式的。這一天，我穿著西裝，打好領帶，來到紐約布魯克林大教堂，八百多個各色人種，坐滿了教堂的所有座位。等了半個小時，美國聯邦大法官準點從後臺步入主席臺中間的講臺。

大法官，四十多歲，一米九的高個，略瘦，戴著金絲邊眼鏡，頭髮三七開，一絲不苟，身穿黑色法官服，掛黑色披風，健步走來，披風飄起，猶如佐羅*從天而降。大法官走到講臺前

---

* 《佐羅》（Zorro，又譯《蘇洛》）是法國和義大利聯合製作的冒險電影，該片由杜奇奧‧泰薩利執導、阿蘭‧德龍、奧塔維亞‧皮科洛、斯坦利‧貝克

立定，掃一眼全場，一雙手掌微微向下壓了兩下，會場頓時鴉雀無聲，聲音像被切斷了電源。

他的音質有如播音員般清晰有力，他沒有開場白，講什麼「在這激動人心的時刻」或者「在什麼大好形勢下」，更沒有講「在XXX領導下」，而是直接說道：「根據美國法律第幾章第幾條……。」講話只有五分鐘，便開始宣誓。全場起立，大家學著大法官的姿勢，右手四十五度角貼在左胸。我偷瞄了周圍人群，姿勢各異，有的人右手彎成直角摸著肚皮，有的人卻右手搭上了左肩，像伊斯蘭教的姿勢。我覺得好笑，雖然姿勢各異，卻都是認真的。

這姿勢有點象徵摸著良心說話，我想起在香港入籍填寫資料宣誓真實性時，面對英女王像，舉起右手掌。也想起在中國黑龍江宣誓一輩子扎根邊疆。

我無奈地想，政府為什麼都逼人宣誓呢？誓言是要遵守一輩子的，我的這一生已經宣誓多次了，還沒有包括我的愛情誓言。宣誓當時都是真心的，但誓言是寫在水上的。

宣誓開始，大法官唸一句，下面跟一句。顯得有些凌亂：「我完全放棄對以前國家的公民資格和忠誠……。」「我將效忠美國……。」「我願為保衛美國拿起武器……。」誓語不多，不到十句話。最後，「上帝保佑我」這一句像排練過的一

主演，電影主角佐羅改編自約翰斯頓・麥考利創作的盧構小說人物。電影於一九七五年三月六日在義大利上映，一九七五年三月十五日在法國上映。《佐羅》獲得第十五屆法羅島電影節最佳男演員獎。是一九七六年後第一批引進中國的譯製片。

樣，喊得很齊。對我一個無神論者來說，我不知道有沒有上帝，但是，今天，都要得到上帝的保佑，我個人可以接受，多一個神保佑也沒什麼不好。只是，我覺得有點奇怪，如此強大的美國，到哪裡都不忘扯起「上帝保佑」這張護身符，美國人的敬畏之心竟然如此虔誠。

宣誓完畢，每人得到一張公民紙和總統簽名的祝賀信。

我第一次持美國護照進入中國。我去見了孃孃，孃孃要我拿出護照，當翻看到內頁上的自由女神浮水印，竟半晌說不出話，默默地流了一會眼淚，才說：「你的這本護照晚到了五十年，馮家本應該都在美國的，一九四八年，你還沒有出生，勞倫斯和勞太太要我們全家跟他們去美國，是我阻止了這件事。」

孃孃很少流淚，即使在打成右派和文革批鬥中，但是今天悔恨的淚水一流就剎不住，她覺得是自己害了馮家三代人，這是不可原諒的錯誤。孃孃繼續說：「一個人，誰不愛自己出生的祖國呢？可是，事實卻讓人無法愛它。黑格爾在一八二一年寫的《法哲學原理》中說：『中國從本質上看是沒有真正的歷史的，一切的一切都不過是君王覆滅，王朝更迭，不斷重複罷了，任何的進步都未能從中誕生。』我曾經以為共產黨會打破黑格爾的結論，現在，我明白，沒有人可以改變中國，這一切的原因是──中國的傳統文化基因太強大了，中國的封建歷史年代太悠久了，已經無法融入世界。」

我細細地品味著孃孃的肺腑之言，感到陣陣寒意，這個論調太悲觀，幾乎所有的中國人都不能接受。

母親知道我加入美國籍，便問我：「你在外國是什麼成分啊？」我知道母親擔心什麼，可是，這句話把我問住了。成分是建立在階級鬥爭的學說上的，階級鬥爭是建立在消滅私有制的目標上的，消滅私有制是建立在空想共產主義理想上的，這些都是中國和共產黨的獨創。其實，資本家和工人本來就沒有嚴格的界限。資本家中每天都有人破產當工人的，工人中每天都有人通過努力成為資本家的。要說階級，這個世界上只有兩個階級：統治階級和被統治階級，所有的統治階級都是剝削被統治階級的，要麼通過稅收，要麼直接掠奪。

　　我只能對母親通俗地說：「外邊沒有成分的，你只要不犯法，政府不會來管你的。」母親不相信說：「沒有成分，還成什麼社會啊？」我想告訴母親成分是什麼，成分就是枷鎖，成分就是牢籠。這種強加在中國人民頭上的緊箍咒竟被母親認為是天經地義的事情，可見母親生活的悲哀。但是，我只對母親說：「我會帶你去香港和美國看看。」

　　一天，母親把我拉進她的房間，欲言又止，猶豫再三說：「你能去臺灣嗎？」我說：「行啊！美國護照去臺灣不需要簽證。」

　　母親說我有兩個表舅吳遠和吳近，在臺灣。那是一九四九年五月的一個雨夜離別的故事，吳遠、吳近在離開大陸時把他們的父母吳衡圃和姚三姐託給許家照顧，最後他們的父母卻死無葬身之地。

　　幾年前，吳近從香港寄信到富安鎮農具廠東吳家問他父母情況，大陸和臺灣無法聯絡，就是能夠聯絡也無法交代。信讓

江蘇省政府收走了，留下了一個臺灣地址，母親要我去臺灣和吳遠、吳近當面解釋他們的無奈和愧疚，這個包袱壓在母親心頭已經半個世紀了。

母親又告訴我吳遠是黃埔軍校十期畢業學員，聽說現在是臺灣防空司令部中將司令。國家要統戰吳遠，由政府建造了吳遠、吳近父母的假墓地，中央統戰部代外婆寫好信，讓外婆讀信錄音，用於廈門對臺廣播，叫吳遠、吳近回大陸。

母親給了我一張假墓地的照片和吳近的地址，叫我祕密前往臺灣。

大陸和臺灣已經隔斷半個世紀，我到了臺灣，既有我熟悉的同種文化，又有我陌生的對立觀念，我饒有興致地參觀了故宮博物院、中正紀念堂、國父紀念堂……，我尤其感興趣的是兩岸對中國近代史完全不同的描述。

我按照位址找到了在臺北內湖區的一個平房，七十一歲的吳近舅舅把我這個不速之客讓進屋裡，我的自我介紹卻是要講一大串名單，我的父親、母親、外婆、大舅、小舅、小姨的名字。吳近聽到一半，就一把拉住我，問道：「我的父母怎麼樣？我的父母怎麼樣？」我從包裡拿出了假墓地的照片，墳墓就像道具，新得扎眼，墓碑上可見「吳衡圃夫婦之墓」。吳近接過照片，貼在胸口，頓時兩肩顫抖，埋下頭去，老淚縱橫。

吳近抬起頭說：「我的父母什麼時候死的？怎麼死的？」

母親說過吳衡圃是鎮壓反革命時，橫屍街頭，姚三姐不久也死了，墓地都不知道在哪裡。但是人已經死了這麼多年，怎麼死的已經沒意義了。我按照母親的說法：「一九五二年病死

的。」事實上，吳衡圃那時候也確實有病。

「不可能！一定是共產黨殺了我的父母。」吳近無論如何也不相信共產黨會放過他的父母。

「真不是！」我突然覺得我站在了共產黨的立場上。

舅母明顯比吳近舅舅年輕十幾歲，上來解圍，拉開吳近說：「你外甥老遠來，你也不叫人坐，怎麼對客人的？」

舅舅才平靜下來，抹去眼淚，把舅母和兩個女兒介紹我認識。

吳近也向我講述了半個世紀前的同一個離別之夜的悲情故事，此一別再無緣相見，那時候，我還在我母親的肚子裡。吳近又講述他到了臺灣以後，也是失落無助，後來找了一份教書的工作，很晚才結婚生女。

吳近問我馮家、許家、東吳家、姚家、劉家的情況，我把母親收集的各家照片拿出來，一一指認給吳近看，吳近如獲至寶，只是聽到已經故世的人會一番唏噓，淚盈眼眶。

看完照片，吳近突然醒悟地問道：「你怎麼可以來臺灣？」我便把我如何偷渡澳門、如何去香港、如何去美國、如何做生意經過娓娓道來，吳近舅舅和舅母、兩個表妹聽得入神，就像聽一個《天方夜譚》的故事和《一千零一夜》的神話。

夜色臨近，吳近要留我吃晚飯，舅母去張羅，我見空對吳近說：「明天，我想見吳遠。」

不料吳近搖搖頭說：「你見不了！我也見不了。」

「為什麼？」

吳近說：「你想，他的職位是臺灣防空司令部中將司令，

臺灣的導彈防禦圖都在他的腦子裡，可以說臺灣的安危繫於他一身，我就是和他通個電話都要經過很多程序。共產黨還異想天開，想統戰他？根本不可能。」

當天晚上，我回到酒店，吳近來電話：「明天你來我家，下午兩點，吳遠會和你通電話。」

第二天下午兩點，電話響了，我接起電話，一個渾厚的聲音，從話筒裡傳過來，雖然語速平穩，聲音輕微卻力透耳膜，攝人心魄。

「你是虎寶的兒子？你父母好嗎？」

「虎寶？我是馮聲聞、許學鳳的兒子。」我怕搞錯了。

「呵，呵，你爸的小名叫虎寶。」

「哦，舅舅您好！我爸、我媽都好，謝謝你。」吳遠的語調親切，似曾相識，細辨之下，發覺原來和母親一樣夾帶著改不了的富安鄉音。

「姨娘可好？噢，你外婆。」

「哦，我外婆已經過世了。」

「咳，物是人非事事休啊，都過去了。」吳遠長歎了一口氣，「那年，我聽說廈門廣播有姨娘的喊話，還特地去前島聽過，聽到姨娘的家鄉話，真欣慰，就好像聽到我母親的聲音，可惜不能讓姨娘知道我聽到了。」

「我母親要我告訴你們，當初沒有照顧好你的父母，愧疚了一輩子。不過你也知道，在那個年代許家人也是自身難保。」

「我不怪姨娘，不怪許家，你回去替我燒幾支香和紙錢，

儘管那是個假墓。」我一驚，吳遠也知道那是個假墓，但總比沒有好。

「我會的，你放心。」

「你來，我不能見你，請你原諒，多事之秋啊，現在共諜太多。」吳遠歎道。

「我不是共產黨的人，我是美國公民和香港永久居民。」我慌忙解釋。

吳遠笑了起來：「共諜都是美國公民和香港居民，大陸人也來不了臺灣啊。」

我頓時語塞。

吳遠趕緊補充說：「我不是說你，我知道你是我的外甥，我不見你，對你也好。你來看舅舅，舅舅謝謝你！你回去代問你父母好。」

掛了電話，吳近說出了他的擔憂，說：「一九九七年香港回歸大陸了，現在澳門也回歸大陸了，如果哪一天臺灣要回歸大陸，我們就去美國，想投奔你去。」我滿口答應，但是，我想吳近多慮了，臺灣和香港、澳門畢竟不同。

這天，我和吳近的一家拍了很多的照片，這些照片後來不但我的父母和許家人看到了，甚至傳遍了整個富安鎮老街。

在我離開臺灣的時候，果然遇到了麻煩，邊防警按了暗鈴，一個高級警司把我叫到小房間裡問話，眼光像剃鬍刀一樣在我的臉上刮了一遍，把我的美國護照從頭翻到底，問我什麼時候拿到香港身分證，什麼時候拿到美國護照，當然他們是沒有理由攔住我的。

三十四、痛失母親

　　到臺灣去找吳遠、吳近是母親唯一麻煩我的一件事，除此之外，在生活上，母親和我就如同兩股道上跑的車，各行其是，怎麼也湊不到一塊。自創業十幾年來，隨著財富的積累，我對生活的要求也越來越高，住則豪宅，行則豪車，吃穿則非貴不買，享受自己創造的財富是理所當然的。我希望父母過和我一樣的生活，可是父母卻依然過著自己儉樸甚至有點貧寒的生活，不管我如何替他們安排都改變不了他們，父親有時還能變通，母親卻絲毫不肯妥協。

　　父母雖然住進了別墅，卻過起了自給自足的農民生活，花園的草坪鏟掉種上了四季蔬菜，棚種瓜果，籠養雞鴨，缸醃鹹菜。我每個月給他們的生活費都存進銀行。我做生意常去美國和香港，在上海和父母一起住的日子並不多，我找了兩個傭人，可是等我回到上海的家裡卻看到父母自己在做家務，我驚奇地問：「兩個傭人呢？」

　　母親說：「回掉了。」

　　我急了：「那家裡的事情誰做啊？」

　　母親說：「自己為什麼不能做呢？我和你爸每天做一點，不累的──不用你做的。」

　　我難過得想哭，說：「媽，我有錢！」

　　母親說：「我知道你有錢。」

我說：「我有很多錢，就算從現在起我不做生意，這些錢也能養活這個家。」

母親又說：「我們不要你養活，我和你爸都有退休工資，有勞保。」

我又說：「兩個傭人每月的工資加起來才八百元，還不夠我請人家吃一頓飯的，你回了他們幹什麼？要省這點錢？」

母親說：「你生意上用掉的錢都會賺回來，我們用掉不就是浪費了嗎？」我在母親面前詞窮理屈，啞口無言。

從此，我每次回上海家和父母一起過日子就要自己的事情自己做，這也就算了，有些事情實在不能忍受，家用的餐巾紙，母親用來擦嘴後收好重複用。抽水馬桶小解後不沖，等大解後才沖。家裡裝的空調，再冷再熱的天都不開。如果我忙得不歸家，父母來公司看我，都坐公車，公司有七八輛轎車，絕不肯坐，說車燒油費錢。

不過，母親的吝嗇只是對自己，如果我要回家吃飯，那就另當別論了。儘管我事先說只要下碗麵就行，母親是不聽的，她會從早忙到晚，做我喜歡吃的又具有富安特色的菜：茨菇燒肉、油燜茄子、八寶辣醬、阿根湯（芋芳海蜒湯）、紅燒斬肉、油煎藕餅⋯⋯

看到母親為我一個人做的一桌菜，我就要發火：「怎麼吃得了啊？我以後不回來吃了。」

母親卻依然嬉笑著說：「我們也要吃的呀，你不是叫我們吃得好點嗎？」

我坐下吃，母親就始終看著，看到我大快朵頤，母親會高興

得直拍手，要是我說這個菜有點鹹，母親會懊喪地捶自己的腿。

我回來吃一頓飯，母親能興奮好幾天，這反而令我心酸，母親的幸福完全繫於我一身，我卻無能為力，說起來也是我的不孝。

我申請了父母到香港探親，住進我香港海邊的海峰園家中，每天我開車帶著母親到告士大道的辦公室上班，母親看著我打電話，看著我和員工開會，看著我和客戶談生意，母親雖然聽不懂廣東話，但是依然興致盎然。

父親則拿著香港旅遊地圖，一個人玩遍了香港旅遊景點，不管是海洋公園、太平山頂、大嶼南丫，還是尖沙咀、彌敦道、蘭桂坊，甚至是冷門的博物館、太空館、藝術館，父親都一個不漏。

我和父母過了一段朝夕相伴的日子，我負責他們的生活，他們沒辦法節約了。我帶父母去時裝店定製了裡外衣服，我帶父母進出高級餐廳，富豪飯店、阿一鮑魚、鯉魚門海鮮，我還幫母親買了翡翠戒指、寶石耳環、黃金手鏈，母親說這是醉生夢死的日子，是受罪，但是，能和我在一起就好。

我想一直這樣帶著父母，我又替父母申請了美國探親簽證，打算讓父母到美國長島的家中生活。然而簽證下來，母親卻不能成行了。

二〇〇〇年初，母親說背部疼，到醫院一查患了骨癌。母親十幾年前得過鼻咽癌，經過了治療，我們都以為逃過了，沒有想到還是轉移和復發了。

我把生意上的事交給公司經理，我留在上海專注替母親

治病。

　　我安排母親住進了特需病房，用盡了最好的治療。儘管醫生已經叫我做好最壞的準備，可是，我不能接受這個事實，我不相信也不能讓母親離開我們。母親渾身插滿了各種管子，忍受著放療、化療的極度痛苦。兩年中我們兄妹每天都在醫院陪伴母親。

　　一天，母親忍著劇痛哀求我道：「讓我回家吧。」

　　「不行，你要在醫院接受治療，你一定會好起來的。」我像在生意上做決斷一樣對母親說。

　　弟弟來換班了，我轉身出病房時說：「媽，我明天再來陪你。」

　　母親對著我的背影無奈地喊道：「早點讓我回家。」我像被電到了一樣，怔住了，這不是我四歲那年母親把我放在奶奶家，我對著母親背影說的話嗎？我轉身抱住可憐的母親，放聲痛哭。

　　這一天終究來了。這天早上，母親突然坐起來，還下地走了幾步說：「你看，我好啦，可以回家了。」

　　我以為治療見效了，高興地說：「你好了，我也放心了，我需要去香港公司一趟，今天去明天回來。」

　　母親揮揮手說：「去吧，去吧，我沒事的。」

　　我說：「我明天回來就接你回家，我還要帶你去美國的。」

　　母親說：「回家後，不去美國了，我的時間不多了，我想去鄉下看一下我們家以前的田地，看一下我出生的小東河，我以後的骨灰就撒在小東河。」

我說：「你瞎說什麼？我帶你去鄉下玩，住上幾天。」

飛機降落在香港紅磡國際機場，我打開手機，電話那頭響起妹妹撕心裂肺的哭聲，我呆住了，知道發生了什麼，木然地聽著哭聲。保姆拿過妹妹電話說：「奶奶走了！」

我在機場失聲痛哭，機場工作人員上來問我：「先生，你需要什麼說明嗎？」他們知道情況後幫我辦了原機返回。到了醫院，母親已經換好衣服在等我，臉上顯出從未有過的安詳。平時，母親即使睡著了，也是皺眉忍痛的。我抱住母親，臉貼著臉，久久不願鬆手。或許母親從痛苦中解脫了，我卻墜入深深的痛苦之中，無法自拔。

母親殞年七十六歲。母親的去世對我打擊很大，我無心上班，整天一個人關在屋裡。這樣的情況持續了一年，我才從悲痛中走出來，逐漸接受了沒有母親的生活。

遵照母親的遺願，我帶著母親的一半骨灰去了富安鎮。我要尋找小東河，可是，這條在母親口中講了一輩子的小東河究竟在哪裡？地圖上並沒有小東河的河名或者地名，官方也沒有小東河的文獻記載，它只存在於許家和富安鎮人的口中。

我讀中學時跟隨母親來過富安鎮老街，現在已經時隔三十八年了，我在表弟吳新華的陪同下找老街的老人打聽小東河。富安鎮老街雖然還是原來的明清老房子和狹窄的石板路，但早已人去樓空，不要說當初的劉家銀樓、許家糧店、姚家麵館、西吳家學堂、東吳家鐵鋪，都沒了蹤影，就連這些人家的後人也都搬離了老街，住到東臺市或鹽城市去了。

千年的富安鎮老街消亡了，我問表弟吳新華這是什麼原

因。似乎從來沒有人問起過這個問題，表弟想了半晌說：「還不是富安鎮老街太老舊了？」表弟的想法是有代表性的，所以鎮政府在富安鎮老街邊上另闢了一塊地方，重新造了一個新的古鎮一條街，氣派的石牌樓、仿古的商業街、同質的沿街鋪，想恢復富安鎮老街的人氣，最後新街、老街一同淪為沒有靈魂的空街。

我從許家的興衰想到，富安鎮老街是土地私有年代的鄉村之花，是宗法血緣和鄉紳自治的產物。是解放後的公有制扼殺了富安鎮老街，但，這是當政者不會明白也不願承認的。

我在鎮上老街打聽不到小東河，表弟吳新華把我帶到富安鎮文化館、東臺市檔案館，都找不到小東河的痕跡。表弟又通過熟人把我帶到鎮政府，一位當地的年輕領導也語焉不詳，說許家倒好像有聽說，只是不知道小東河。

我開始懷疑母親口中的小東河和許家歷史的真實性，但是，我對母親的信賴是容不得懷疑的。我決定找許家後人，並打聽到母親同父異母的哥哥許學禮的後人在小東村，小東村和小東河會不會有什麼瓜葛？

富安鎮老街北面的富北路是一條鑲嵌在廣袤農田中的雙向水泥路，駕駛員小盛開著轎車，我坐在後座，極目遠眺，車好像是在茫茫起伏的碧綠麥海裡的一葉孤舟。四月的鄉野，氣候舒適宜人，空氣清冽甘甜，我沉醉於空曠的無人世界，思緒飄散開去。

半小時後，路越開越窄，變成了單車道，車不時穿過樹林中的農舍，有雞鴨鵝出來擋道，車速慢了下來，猶如進入恍惚

的慢鏡頭，神經一鬆弛便昏昏欲睡。

忽然一陣暴風，烏雲陡暗，雷聲隱隱。一個農夫敲著車窗：「先生，有人要見你。」我下得車來，行沒幾步，就見兩排粉牆黛瓦的徽派平房一眼望不盡，居中的門樓雕樑畫棟，門前兩棵蒼老遒勁的銀杏樹新葉正綠。

我行入院內，房內傳出朗朗書聲和悠悠琴聲，原來是一所學堂。我正踟躕，房內走出一個白髯長衫老者，拱手道：「知吾家賢孫到此，老朽許子見恭候多時了。」

「許——子——見？你是我外公？土改時你去哪了？許家人找了你一世！」

外公笑笑道：「人世是噩夢，此處才是歸宿，朗朗乾坤陰陽顛倒，陰是陽，陽是陰，你終究會明白的！」

「孫兒不意在此遇到外公，受我一拜。」

我正要下跪，外公扶起我說：「今幸遇孫，願贈良言，積書與子孫，子孫未必能讀。積錢財與子孫，子孫未必能承。積田地與子孫，子孫未必能守。不如多積陰德，你正在遂意之時，何不力行善事？非為好名，惟願福蔭子孫後人。」

我悚然道：「外公明訓，孫兒敢不力行？此後凡是可為的善事，自當行之，以遵外公之意。」我想抓緊外公扶我的手，卻沒有抓住，肢體接觸感覺似有卻無。

這時鐘聲響起，許是下課了。

我睜眼一看，駕駛員小盛正緊按喇叭驅逐一頭擋道之牛，再放眼望去，此處是一片墳場，天氣依然晴朗，並無什麼學堂，我對自己的白日夢感到可笑，難不成我真到了許家的地界？

到了小東村，順村民遙指，我找到了大表姐許筱盈、二表姐許筱梅的家，雙方執手，噓寒問暖，倒茶切瓜。

　　坐定後，我說要找小東河，大表姐和二表姐相視了一下，面有難色。大表姐說：「就是門前這條小河吧？以前聽父親說過老屋後面就是小東河，這條河通老屋的。」

　　我出門看時，大失所望，這條河寬不足五米，還長滿了水草浮萍，幾近淤塞。兩個表姐跟了出來，二表姐說：「不會的，聽父親說過，小東河走大船的，可能就是村外的串場河吧。」

　　大表姐反駁道：「串場河是串場河，小東河是小東河好吧。」兩個表姐相持不下。我看再問也問不出名堂，便岔開話題問許家解放前的情況。

　　大表姐自豪感頓生：「不是我說，許家歷代都是大地主，沒人比得上！」

　　我並不滿足於這種籠統的說法，說：「許家到底有多少地？幾百畝？幾千畝？」

　　大表姐語塞了：「這個，沒人說得清，反正聽父親說，騎在馬上三天走不出許家的地。」

敗落的富安鎮老街

三十五、尋小東河

　　聽大表姐說到「騎在馬上三天走不出許家的地」，我一驚，這句話，除了聽母親說過，今天又聽到大表姐這樣說，如果真是這樣，雁過尚且留聲，許家在歷史上不可能不留下痕跡，東臺市檔案館查不到，我決定去東臺市圖書館查找資料。

　　我在東臺市圖書館一待就是半個月，解放後出版的書刊找不到小東河和許家的記載，就連一九九四年東臺市政府編撰的《東臺鎮誌》和二〇一八年富安鎮政府編撰的《富安鎮誌》也隻字沒有許家的記載，我並不氣餒，一頭鑽進故紙堆裡，終於有所收穫。

　　《光緒東臺縣誌》三十六卷，〈流寓篇〉記載：「孫則善字從之南京本城人以避兵與父母妻子來富安場設塾母二足向不能多走善間負之見母必展笑顏供餐齋鹽常缺善以小碟取貯案頭專以奉母又為懷父義措錢十四文供吸煙之用孝父逾於孝母善課課終日孝母兼分妻職五夜每饑寒戰慄從不做聲防益親憂直至賊退還鄉以館為生善與三子兄弟早皆入伴妻日夜辛勤家業重興善年將六沒於家嫡伯懷仁舉人嫡叔懷禮廩貢生攻畫道善書法人來爭取教讀場之小東河許宅」

　　這篇沒有標點符號的古文講了一個故事：有一個人叫孫則善，南京人，為避兵禍（文中「南京」「避兵」的時間、地點，據考證清朝在光緒之前南京唯一的兵禍是一八五三年清咸

豐年間，太平天國攻占南京），攜父母妻子逃到富安鎮，設立私塾。母親腿腳不便，孫則善常背母，對母百依百順。孫則善買煙讓父親孫懷義抽，日日辛勞，無怨無悔。戰亂結束回到南京，重振家業，六十不到死於家鄉。

孫則善的親伯孫懷仁是舉人，孫則善的親叔孫懷禮是吃皇糧的國子監「生員」，都是那個年代的高級知識分子，人才引進在小東河許宅教學。

故事無奇，看點是最後一句。

其一，小東河許宅，母親口中的小東河和許家終於找到了佐證。

其二，許家不但是大地主，作為地方鄉紳，還興辦學校，且達到相當規模，能吸引舉人和廩貢生這樣級別的老師到學校任教。

其三，孫則善避兵禍，因沒有功名在身，只能在富安鎮老街教私塾，而沒資格任教小東河許宅學校，說明小東河許宅學校不僅規模大，級別也高。

其四，從孫則善故事的背景可見，許家於咸豐年前就已經在小東河興辦學校。

我發現了古籍中的小東河許宅學校，立刻想起夢中見到外公的情景，雖然夢裡觸覺不實，情景卻是真切的。我又找到了大表姐和二表姐，說了我的夢中所見，問附近有沒有學校。

大表姐說我們小東村沒有學校，還是二表姐機靈，說以前在久勝村是有個學校的，要不去問問。我和兩個表姐驅車去了二十幾公里外的久勝村，張村長一看是許家人就異常熱情，張

村長當即說：「學校有啊，久勝村以前叫鐵九村，村裡有個學校以前是許家的，土改後收歸政府，解放後叫小東小學，文革中叫月新中學，改革開放後叫鐵九中學，現在村裡把房子承包給專業戶養羊。」

張村長開車前邊帶路，我們的車在後邊跟著，車停在了一排風格古雅的徽派房子前面。我下車一看，竟魔怔一般杵在那裡動彈不得，這房子和我夢境所見的房子是一樣的，門口也有兩棵古銀杏樹。

我含著熱淚走進院子，我夢中聽到的朗朗書聲和悠悠琴聲變成了「咩咩」羊叫和「汪汪」狗吠。從外公走出來的房間裡走出了羊場老闆，聽說是許家人，馬上掏出「中華」香煙發起來。我和羊老闆聊天，羊老闆知道這個房子是許家的，當然他也知道我們不是來要房子的，要也要不回去。

羊老闆把我們領進羊舍說：「這個房子結實啊！」指著房頂已經發黑的檁條說：「這都是花梨木的，幾百年不爛吶。」羊老闆說在挖羊圈的時候發現過明萬曆通寶的錢幣。羊老闆又說現在政策好，不交農業稅，他養羊一年可以賺錢一百多萬，「風水好啊，只是可惜了許家的房子」。

我站在房子裡，恍惚起來，穿越在現實和夢境之中。

我不但看到了外公，還看到了太外公，看到了許家的列祖列宗。許家的祖先離我很近，與我的身影重疊，我腳下的路面，他們踩過，我們相隔幾百年，踏入同一空間。

我的母系來路，我的一半血脈淵源，清晰地展現在我的面前，神祕的血脈通過DNA，讓我們代代相傳，使我最終都要追

尋你們的蹤跡，找到你們，認祖歸宗，魂歸故里。

我找到了小東河許宅，仍然不知道小東河在哪裡。為了完成母親的遺願，我又返回圖書館鑽進故紙堆裡，陸續發現古籍中記載著小東河許家歷代的軼事逸聞，雖然只有片言隻語，一筆帶過，卻白紙黑字，載入史冊。

《光緒東臺縣誌》二十七卷，〈壽婦篇〉記載：「張氏富安場許應韶妻九十沒光緒二十九年冬。」光緒二十九年就是一九〇三年，富安場許應韶的妻子張氏活到九十歲去世，做長壽婦記載。

《光緒東臺縣誌》三十卷，〈節婦篇〉記載：「儲氏許應熊妻夫故氏年二十一歲奉舅姑竭誠無倦見坊。」許應熊是許應韶的同輩兄弟，他的妻子儲氏在夫死時才二十一歲，無怨無悔地伺候公婆，譽滿鄉里。古漢語中，「舅姑」一般指公婆。

《嘉慶東臺縣誌》二十七卷，〈尚義篇〉記載：「許國寧富安人醇厚好施嘉慶乙丑水災捐賑災三月。」嘉慶乙丑年是一八〇五年，發生水災，富安場許國寧樂善好施，捐賑三個月。

《嘉慶東臺縣誌》三十三卷，〈節婦篇〉記載：「崔氏富安許懷溪妻夫殞撫孤成婚又死更撫孫嵩苦節四十二年。」富安場許懷溪死後，妻子崔氏撫養兒子長大成婚，兒子又死了，更撫養孫子長大，高風亮節四十二年，特做節婦記載。

許應韶與張氏、許應熊與儲氏，許國寧、許懷溪與崔氏，按所處年代計算，都是母親上五代到上九代祖先。

一個星期以後，我又有重大發現，在《嘉慶東臺縣誌》一卷裡有一張富安場圖（富安鎮在明清時期叫富安場，和今富安

鎮的範圍差不多）。這是一張手繪地圖，沒有比例尺。地圖上除了富安鎮老街上有東嶽廟、龍王廟、東鹽關、范公堤、東昌橋等明確的地名，整個富安鎮境內都是以鹽灶命名，說明當時農田甚少；史料記載，清道光以後，因海岸東移，海遠鹵淡，原鹽場相繼廢灶，才由鹽田改良成了農田。

《嘉慶東臺縣誌》十八卷記載，乾隆二十七年丈量富安場有草蕩鹽田三千七百八十六頃八畝五分五厘，只有農田二百九十一頃五十六畝。說明這張全是鹽灶的地圖至少是明朝萬曆年間的（一五七二至一六二〇）。

這張地圖上富安鎮老街北面標有許家橋，往北一直到富安鎮的邊界標有許家灶，許家不會在人家的土地上造橋建灶，說明從許家橋到許家灶這一大片土地都是許家的。

這樣就和母親講的許家歷史對上了，許家的祖上原是蘇州的富商望族，在一三六八年明朝初年的「洪武趕散」時，從蘇州閶門，走水路一路向北遷徙到鹽城落腳，逐步向南開墾灘塗地，擴展到東臺富安鎮。

許家是富安鎮的第一代移民，在此開墾草蕩、煮鹽、漕運，又把鹽田改良成農田。

我把這張手繪地圖和現代富安鎮地圖重合，按圖索驥，在表弟吳新華、大表姐許筱盈、二表姐許筱梅的陪同下逐村訪問，最終確定許家的土地。

富北村，手繪地圖許家橋所在地。三千六百五十點六畝，現在人口三千零一十人。

小東村，我母親的出生地和表姐家所在地。二千九百三十

五畝，現在人口一千七百八十三人。

元久村，手繪地圖許家灶所在地。五千五百九十六畝，現在人口三千一百九十八人。

久勝村，小東河許宅學校所在地。五千六百九十一畝，現在人口三千一百八十七人。

建團村，五千四百五十畝，現在人口二千九百五十人。

西場村，三千二百四十畝，現在人口二千三百九十二人。

竹林村中的高橫大隊，五千零一十五畝，現在人口二千九百零四人，取一半二千五百零七畝。

乘勝村中的富東大隊，二千九百三十七畝，現在人口二千三百二十八人，取一半一千四百六十八畝。

許家在富安鎮的土地總共三萬零五百三十七畝，這還不包括許家在東邊的許河鎮、西邊的安豐鎮以及北邊的南沈灶鎮的土地，「騎在馬上三天走不出許家的地」這句話是成立的。

我在各村訪問的過程中，又根據《嘉慶東臺縣誌》四卷中，官方興修水利和河道變遷的紀錄，經過實地考證勘察，終於弄清了一個歷史懸案。小東河就是流經富安鎮的串場河的一段，是淮河流域裡下河地區的東部河流。串場河初為唐代大曆年間在鹽場海濱修築海堤時形成的複堆河，南宋時重加修築，南北延伸。明、清兩朝為串通淮南各鹽場，屢次疏浚，作為運鹽官河，至清乾隆三年全線貫通，小東河就此併入了串場河，著名的串場河本無名，以其串通淮南各鹽場而得名。可是許家人還是把這段河叫小東河，並一直傳承下來。

小東河就是許家的河，就是許家土地上的河。

現在的小東村就是後人為了紀念小東河而起的名字，母親的祖屋就在小東村，離表姐家只有兩公里。我帶著母親的骨灰來到母親的祖屋，祖屋原本是一個四合院，土改後分給了農民，幾經住戶變更和房屋重建，依稀能見原貌。這是一塊高地，屋後就有小東河流過，站在這兒能看到四周一望無邊的農田。

　　這是我的聖地，母親在這兒出生，母親在這兒守土，母親在這兒受難。有母才有我，養育之恩，恩重如山，我匍匐在母親的大地上，親吻著泥土，猶如回到母親的懷抱。

　　我把母親的骨灰撒向小東河，喊道：「媽，你回到小東河了！等我死後，我也把骨灰撒向小東河，兒子來陪你！」

　　小東河就是母親的河，就是孕育我生命的河。

　　完成了母親的遺願，我想弄清小東河是怎樣流入黃海的。我坐車沿著河邊的公路一路東行，大約半個小時，到了許河鎮中心，路兩邊是繁榮的街市，人流如織，車水馬龍。我很好奇，小東村取名於小東河，許河鎮和許家有關係嗎？我於是上手機百度了一下。

　　詞條「許河鎮」載明：「清乾隆年間，有許氏豪門富戶來到屬地選址曬鹽，包辦鹽場，並主持監工開挖了一條運鹽河，故名『許家河』。從此，鹽商、灶民和土著百姓們就沿著『許家河』兩岸集聚生活、生存，繁衍生息至今。逐漸形成集市和小街、集鎮後，因『許家河』而得名『許河』，並沿用至今。許河鎮別名叫『許家河』、『許墩鄉』。」

　　我又查看了地圖，許河鎮至今仍舊保留許南村、許北村、許河村、許樂村等自然村落。說明這裡的大片土地以前都是許

家的，許家的另一支後人在此開枝散葉。

　　小東河許宅學校在乾隆年間已經存在，其時許家河才剛開挖，距今也只有兩百多年，而富安鎮已有千年歷史，說明小東河在先，許家河在後。從地圖上看，許家河是小東河的延伸，呈一條直線。小東河和許家河都是許家挖掘的人工運河，這條運河總長三十公里，一半在富安鎮境內，叫小東河，一半在許河鎮境內，叫許家河。這在當時可是一個了不起的偉大工程，許家的勢力和財力由此可見一斑。

　　現在，沿著小東河和許家河修建的這段公路就是三○七縣道，別名富許路。

　　我下車穿過街市，走到河邊，望著這條寬三十米的許家河，河水緩緩地、無聲地、日夜不息地向東流入黃海。

　　歲月流淌，逝者如斯夫，許家的印記已經深深地鑴刻在這片土地上，永遠不會磨滅。

　　我從富安鎮回到上海以後，時刻不敢忘記外公的教訓，不久汶川地震，我通過街道和僑聯向慈善機構捐贈了一百萬元。

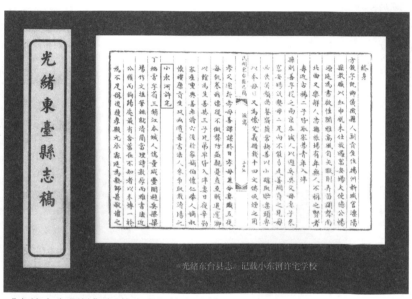

光緒東臺縣志稿

光緒东台县志 记载小东河许宅学校

《光緒東台縣誌》記載小東河許宅學校。

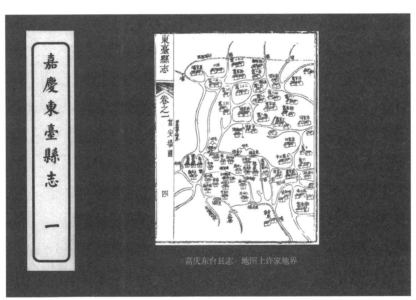

《嘉慶東台縣誌》地圖上許家地界。

小東村，母親的祖屋。

小東村，母親最後收租的土地。

三十六、代父相親

　　母親去世後的第三年，父親漸漸地變得沉默寡言。儘管我在上海期間和父親同住，弟弟妹妹們也輪流去看他，給他送菜，也有保姆做家務，但是，大部分時間，父親總是一個人坐在空曠的別墅客廳沙發上發呆。

　　我想幫父親找一個老伴結婚，親戚中立刻就有人站出來說我大逆不道，對不起死去的母親。我對母親的感情問心無愧，但是人去世了就結束了，活著的人才是重要的。父親需要的關愛，不是我一個人可以滿足的，我也做通了弟弟妹妹的工作。

　　我和父親談：「我給你找個老伴吧。」由於我平時多次吹風，父親並不驚訝，說：「再找對不起你媽吧？」我說：「媽在的時候，你老是犯錯，倒沒有覺得對不起媽，現在，倒覺得對不起媽了，你這哪是真心話？」父親「嘿嘿」乾笑了幾聲，說：「你到哪裡去找？」「婚介所啊。」父親連連擺手說：「婚介所都是談條件，不談感情的，我不去。」父親也是有要求的，見問題談開了便直說：「要找我自己找，起碼雙方要看得上，培養起感情，不涉及錢財。」我說：「好啊，再好不過了。」

　　父親打扮一新，早上去公園打太極拳，晚上到街邊跳廣場舞，接觸了一幫老頭、老太，倒也都談得來。父親發現一個單身的五十歲女人符合他的標準，便重點發展，帶她去肯德基吃

全家桶，帶她坐專線車去朱家角古鎮，還到她家修理水電。老年人的婚戀過程相對簡單，父親便提出結婚的想法。

女人問父親，「你有房嗎？」「沒有。」「你有車嗎？」「沒有。」「你存款有多少？」「沒有。」其實，父親都有，但是，父親要考驗愛情，或者結婚後給對方一個驚喜。不料，女的頓時翻臉說：「你調戲我啊？」女的轉身就走，扔下最後一句話：「死老頭，有病！」這件事對父親打擊很大，輕易不敢出去了。

父親有一個老哥們張老伯，知道父親的底細，便幫父親介紹對象，一個五十多歲的女人和父親一見如故，父親的愛情又死灰復燃了。這次，父親也不藏著掖著了，帶她到家裡來玩，帶她去買新衣服，還訂了帶鑽的婚戒。女的貼錢買菜，到家裡來做飯，說外邊吃飯貴，不衛生。父親要給女的菜錢，女的還生了氣說：「分得這麼清幹啥？」

可是，如此好事眼看要成真，卻突然冷了，女的電話號碼成了空號，父親悶悶不樂，又不出門了。我問父親：「你和女的有沒有經濟上來往？」父親沉默，我就知道壞了。女的先後向父親借錢三次，共十五萬元。我急問：「你對人家做過什麼？關係到什麼程度？」父親低下頭說：「只是摸摸手。」

我通過張老伯找到這個女人，又報警，又圍堵，用了一年時間才追回十二萬。

父親終於對愛情死心了，但是，老伴還是要找，我對父親說：「我們就是找個伴，說自私一點，就是找一個貼身照顧你的人。」父親灰心地說：「算了，有保姆照顧就行了。」我

說：「保姆能和你睡一個房間嗎？如果能就不肯再做保姆了。還有，你要是晚上不舒服了怎麼辦？」父親不語。

我親自去了一家「月老」婚介所。一個中年女接待我，我說：「女士，怎麼稱呼你？」「我姓王，叫我王老師。」我仔細看了她一眼，戴一副瓶底厚的近視眼鏡，看人還眯著眼，怎麼看都不像做過老師的。

中國人把稱呼都搞異化了，什麼「老師」、「同志」、「小姐」、「師傅」，都不是原本的意思。這個世界上只有兩種人，女人、男人，稱呼女士、先生足夠了，在美國父子間直呼其名，連稱呼都不要，這是因為人人都是平等的。中國卻要把人群劃分成不同的階級、階層、職業、職位甚至職稱，以強調身分的高低貴賤。

我說了代父相親，提交了我的身分證明，父親的身分證、戶口本。說了我方情況：父親八十歲，身體健康，住別墅，有保姆，我提供每月一萬元生活費，另給對方每月三千元零用錢。要求對方：六十歲左右，身體健康，上海戶籍。另外，我承諾，結婚後如果父親先過世，我承擔女方去養老院的養老費用。

關於女方歲數，我和父親是有過爭論的。我問父親：「你要求女的多大歲數？」父親說：「四五十歲吧。」我說：「什麼？你八十，找個七十的差不多吧。」父親說：「那，我不要了。」最後我讓步說：「好，六十，我五十五歲，總要比我大吧。」父親無奈地說：「好吧，好吧。」

王老師驚呼道：「你是我們的金牌會員啊！我們這裡符合你條件的太多了，排著隊讓你挑。」我交了三千八百八十元的

一年無限次相親的中檔會費，還有八千八百八十八元的終生無限次相親的高檔會費，我不知道這是針對哪種人的。

當時是二〇〇四年，一個住家保姆工資是每月八百元，現在每月要一萬元。

本來，我可以讓父親直接去婚介所相親，可是，父親要找一個相差二十歲的對象，又不肯公布優待條件和對女方今後生活安排做出承諾，幾乎是不太可能成功的。

王老師幫我約的第一個女的在婚介所一間粉紅基調的包房裡見面了，包房裡一個圓桌，兩把椅子，服務員送進來一壺泡好的普洱茶和兩個茶盅，還有一碟香瓜子和一碟鬆餅，這是另外收費的，一百八十八元。

女的化了濃妝，打扮妖豔，摘下香奈兒墨鏡放在桌子上，把LV包裡的化妝盒拿出來，翻開鏡子照了照，女的還沒有開口，氣勢就把我嚇住了。我問：「你——多大歲數了？」女的說：「五十一。」我跳了起來，說：「不對啊！我幫我父親找對象，要六十歲的，你不符合條件。」女的拉著我的手讓我坐下，說：「我知道，我就喜歡你這樣孝順父親的男人，我想和你交個朋友。」我再次跳起來，跑了出去。

我指責王老師說：「你們是什麼黑店？是介紹小三還是介紹賣淫啊？」王老師和婚介所的全體人員都出來道歉，王老師說：「這個女的堅持要見面，說有把握說服你父親接受她，我們上當了。」婚介所減免了當天的茶點費。

婚介所再介紹對象時雖然已經嚴格把關了，我見面第一句話還是先發聲明再坐下。幾次見面，我已經刷掉了幾個看上去

老態龍鍾、反應遲鈍、弱不禁風、過度肥胖的對象。

初選合格的第一個對象，六十六歲，但看上去慈眉善目、乾乾淨淨，我決定安排父親出場。也是在婚介所的包房裡，他們兩個坐下，我就去客廳等，我一支煙還沒抽完，父親就出來了，服務員泡好茶的托盤還端在手裡。我問怎麼了，父親不說話，出了婚介所，父親氣呼呼地說：「你找的人也太難看了，我晚上睡得著嗎？」我說：「人老了哪有好看的？看慣了就好了。」父親說：「以後我也不看了，你決定吧。」

接下來一個對象，六十歲，喪偶，長得山清水秀，說話伶牙俐齒，兒子在上海滑稽劇團當演員。我覺得不錯，她可以帶父親接觸文藝界人士，歡樂的氣氛有益身心健康。我立刻安排見面，一進包房，女的就張羅起來，對我說：「你出去吧，你父親交給我，我們會談得來的。」女的叫來了服務員說：「兩杯咖啡。」父親說不會喝，女的說：「我教你喝咖啡。」

我在外邊客廳抽到第二支煙，父親驚慌地跑出來，拉了我就往外跑，彷彿怕女的追出來。一直到車上，才喘了口大氣說：「哦喲，是個話癆，半個小時全是她說話，我連話都插不進，以後還不死在她手裡？她老公可能就是煩死的。」

在我代父親看過第十四個對象後，我見到一個姓印的女人，六十二歲，離異八年，家中有一個兒子，已成家，孫女十二歲。我問她為什麼離婚，印女說前任花心，已經另組家庭。我問為什麼到現在才找，印女說把孫女從小帶到大，現在孫女上中學了，也該考慮個人問題了。印女說想找一個條件好一點的，晚年有個保障，說做飯、做家務都沒問題，兒子、媳婦也

支持。

　　印女看上去動作輕盈幹練，言詞懇切實在，雖然按照父親的標準也是一樣地難看，我還是安排他倆見面。我一支煙抽完了，兩支煙抽完了，父親沒有跑出來！直到我抽完第三支煙，已經超過一個小時了，我去包房門口偷聽，裡邊談笑甚歡，他倆竟然對上眼了。

　　父親加入了印女的朋友圈，去農家樂，去一日遊，去唱K歌，一切費用AA制。父親恢復了樂觀、幽默的天性，一下子年輕了二十歲。父親帶印女去看望了孃孃，孃孃高興地為他們祝福。一個月後，父親提出結婚，我帶他們兩個去醫院做婚前體檢，無關生殖健康，查心肺肝腎，查腫瘤指標，查血常規。結果，父親的各項指標全部正常，醫生說比四十歲年輕人都好，印阿姨也很健康。

　　父親和印女去民政局領取了結婚證，又幫印女做了幾件新衣服，父親之前為女騙子訂做的結婚鑽戒用上了。父親叫她小印，她叫父親老馮，我叫她印阿姨。

　　我們一家人和印阿姨一家人合起來在飯店的包廂裡吃了簡單的結婚宴，也算兩家人相認，氣氛融和，唯獨印阿姨的孫女，一直掃興地怒懟奶奶，不知道是捨不得奶奶走，還是不同意奶奶再婚。

　　結婚後，父親把生活費放在一個鐵殼月餅盒裡，由印阿姨當家，印阿姨把每月三千元的零用錢貼給了兒子，父親又當起了甩手掌櫃。但是，父親和印阿姨相差近二十歲，屬於兩代人，是有代溝的，父親的生活習慣是和母親共同養成的，和印

阿姨免不了有衝突。

　　父親雖然對家務百事不做，但還是有指導意見的，比如，父親要求保姆下午去買菜，可以便宜一點，印阿姨卻要求早上買，講究新鮮。父親把晚上的剩菜放冰箱，第二天繼續吃，印阿姨卻要倒掉剩菜。還有在用空調、看電視內容都有截然不同的習慣。

　　印阿姨也不是什麼富貴人家，但時代不同了，節約的觀念也不同。印阿姨常常和父親爭吵，說：「你們家金山銀山，吃不完，用不完，你這麼節約為什麼？」父親也總是一笑了之。好在，雙方都懂得讓步，爭過、吵過也沒有影響感情，就當調侃、調情。

　　父親和印阿姨每天同進同出，寸步不離，恩愛的程度遠超同母親的關係，我就像吃柳丁，甜酸難辨。父親和印阿姨過起了候鳥般的生活，每年秋冬季上海陰冷，就去香港的家中，甚至過年也不回上海。他倆隔三差五坐船去離島釣魚，大部分時間只釣到十幾條巴掌寬的小魚，有石斑、黃腳、金古、烏頭、老虎、黑鯛等，回到家燒一鍋紅燒雜魚，美味無比。偶爾釣上一條一斤多的東星斑或者海鱸魚，就裸提了回家，吸引一路人的目光，回家清蒸。

　　父親對不花錢得來的美味尤其興奮，總說這輩子沒吃過這麼好吃的魚。其實，他倆路上花費的交通費差不多也可以在菜市場買到同樣的魚，父親是不捨得買的。但是，我到香港的時候，父親就毫不手軟地去菜市場買活的東星斑，因為，我喜歡在大飯店吃飯時，點一條清蒸東星斑，這時的價錢就是菜市場

的十倍。

由於生意需要，我在美國的時間比較長，我幫父親和印阿姨申請了探親簽證，他們得到了十年簽證，生活的重點就轉到了紐約。

我的生意不斷地發展，產品逐步打進美國各家商場，每天上班都很忙。父親到公司參觀，公司員工熱情地和父親、印阿姨打招呼，美國人總以為全世界人都應該聽得懂英文，講得滔滔不絕，其實翻來覆去就是一個意思，問好而已。我就是不翻譯，父親也知道意思，所以只是傻笑。印阿姨不敢看美國人，只看著父親。

我常常帶父親去吃西餐。對於西餐，父親並不陌生，解放前，吃遍了上海的西餐廳，拿起刀叉還是很老道。我們吃了法國菜、義大利菜、德國菜、俄國菜。在法國餐廳，奶油蘑菇湯端上桌，父親拿起勺子，就苦笑了幾下。印阿姨問他怎麼了，父親不答。我知道他想起五十年前在上海紅房子西餐館被母親捉現行的往事。上點檔次的西餐廳價錢都不便宜，人均都要五百美元以上，父親知道了便不肯去吃了。

父親還是喜歡吃中餐，尤其是去法拉盛，他倆也不要我陪，一待就是一天。這是中國城，和中國沒有區別，都講中國話，父親也交了幾個中國的老頭做朋友，互留了電話。

父親和印阿姨跟旅行團到美國各地旅遊，北到尼亞加拉大瀑布，南到邁阿密、奧蘭多，西到洛杉磯、三藩市、拉斯維加斯，東到華盛頓、波士頓，中部到田納西、黃石公園。還有一日遊，到紐約的帝國大廈、自由女神、聯合國總部、華爾街，

父親的足跡遍布全美國。父親身體健壯，已經九十歲，走路比我還快。

在美國的日子，我下班以後回到長島海邊的家，和父親吃完晚飯躺在自家海灘的躺椅上，看著落日餘暉，享受習習海風。父親說：「想不到我們在美國有這樣優越的生活，我這輩子沒有白活，小時候靠老子，老了靠兒子，過的都是人上人的生活，就是中年吃過些苦。」我說：「中年你還想怎麼？馮家只有你沒有被批鬥，共產黨放過你，你中年風流，沒有離婚，媽都饒過你，你人生圓滿了。」

三十七、再悟解放

我一直以為我加入了美國籍就是融入了美國主流社會，況且我和美國這麼多的公司做生意，直到我碰到A公司以後才知道我永遠也變不成美國人。

美國A公司是軍方服裝採購公司，專門採購美軍駐地的衣服，包括歐洲、日本、韓國的海外駐軍。一年四季的服裝總量不少，生意穩定，而且價錢好，是我理想的客戶公司。

我和A公司認識絕非偶然，幾年前我曾經通過一家美國進口商做過A公司的訂單，我做的品質、交期都很好，給A公司留下了良好的印象。我們公司的採購員鄧尼斯在一次朋友聚會上結識了A公司的經理布朗，因為早有淵源，便一見如故。

A公司的經理布朗到我們公司參觀，布朗以前曾在海軍陸戰隊服役，至今不改軍人氣質，坐則正襟危坐，行則步履穩健，說則簡單明瞭，聽則全神貫注。我向布朗介紹了我公司的概況、產品目錄，布朗表示滿意。布朗說他要去東南亞出差，想順便到上海看一下我們的工廠。

我和布朗一同旅行，在登機時，布朗見我拿的是美國護照，驚訝地問：「你也是美國人？」我說來美國已經二十多年了，布朗說怪不得我作風務實、舉止得體，不像一般中國商人喜歡誇海口，說過頭話。布朗和我惺惺相惜，相見恨晚。

我們向A公司提交了產品設計、銷售計畫，又經過報價、打

樣，前期準備工作用去了一年時間。布朗告訴我A公司的上層已經完成了對我們公司的信用調查，同意和我們公司做生意。

我們雙方已經開始討論第一個買賣合約的細節，眼看大功告成。一天，布朗突然在電話中告訴我停止一切工作，我們雙方不能做生意。這消息猶如當頭一棒把我打暈了，我說：「為什麼？是我們哪裡做得不夠好嗎？還是我們做錯了什麼？」布朗說：「什麼也不是，你別問了。」這就更奇怪了，我一定要知道原因，可是布朗在電話中一直沉默不語，我說我要飛過來問個明白。布朗終於開口說：「是你的中國背景！」我生了氣，對布朗說：「你不是知道我早已加入美國籍了嗎？我的公司也是美國註冊的公司，你沒有對你們公司說嗎？」

布朗拋出最後一句話：「是FBI的調查。」這句話使我閉口了。FBI肯定比我還瞭解我自己，想必是知道我以前在中國的情況。和美國駐軍做生意雖然不接觸軍事祕密，但是駐軍的衣服數量可能也是敏感的吧？看來我加入美國籍也沒用，美國政府還是不把我當美國人啊！

美國政府不把我當美國人也就算了，連中國政府也不把我當美國人，只有我把自己當美國人，這就危險了。

不但是我，在美國的美籍華人都把自己看成是美國人，紐約的民運Z黨就是這樣，絲毫不把共產黨放眼裡，以為共產黨奈何不了他們。我和Z黨的單建國是多年的朋友，單建國經常把我拉去參加Z黨的活動。

我有自己的生意，那些拋頭露面的事情就算了，譬如去機場抗議中國領導人的到訪，去中領館門外舉牌示威什麼的。但

是參加會議討論，純屬思想交流，我是有興趣的，尤其對中國的歷史和現狀，我有自己的見解，即使講幾句過頭話，反正在美國，共產黨也不知道，況且我又是美國人。

Z黨內部也是有兩派的，有激進派和溫和派，姜立軍屬於激進派，主張暴力革命，他認為Z黨應該潛回國內搞暗殺、打游擊，建立根據地。姜立軍說革命就要把個人生死置之度外，我覺得姜立軍在癡人說夢，且不說這種行動不會成功，就算會成功，現代社會早已不接受任何理由的暴力。

單建國是溫和派，他主張擴大Z黨組織，建立歐洲支部，這就需要經費。單建國知道我是做生意的，希望我贊助，我問了一句：「需要多少錢？」單建國說他在做預算，稍後告訴我。

單建國有革命家的風範，頗具煽動力，每講一句話，都伴隨著一種手勢，即使你不被他的講話吸引，也會被他的手勢吸引，我好像看到了孫中山再世。孫中山當年也是在三藩市的僑胞贊助下起家的，但是，孫中山的時代早就過去了，歷史不會簡單地重複。單建國在一家建築公司上班，老闆是華人，單建國雖然生活清苦，卻被革命激勵著，像打了雞血一樣。

我不是第一次參加這種會議，每次散會也就忘了，我依然像往常一樣飛回中國。但這一次不同了，我在機場入境時被中國B部門三個便衣帶到一間房子裡，其中一個年長者翻看著我的美國護照，說：「你是美國Z黨的人吧？」我一驚，他直接提到Z黨不會是無端找我的，但我不是，便否認了。

年長者笑笑說：「你雖然不是，但是你準備資助Z黨辦歐洲支部總是吧？」我簡直驚呆了，我腦子中飛快地回到了那次

Z黨會議，誰是中共臥底？我無法判斷，現場有很多人，起碼有二十多人，每個人都像。既然年長者說得如此確切，抵賴是沒有用的，我不語。按照美國人的習慣，我應該保持沉默，我說的每一句話都將作為呈堂證供，我應該等律師來了再說。

現場還有一個年輕者板著臉說：「你以為你拿了美國護照，我們就不敢動你了？你顛覆國家安全，我們照樣可以抓你！」我看了年輕者一眼，心裡想，我現在不是要找律師，而是要通知美國領事館，我失去了自由。

年長者好像看穿了我的想法，笑了一下說：「只要你保證不資助Z黨，我們不會為難你，你的一舉一動我們都知道。」我見有轉機就說：「好的。」

年輕者依然虎著臉說：「就算你是美國護照，可是你們上海的公司在我們控制下，我們隨時可以搞掉它，你信不信？」這句話把我澈底震撼了，我不可能毀了我的公司，想了一會兒說：「我保證不資助Z黨。」

現場還有一個女人在敲打著電腦鍵盤，旁邊放一臺答錄機，亮著小紅燈，記下了我說的每一句話。年長者說：「今天暫且到這裡，你可以回去，過幾天我們再聊，到時候我們會打電話到你上海公司找你的。」

我像逃出籠子的鳥，馬上飛到香港，畢竟香港不會有人找我麻煩。到了香港，正好趕上轟轟烈烈的占中運動，我站在香港家中的落地窗前，看著維多利亞公園鋪天蓋地的雨傘。

你們走上街頭，我躲在窗後；你們流汗，我汗顏；你們流血，我血冷；你們赴死，我偷生。我縱有良知卻沉默，我雖明

是非卻自保，如果恐懼能夠原諒，世上就沒有正義了，我鄙視我自己只能活在恥辱中。

我本不想再回到上海，在監視下生活。上海公司的運轉早已規範，有總經理、部門經理管著，公司中，我的弟弟、妹妹也都擔任重要職務，不需要我插手。可是這個時候，父親得了肺癌，父親堅持回上海治病，因為有醫保，而在美國看病溝通困難，我護送父親回到上海。

我沒有想到，父親到了上海，就提出和印阿姨離婚，而且堅決到以死相逼。父親給了印阿姨一筆補償，和平地分手了。我猜想父親可能不想拖累印阿姨，或者怕地下無顏見母親。

父親的肺癌可以吃靶向藥，一度控制了病情，可是半年以後發生了腦轉移。我帶著父親去做伽馬刀，在進手術室之前，父親對我說：「我不想我死了以後給你添麻煩，讓你還要養個人。」在這個世界上，親情比愛情更可靠，父親在關鍵時想的是家人。但我一點也不後悔幫父親再婚，有什麼能買父親最後十二年的幸福生活呢？伽馬刀可以切除舊的病灶，但阻擋不了新發病灶，幾個月後腦子裡腫瘤已經是滿天星了，伽馬刀沒有用了，只能化療。醫生說父親還有半年。

父親化療反應很大，情緒抵觸，總是哭著對我說：「我又沒有做壞事，為什麼老天要懲罰我，讓我得這種病？」我像哄小孩一樣說：「好人也得病的，我們得了病就看病唄，病看好就行了。」

父親更多的時候是無奈，歎道：「咳，我也沒有多大歲數活，最多還有十年了吧？」我也只能跟著說瞎話：「十年不

止，十年不止。」

父親完全不知道大限將至，還妄想再活十年。人雖然都知道自己會死，卻不相信自己馬上會死。

父親時常精神恍惚，突然會瞪大眼睛喊：「媽媽，媽媽！」我說：「我都沒媽了，你哪還有媽？」「啊？」父親一臉緊張地看著我，慢慢變成滿臉疑惑。醫生說，人在臨終前，這是普遍現象。我想這可能就是返璞歸真，人在無意識時，才是真性情。父親在最後時刻，什麼都忘了，卻只記得自己的母親。人都要回到起點，沒有回歸就不是人生。

父親的兩個保姆二十四小時陪護，我們兄弟姐妹輪班看護。父親受病痛折磨，少有安逸的時候，能夠安靜地睡一會不但是父親的奢望，也是我們的祈盼。

二〇一六年二月二十八號，我值白班，父親一天都說難受，我找了幾次醫生。直到晚上九點父親才平靜下來，睡著了，正好妹妹來接班，我交代好父親的病況，還特地關照妹妹，父親剛睡著，輕一點。誰知，我還沒有到家，妹妹電話來了，哭著說，父親已經走了，我不知道父親是我走以後去世的，還是我在的時候已經去世了。

父親沒有準備死，不經意就死了。母親時刻準備死，死的時候還是沒有準備好。母親覺得人生的意義就是把子女撫養長大，父親大都為自己活著，沒有明確的生活目標。懂不懂得人生的意義就在於死的時候，是死而無憾還是死不瞑目。

父親殞年九十二歲。父親入葬時，我三十年前花八千元買的四塊相連的墓地，現在已經要一百六十萬了，漲了兩百倍，

人民幣變成了金圓券。驀然回首，這個社會已經回到了解放前，物價飛漲、貧富懸殊。農民失去土地的情況遠比土改前更嚴重，無產階級變成了負產階級，地主換成了黨主，民族資本家換成了權貴資本家，私房出租的「剝削」行為是解放前的百倍。現在才應該來一場土改、房改、政改。

父親入葬後，我親手把最後一塊紅字墓碑描黑，預買的四塊墓地的主人已經到齊了。四塊橢圓形的烤瓷照片上的親人看著我，向我發出召喚，我突然意識到我排到世代輪替的隊伍前面了，人只有到了這個年齡才會懂得人生的真諦其實是：「死」。向死而生，生是死的過程，死是生的結果。就如王陽明說的：「當行則行，當止則止，當生則生，當死則死。」

有時候，死了是解脫，活著倒是受罪。小舅還好死得早，要是活到現在，他那縫在口袋裡的十幾萬存摺連買一塊上海的墓地也不夠，小舅一輩子的積蓄不夠死一回。

爺爺死得早，只知道自己創下的家業留給了孤兒寡母，也是一種安慰。奶奶不死，看到爺爺暴屍荒野，還不死看到公私合營，家業充公，再不死看到文革抄家，金條被奪，最後一貧如洗，眾叛親離，受夠了罪才死。

上一代人是悲哀的，生不逢時，但好歹死了也就一了百了。現在的年輕人還不如前輩，想早死都不行，因為還欠著房貸，死了害人，禍及後代。

我回到了紐約。下班後，我會站在辦公室的窗前看著窗外曼哈頓的夜景和對面的帝國大廈。我已經沒有了當初到美國時獲得解放的感覺，美國式的掠奪和中國同樣厲害，你賺的每一

分錢，政府要拿走一半，天下烏鴉一般黑，走到哪裡都一樣。在強權國家裡你只是被奴役的對象，在民主國家裡你只是被代表的選票。人類總是被爬上頂端的精英控制，或者是換一批精英，和猴山法則差不多。盧梭說：「人生而自由，卻無處不在枷鎖中。」

「解放」從來就是一個虛偽的命題。

這些年不斷追求財富，追求解放，只不過是尋求個人利益的最大化。雖然練就了洞察世事、遊刃商海的本領，卻早已迷失了自我，忘卻了人生的要義。往往在看望大舅和孃孃時才會讓我浮躁的心平靜下來。

九十五歲的大舅和九十六歲的孃孃，我們家遭受打擊最大的兩個人，依舊坦然地過著自己的日子，他們的生活早已進入了自己的內心世界。他們的心強大到沒有外來的力量可以撼動，像鐘錶一樣有力和平穩地跳動。

其實解放源於內心，不靠別人。

馮桂林

國家圖書館出版品預行編目

解放 / 馮桂林著. -- 臺北市：獵海人, 2023.06
　　面；　公分
　　ISBN 978-626-97445-0-3(精裝)

　1.CST: 馮桂林　2.CST: 傳記

782.886　　　　　　　　　　112008112

解放

作　　者／馮桂林
封面概念／奚佩雯
出版策劃／獵海人
製作銷售／秀威資訊科技股份有限公司
　　　　　114 台北市內湖區瑞光路76巷69號2樓
　　　　　電話：+886-2-2796-3638
　　　　　傳真：+886-2-2796-1377
網路訂購／秀威書店：https://store.showwe.tw
　　　　　博客來網路書店：https://www.books.com.tw
　　　　　三民網路書店：https://www.m.sanmin.com.tw
　　　　　讀冊生活：https://www.taaze.tw

出版日期／2023年6月
ＩＳＢＮ／978-626-97445-0-3（精裝）
定　　價／500元